Libro Integrado **6** PRIMARIA

Ejercicios de todas las asignaturas

Complementos escolares

LAROUSSE

Dirección editorial
Tomás García Cerezo

Editor responsable
Sergio Ávila Figueroa

Redacción
Ana Luisa Esquivel Santos, Rosamary Ruiz González, Sergio Ávila Figueroa

Diseño y formación
Estudio Creativos

Corrección
Estudio Creativos

Ilustración
Rodrigo Sáinz González, © 2020 Shutterstock, Inc.

Diseño de portada
Ediciones Larousse, S.A. de C.V., con la colaboración de Rubén Vite Maya

Ilustración de portada
© 2020 Shutterstock, Inc.

Coordinación de edición técnica
Héctor Rafael Garduño Lamadrid

Coordinación de salida y preprensa
Jesús Salas Pérez

ISBN: 978-607-21-2351-9

Libro Integrado 6 Primaria

D.R. © MMXVI Ediciones Larousse, S.A. de C.V.
Renacimiento 180, Col. San Juan Tlihuaca, C.P. 02400
Azcapotzalco, Ciudad de México

Primera edición, febrero 2020
Segunda reimpresión: 2021

Impreso en México – *Printed in Mexico*

En Hachette Livre México usamos
materias primas de procedencia
100% sustentable

Este libro se terminó de imprimir en el mes de agosto del 2021,
en Corporativo Prográfico, S.A. de C.V., Calle Dos Núm. 257, Bodega 4,
Col. Granjas San Antonio, C.P. 09070, Alcaldía Iztapalapa, México, Ciudad de México.

Presentación

Este libro fue creado con el propósito de apoyar el proceso de aprendizaje de los estudiantes que cursan la educación primaria.

El principal objetivo de la educación es potenciar al máximo las capacidades, habilidades e inteligencia de los alumnos en el proceso de enseñanza, por lo cual, al desarrollar los contenidos del libro, se siguieron los nuevos planes y programas del actual modelo educativo que buscan que los niños de México reciban una educación de calidad que les permita ser individuos responsables, independientes y comprometidos con su país.

Por ser un libro integrado aborda todas las asignaturas del grado. En cada una se presentan textos informativos con breves explicaciones de los temas, así como ejercicios y actividades que permiten encontrar sentido a lo que se aprende y vincularlo con la realidad mediante las oportunidades de aprendizaje que se encuentran en la familia, la comunidad y la escuela.

Se incluyen también hojas de repaso, que apoyan la repetición y afianzan lo aprendido.

Adicionalmente, en este grado se incluyeron ejercicios para la práctica de la correcta caligrafía.

Para promover la convivencia se presentan actividades y ejercicios que se deben trabajar en equipo o con algún compañero o familiar, integrando de esta manera al alumno dentro de su comunidad, escuela y familia.

Se tuvo especial cuidado en brindar a los alumnos ejercicios que les permitan de manera amena y dinámica profundizar y practicar los temas vistos en la escuela.

Finalmente, por ser el maestro la principal guía educativa durante la etapa escolar primaria, se le da gran importancia a la supervisión y asesoramiento de los profesores en cada ejercicio y actividad que se presentan. Para facilitar la revisión del trabajo se puso al final del libro una sección con las respuestas de todos los ejercicios.

Esperamos que este **Libro Integrado** sea de gran ayuda para todos y forme parte de la vida escolar y del crecimiento de los alumnos. En Larousse estamos comprometidos en brindar herramientas útiles para mejorar la calidad de la educación en nuestro país.

Este libro pertenece a _____

Escuela _____

Salón _____

Maestra (o) _____

En los siguientes recuadros, escribe un pensamiento cuando haya terminado cada mes. Por ejemplo, puedes decir cuál fue el tema que más te gustó aprender, qué fue lo mejor que te pasó, etcétera. Así, al final del curso, tendrás un registro de las cosas positivas del año, para que las recuerdes y conserves tu libro.

Agosto	Septiembre	Octubre

Noviembre	Diciembre	Enero

Febrero	Marzo	Abril

Mayo	Junio	Julio

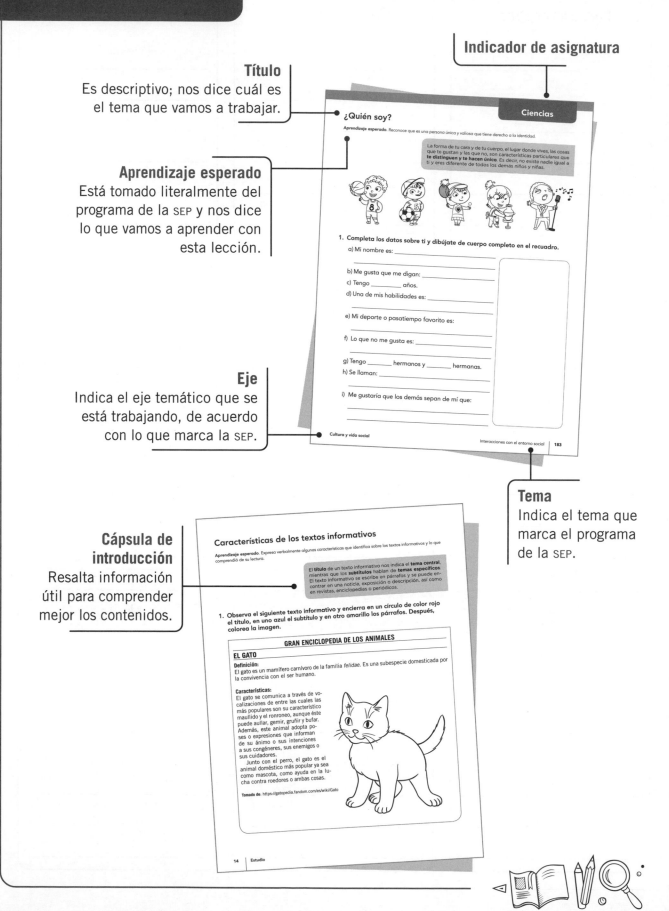

Título
Es descriptivo; nos dice cuál es el tema que vamos a trabajar.

Aprendizaje esperado
Está tomado literalmente del programa de la SEP y nos dice lo que vamos a aprender con esta lección.

Eje
Indica el eje temático que se está trabajando, de acuerdo con lo que marca la SEP.

Cápsula de introducción
Resalta información útil para comprender mejor los contenidos.

Indicador de asignatura

Tema
Indica el tema que marca el programa de la SEP.

¿Quién soy?

Ciencias

Aprendizaje esperado. Reconoce que es una persona única y valiosa que tiene derecho a la identidad.

La forma de tu cara y de tu cuerpo, el lugar donde vives, las cosas que te gustan y las que no, son características particulares que **te distinguen y te hacen única**. Es decir, no existe nadie igual a ti y eres diferente de todos los demás niños y niñas.

1. Completa los datos sobre ti y dibújate de cuerpo completo en el recuadro.
   a) Mi nombre es: _____
   b) Me gusta que me digan: _____
   c) Tengo _____ años.
   d) Una de mis habilidades es: _____
   e) Mi deporte o pasatiempo favorito es: _____
   f) Lo que no me gusta es: _____
   g) Tengo _____ hermanos y _____ hermanas.
   h) Se llaman: _____
   i) Me gustaría que los demás sepan de mí que: _____

Cultura y vida social

Interacciones con el entorno social | 183

Características de los textos informativos

Aprendizaje esperado. Expresa verbalmente algunas características que identifica sobre los textos informativos y lo que comprendió de su lectura.

El **título** de un texto informativo nos indica el **tema central**, mientras que los **subtítulos** hablan de **temas específicos**. El texto informativo se escribe en párrafos y se puede encontrar en una noticia, exposición o descripción, así como en revistas, enciclopedias o periódicos.

1. Observa el siguiente texto informativo y encierra en un círculo de color rojo el título, en uno azul el subtítulo y en otro amarillo los párrafos. Después, colorea la imagen.

GRAN ENCICLOPEDIA DE LOS ANIMALES

EL GATO

Definición:
El gato es un mamífero carnívoro de la familia *felidae*. Es una subespecie domesticada por la convivencia con el ser humano.

Características:
El gato se comunica a través de vocalizaciones de entre las cuales las más populares son su característico maullido y el ronroneo, aunque éste puede aullar, gemir, gruñir y bufar. Además, este animal adopta poses o expresiones que informan de su ánimo o sus intenciones a sus congéneres, sus enemigos o sus cuidadores.
Junto con el perro, el gato es el animal doméstico más popular ya sea como mascota, como ayuda en la lucha contra roedores o ambas cosas.

Tomado de: https://gatopedia.fandom.com/es/wiki/Gato

14   Estudio

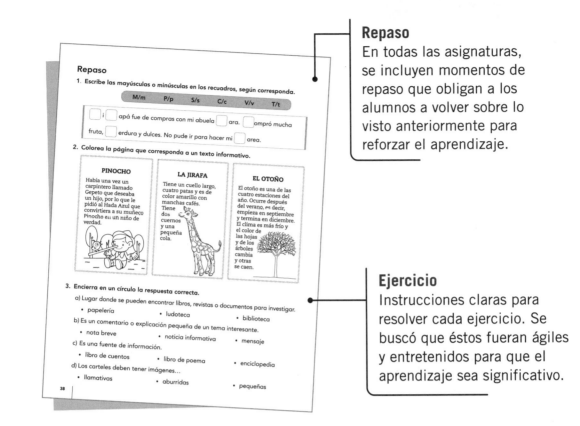

Repaso

En todas las asignaturas, se incluyen momentos de repaso que obligan a los alumnos a volver sobre lo visto anteriormente para reforzar el aprendizaje.

Ejercicio

Instrucciones claras para resolver cada ejercicio. Se buscó que éstos fueran ágiles y entretenidos para que el aprendizaje sea significativo.

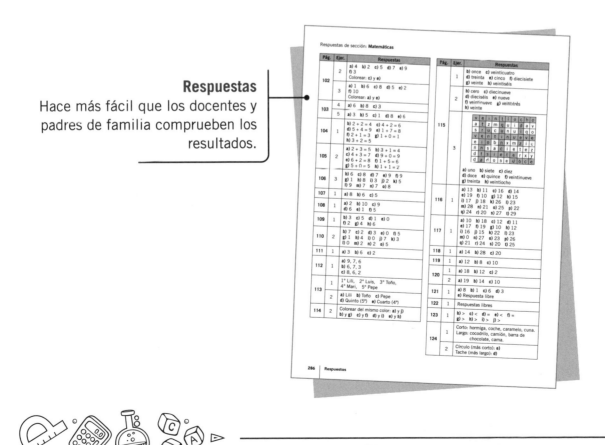

Respuestas

Hace más fácil que los docentes y padres de familia comprueben los resultados.

Contenido

Los exámenes

Aprendizajes esperados. Conoce las características y funciones de los diferentes tipos de exámenes. Identifica distintos formatos de preguntas en los exámenes.

> Un **examen** es una **prueba** que se aplica a determinadas personas con el fin de **compro-bar** los **conocimientos** que poseen sobre **un tema o materia**. Se aplican exámenes para ingresar a una escuela o trabajo, para obtener una licencia o un título y para recibir una calificación en una materia. A cada una de las **preguntas** de un examen se le llama **reactivo**. Hay diferentes tipos de reactivos, de acuerdo con el objetivo del examen; si se desea saber si los alumnos comprendieron un tema, se utilizan **preguntas abiertas** que no tienen una respuesta específica; en cambio, cuando se quiere saber de manera rápida si se conoce un concepto o tema, se utilizan **preguntas cerradas** que sí tienen una respuesta específica.

1. **Une cada instrucción con el tipo de reactivo al que crees que corresponde.**

   a) Escribe con tus palabras cómo sucedieron los siguientes acontecimientos.

   b) Elige la respuesta correcta para cada pregunta.

   c) Escribe verdadero o falso según corresponda.

   d) Completa las oraciones con la respuesta correcta.

   e) Relaciona la columna de la derecha con la de la izquierda para obtener la respuesta correcta.

   f) Escribe el nombre del autor de los siguientes cuentos.

   ☐ Preguntas de falso o verdadero.

   ☐ Preguntas cerradas.

   ☐ Preguntas abiertas.

   ☐ Preguntas de opción múltiple.

   ☐ Preguntas de relacionar.

   ☐ Preguntas de completar.

2. **Subraya con rojo las preguntas abiertas, y con azul las cerradas.**

   a) ¿En qué fecha se consumó la Independencia de México?

   b) ¿Miguel Hidalgo es considerado el padre de la Independencia?

   c) ¿Cómo se inició la lucha de Independencia?

   d) ¿En dónde se inició el movimiento de Independencia?

   e) ¿Quiénes son para ti los personajes más importantes de la Independencia?

   f) ¿Cuáles fueron las principales causas del movimiento de Independencia en México?

3. **Escribe qué tipo de preguntas consideras que es mejor utilizar en un examen y por qué.**

   _____

   _____

Un buen examen

Aprendizajes esperados. Identifica las partes de un examen. Conoce y utiliza correctamente diferentes estrategias para resolver un examen.

1. **Antes de contestar un examen, existen diferentes estrategias que nos permiten resolverlo mejor y con ello obtener mejores resultados. Ordena las siguientes estrategias de acuerdo con el orden que consideras debe seguirse.**

   a) En preguntas abiertas reflexionar antes de escribir. ☐

   b) Antes de entregar, revisar si las respuestas son correctas. ☐

   c) Anotar el nombre de quien lo contesta. ☐

   d) Responder primero las preguntas fáciles. ☐

   e) En las preguntas cerradas descartar primero las opciones incorrectas. ☐

   f) Leer con atención todas las indicaciones y preguntas. ☐

   g) Asegurarse de haber respondido todas las preguntas. ☐

2. **Observa el siguiente examen y escribe los nombres de sus secciones en el lugar correcto. Usa las palabras del recuadro.**

   Información del examen   Reactivos   Instrucciones
   Datos del examinado

   Colegio Franco-Irlandés

   Español – sexto grado

   Nombre _____ Grupo _____

   a)

   Lee las preguntas y elige la respuesta correcta.

   a) La persona, animal o cosa que hace la acción se llama:

       Verbo   Pronombre   Sujeto

   b)

   b) La oración se divide en:

       Sujeto y predicado   Sujeto y verbo   Sustantivo y verbo

   c)

   c) La palabra que sustituye al nombre se llama:

       Sujeto   Pronombre   Verbo

   d)

   d) Nos dicen cómo son los sustantivos:

       Pronombres   Adverbios   Adjetivos

Los cuestionarios

Aprendizajes esperados. Conoce las características y funciones de los diferentes tipos de cuestionarios. Identifica distintos formatos de preguntas en los cuestionarios.

> Un cuestionario es una serie de preguntas que se elaboran sobre un tema con el fin de obtener más información, resolver dudas, determinar lo que sabemos o repasar y consolidar el conocimiento adquirido. Los cuestionarios, al igual que los exámenes, pueden tener diferentes tipos de preguntas o reactivos.

1. **Completa las siguientes oraciones acerca de los tipos de preguntas eligiendo la palabra correcta.**

habilidades	conocimientos	descriptivas	explicativas

   a) Las preguntas de _____ nos ayudan a conocer si se han aprendido diferentes conceptos como características, hechos, ideas, teorías, definiciones, relaciones de causa-efecto, etc.

   b) Las preguntas _____ nos permiten saber si se tienen herramientas para expresar cómo suceden las cosas, fenómenos o situaciones; así como los motivos o causas de los mismos.

   c) Las preguntas de _____ nos permiten determinar si se poseen las aptitudes para recordar y comprender los conocimientos mediante la evaluación de la capacidad para narrar hechos, procesos, resultados, etc.

   d) Las preguntas _____ buscan determinar si se conoce información detallada de un tema; se pueden enumerar características o cualidades como la composición de un objeto, persona o situación.

2. **Escribe junto a cada pregunta: conocimientos o habilidades, según lo que crees que evalúe.**

   a) Describe el ciclo del agua. _____

   b) ¿Quién descubrió América? _____

   c) ¿Cuántos planetas existen? _____

   d) ¿Cómo se obtiene el perímetro de un cuadrilátero? _____

   e) ¿Cuáles son las características de un resumen? _____

3. **Completa las oraciones.**

   a) Las preguntas se escriben entre signos de _____

   b) Si quieres repasar los temas que has aprendido utilizas un _____

   c) Un cuestionario utiliza _____ para obtener información.

   d) Para evaluar los conocimientos de un alumno elaboramos un _____

Mi guía de autoestudio

Aprendizaje esperado. Elabora guías de estudio con base en las características que identifica en exámenes y cuestionarios.

> Una **guía de autoestudio** es un **instrumento** que se utiliza para **estudiar** y obtener **mejores resultados** en el **aprendizaje**, o para prepararse para un **examen**. Se estructura a partir de una serie de preguntas acerca del contenido de la materia o tema que se desea repasar o aprender. Elaborar una guía de estudio ayuda a **organizar** el contenido y a **autoevaluar** la comprensión y **conocimiento** que se tiene sobre un tema. El **cuestionario** es el recurso más utilizado para repasar y autoevaluarse; sin embargo, también se pueden hacer **cuadros sinópticos, tablas, mapas conceptuales** y **resúmenes**.

1. Lee el siguiente texto.

LA PREHISTORIA

Ubicación espacial

Los primeros humanos surgieron en el este de África. Un millón de años después, un pequeño grupo de estos hombres cazadores recolectores abandonó África y migró rumbo al sur de Asia. Después se extendieron a Europa y cruzaron el mar llegando a Oceanía. Finalmente cruzaron desde el norte de Asia a Norteamérica y se extendieron por el continente americano.

Es decir, por medio de las migraciones que se dieron en distintos periodos, el hombre pobló todo el planeta.

Ubicación temporal

La prehistoria se inició durante el período paleolítico, cuando nuestros antepasados comenzaron a fabricar herramientas e instrumentos de piedra. Se dedicaban a la recolección, caza y pesca. Empezaron a utilizar el fuego, lo cual fue muy importante para su sobrevivencia.

Durante el período neolítico, el hombre empezó a producir alimento mediante la agricultura y la domesticación de animales, con lo cual dejó de ser nómada y se volvió sedentario.

La prehistoria terminó con la aparición de la escritura.

Los primeros seres humanos

Los homínidos son los primeros humanoides y antepasados del ser humano. Fueron los primeros en fabricar utensilios.

Hay dos tipos de homínidos: el *Australopithecus* y el *Homo*. El *Australopithecus* fue el primero en aparecer. Tenía características similares a los simios y era herbívoro. Se extinguió al no poder adaptarse a las características del clima y paisaje de África.

El *Homo* cambió su aspecto y se asemejó más al ser humano. Su cerebro evolucionó y desarrolló un pensamiento racional con lo cual surgió el lenguaje y los símbolos. Tenía mayor adaptabilidad y construyó herramientas para la caza, con lo cual sobrevivió.

2. Para elaborar una guía de estudio debemos elegir un tema, explorar textos acerca de él y hacer preguntas y responderlas. Utiliza el tema y el texto anterior, y escribe cinco preguntas que harías para elaborar un cuestionario y respóndelas.

a) _____

b) _____

c) _____

d) _____

e) _____

Saber más para explicar mejor

Aprendizaje esperado. Recupera información de diversas fuentes para explicar un tema.

En la preparación para explicar un tema, es necesario buscar toda la información posible y pertinente para saber más y hacer una exposición más fructífera.

Lo primero es escoger y delimitar el tema, esto es, poner una dirección y un límite al alcance de la exposición y, al mismo tiempo, de la indagación.

1. **Escoge un subtema para enfocar tu investigación sobre la cultura egipcia y subráyalo.**

    a) Método de construcción de las pirámides.

    b) Los dioses egipcios.

    c) Las momias de los faraones.

2. **¿Qué otro elemento es importante para delimitar la investigación? Subraya la respuesta correcta.**

    a) La vestimenta para el día de la exposición.

    b) El tiempo de la exposición.

    c) Las dimensiones del salón.

3. **Después, es necesario determinar las fuentes de donde podremos tomar la información. Marca con una ✗ la fuente donde sería menos probable encontrar información acerca de este tema.**

a) El periódico de ayer.　　b) Libros y enciclopedias.　　c) Internet.

Con el acceso cada vez mayor a internet, éste se ha vuelto la herramienta de búsqueda de información más utilizada; sin embargo, es necesario tomar en cuenta que hay mucha información errónea o malintencionada. Por eso, cuando realices alguna investigación consulta preferentemente páginas oficiales o institucionales, que son las más confiables.

Conectando lógicamente

Aprendizaje esperado. Emplea conectivos lógicos para ligar párrafos de un texto. Identifica los diferentes tipos de conectores.

1. Lee el siguiente texto.

A diferencia de la mayor parte de los grupos indígenas de México, el grupo lacandón no cuenta con la figura del terapeuta tradicional tal como se le conoce en el resto del país, **es decir**, como un prestador de servicios a la comunidad. **Sin embargo**, esto no significa que su cultura carezca de algún tipo de saber médico; **por el contrario**, su saber médico se constituye tanto de su sobrevivencia en la selva lacandona —un medio ecológico particularmente adverso—, como del profundo conocimiento que sus integrantes tienen de su entorno, dentro del cual han logrado un complicado equilibrio.

http://www.medicinatradicionalmexicana.unam.mx/pueblos.php?v=r&t=lacandon&l=2
(consultado el 31 de enero de 2020. Adaptación)

2. Observa el uso que se hace de las frases resaltadas en negritas y responde.

a) ¿Consideras que las expresiones funcionan como conectivos? _____

¿Por qué? _____

3. Copia los conectivos del recuadro en el lugar adecuado, como en los ejemplos.

también	así que	asimismo	pero	aunque
al contrario	igualmente	ahora	entonces
por lo tanto	pues	eventualmente

a) Conectan ideas similares o nuevas.

También, _____

No tengo paraguas, así que me mojo.

b) Establecen contradicciones.

Al contrario, _____

c) Establecen relaciones de lugar-tiempo.

Eventualmente, _____

d) Relacionan causas-efectos.

Así que, _____

4. Coloca los conectivos más adecuados en los espacios. Elige entre los tres que se proponen:

en cambio   pero   por ejemplo

a) Los esclavos tenían el derecho legal de casarse, _____ los que deseaban hacerlo afrontaban algunos obstáculos.

mejor dicho   en cambio   por ejemplo

b) Intentó hacerlo tramposamente; _____, con alevosía.

por ejemplo   igualmente   entonces

c) Salió del recinto con las manos atadas y, _____, subió a la tribuna.

5. Coloca los conectivos del cofre de las expresiones en los espacios más adecuados.

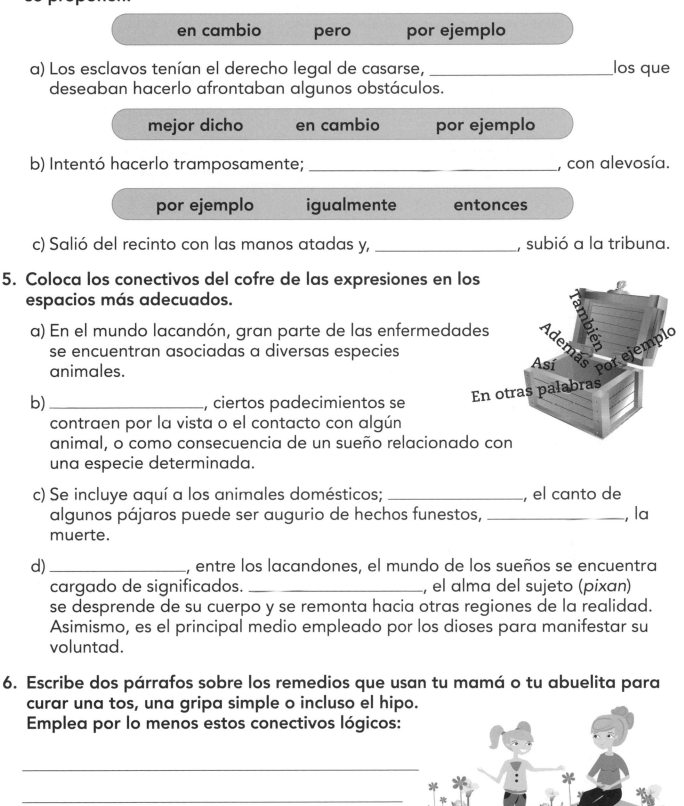

También
Además   *Por ejemplo*
Así
En otras palabras

a) En el mundo lacandón, gran parte de las enfermedades se encuentran asociadas a diversas especies animales.

b) _____, ciertos padecimientos se contraen por la vista o el contacto con algún animal, o como consecuencia de un sueño relacionado con una especie determinada.

c) Se incluye aquí a los animales domésticos; _____, el canto de algunos pájaros puede ser augurio de hechos funestos, _____, la muerte.

d) _____, entre los lacandones, el mundo de los sueños se encuentra cargado de significados. _____, el alma del sujeto (*pixan*) se desprende de su cuerpo y se remonta hacia otras regiones de la realidad. Asimismo, es el principal medio empleado por los dioses para manifestar su voluntad.

6. Escribe dos párrafos sobre los remedios que usan tu mamá o tu abuelita para curar una tos, una gripa simple o incluso el hipo. Emplea por lo menos estos conectivos lógicos:

_____

_____

_____

_____

Contrastando los textos

Aprendizaje esperado. Produce textos que contrastan información de un mismo tema utilizando correctamente los conectores lógicos, tiempos verbales, ortografía y signos de puntuación.

1. **Investiga sobre la gripe (causas, prevención y tratamiento) utilizando los conocimientos populares y científicos. Después llena la siguiente tabla colocando la información que obtuviste en el lugar correspondiente.**

Conocimientos populares La gripe	Conocimientos científicos La gripe

2. **Escribe un texto donde expongas las diferencias entre ambos conocimientos sobre la gripe. Utiliza nexos, frases adverbiales y oraciones descriptivas. Guíate por el inicio del texto.**

a) Las creencias populares dicen que la gripe es un enfriamiento, mientras que para el conocimiento científico la gripe es enfermedad infecto-contagiosa causada por un virus.

_____

_____

_____

_____

3. **Escribe mito o realidad en las siguientes afirmaciones basándote en lo que investigaste.**

a) Exponerse al frío causa la gripe. _____

b) El ajo y la cebolla combaten la enfermedad. _____

c) La vacuna contra la gripe es el mejor remedio. _____

Para qué y para quién

Aprendizajes esperados. Hace inferencias sobre el propósito y los destinatarios de los textos informativos que lee. Interpreta el sentido de los elementos gráficos del contenido del texto así como las imágenes y su relación con el contenido.

> Para que el contenido de un texto informativo quede más claro y ordenado se utilizan viñetas, distintos tipos de tipografía, espacios entre párrafos o líneas, puntaciones, etc. Antes de escribir un texto informativo es importante saber cuál es nuestro objetivo y a quién nos queremos dirigir o quién lo leerá.

1. Lee el siguiente texto y contesta las preguntas.

ISLAS BAHAMAS

UN ENTORNO PRESERVADO
Son más de 700 islas, agrupadas en 16 destinos diferentes, que se extienden a lo largo de 260 000 km^2 entre las costas de Florida y Haití; las Islas Bahamas son, sin duda, uno de los mejores destinos del mundo.

NADAR Y BUCEAR CON DELFINES
Si sólo quieres snorkelear, también puedes interactuar con estos animales en su hábitat natural en las aguas de Bimini. Hay diferentes lugares como Blue Lagoon Island, Grand Bahama o Paradise Island, donde el buceo y el snorkel son la principal atracción.

SABÍAS QUE...
Está científicamente probado que las aguas de las Bahamas son las más limpias del planeta con una visibilidad mayor a los 61 m. Su barrera de coral es la tercera más larga del mundo, por lo que el 5% del total del coral del mundo lo encuentras en las Bahamas.

https://revistabuceadores.com/issue/007/

a) ¿Cuál crees que es el objetivo del texto? _____

b) ¿A quién va dirigido el texto? _____

2. Relaciona los siguientes textos con el público al que van dirigidos.

a) Los dientes en tu boca son parte fundamental del proceso digestivo. Gracias a tus dientes puedes masticar todas las comidas, por eso debes cuidarlos y darles la higiene adecuada. ☐ dentistas

b) Cuidar bien de su boca y dientes a lo largo de la vida puede ayudarle a prevenir problemas a medida que envejece. Debe cepillarse y usar hilo dental todos los días y ver a su odontólogo con regularidad. ☐ niños

c) La medicina regenerativa se usa para corregir defectos producidos por enfermedades degenerativas como deficiencias mandibulares, labio leporino, fisura del paladar o trastorno de la articulación temporomandibular. ☐ adultos

Acentos en adverbios terminados en *-mente* y en palabras compuestas

Aprendizaje esperado. Escribe correctamente el acento en adverbios terminados en *-mente* y en palabras compuestas.

1. Lee el texto y subraya las palabras que terminen en *-mente*.

LA MARIONETA
(fragmento)

Si por un instante se olvidaran de que soy una marioneta de trapo y me regalaran un trozo de vida, posiblemente no diría todo lo que pienso, pero en definitiva pensaría todo lo que digo.

Si me obsequiaran un trozo de vida, vestiría sencillo, me tiraría de bruces al sol, dejando descubierto, no solamente mi cuerpo, sino mi alma.

Son tantas cosas las que he podido aprender de ustedes, pero realmente de mucho no habrán de servir, porque cuando me guarden dentro de esa maleta, infelizmente me estaré muriendo.

Johnny Welsh (adaptación).

2. En las palabras que encontraste, separa la terminación *-mente* del adjetivo. Escribe con tus palabras su significado y haz una oración. Fíjate en el ejemplo.

<u>Posible</u>   <u>–mente</u>   ⟶   <u>Que podría suceder o ser.</u>

a) Oración: <u>Si estudio, posiblemente pasaré el examen.</u>

_____   _____   ⟶   _____

b) Oración: _____

_____   _____   ⟶   _____

c) Oración: _____

_____   _____   ⟶   _____

d) Oración: _____

_____   _____   ⟶   _____

3. Une las palabras con *-mente* para formar adverbios.

a) fácil   _____

b) cortés   _____

c) difícil   (mente)   _____

d) rápida   _____

e) lenta   _____

4. Encuentra los adjetivos que se indican en la sopa de letras. Son 20 y recuerda que pueden estar en cualquier dirección.

cortés   rica

hábil   útil

continua   súbita

cálida   sólida

ingenua   fría

cínica   nítida

dócil   necia

mutua   noble

mala   difícil

real   oblicua

C	O	R	T	E	S	X	A	W	H	X	M	A	L	A
A	O	A	I	C	E	N	D	Z	A	E	B	R	J	H
L	G	N	T	U	S	V	O	B	B	N	E	C	M	S
I	M	U	T	U	A	R	C	B	I	A	L	I	D	U
D	Ñ	L	J	I	W	R	I	Z	L	K	J	N	W	B
A	D	R	T	I	N	T	L	Y	R	E	E	I	S	I
V	F	R	I	A	Y	U	N	Ñ	L	J	K	C	T	T
V	I	N	G	E	N	U	A	C	R	I	C	A	X	A
U	J	H	G	F	D	S	P	O	U	Y	T	R	E	W
T	S	O	L	I	D	A	S	N	I	T	I	D	A	B
I	Ñ	K	J	H	G	D	I	F	I	C	I	L	V	B
L	Z	X	C	O	B	L	I	C	U	A	V	B	N	M

5. Escribe en la tabla los adjetivos que encontraste. Después, con la terminación *-mente*, conviértelos en adverbios.

Adjetivos	Adverbios terminados en *-mente*	Adjetivos	Adverbios terminados en *-mente*
a) cortés		k) hábil	
b) continua		k) noble	
c) cálida		k) ingenua	
d) cínica		k) dócil	
e) mutua		k) mala	
f) real		k) rica	
g) útil		k) súbita	
h) sólida		k) fría	
i) nítida		k) necia	
j) difícil		k) oblicua	

> **Los adverbios de modo**, formados mediante la adición del sufijo *-mente*, mantienen la tilde del adjetivo: *rápidamente*. La regla de acentuación de estas palabras es así de fácil: los adverbios terminados en *-mente* conservan la tilde del adjetivo del que derivan.

El relato histórico

Aprendizajes esperados. Reconoce las características y la función de los relatos históricos. Establece el orden de los sucesos relatados.

> Un **relato histórico** es un texto narrativo que relata un suceso o **sucesos reales** que acontecieron en el **pasado**. Su **función** es enfatizar las **situaciones** más **importantes** del hecho histórico y que marcaron la vida de un pueblo o país. La **narración** debe ser **breve**, **sencilla**, fácil de comprender y ordenada de acuerdo con el momento en que sucedieron los hechos (**orden cronológico**). Consta de tres partes: **inicio, nudo** y **desenlace**. Generalmente, se escribe en pasado utilizando verbos en pretérito y copretérito. Cuando el narrador es protagonista o testigo de los hechos se narra en primera persona; cuando es únicamente un cronista, en tercera persona. Se incluye la bibliografía de referencia.

1. Lee el texto con mucha atención. Observa que los párrafos están desordenados.

Esa maravillosa ciudad era Constantinopla, la capital del Imperio Romano de la Edad Media, una ciudad cuya historia se remonta incluso a un millar de años antes de que se le conociera con ese nombre.

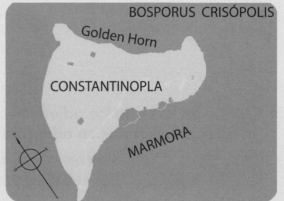

Con la expresión "caída del Imperio Romano", se hace referencia al periodo en que las tribus alemanas invadieron sus provincias occidentales y destruyeron su civilización. No obstante, la mitad oriental del Imperio Romano permaneció intacta, y durante siglos ocupó el extremo sudeste de Europa y las tierras **contiguas** en Asia. [...] Mucha gente no sabe que en los siglos en que Londres y París eran unos villorrios con calles de barro y chozas de madera, había una ciudad en Oriente, rica en oro, con obras de arte y espléndidas iglesias, maravilla y admiración de todos cuantos la conocían.

Cuando pensamos en la Edad Media, solemos pensar en la caída del Imperio Romano y en la victoria de los bárbaros. Pensamos en la decadencia del saber, en el **advenimiento** del feudalismo y en luchas mezquinas. Sin embargo, las cosas no fueron realmente así, puesto que el imperio romano en realidad, no cayó. Se mantuvo durante la Edad Media. [...]

Isaac Asimov, *Constantinopla*, México, Alianza, 1992, pp. 7-8 (adaptación).

Contiguas: Que están juntas, que se tocan.

Advenimiento: Llegada de algo importante.

2. Aquí tienes el inicio de cada párrafo del texto anterior. Numéralos en el orden correcto, para que sea claro el mensaje.

a) Esa maravillosa ciudad era Constantinopla…

b) Con la expresión "caída del Imperio Romano"…

c) Cuando pensamos en la Edad Media…

3. **Responde las siguientes preguntas utilizando el texto anterior.**

a) ¿De qué trata el relato anterior? _____

b) ¿Cuándo pasó? _____

c) ¿Dónde se sitúa el relato? _____

d) ¿Cómo está narrado el relato? _____

e) ¿En qué tiempo está escrito el relato? _____

4. **Subraya las oraciones que indiquen las características del relato histórico.**

a) Cuenta los sucesos sin un orden cronológico.

b) Narra un acontecimiento a partir de sucesos reales.

c) Tiene principio, desarrollo y cierre.

d) Su propósito es informar sobre hechos actuales.

e) Incluye bibliografía.

f) Responde a las preguntas qué, cómo y cuándo pasó.

5. **Subraya los verbos que encuentres en pretérito en el texto y escribe siete en las siguientes líneas. Posteriormente escribe el copretérito en la línea de enfrente.**

Pretérito	Copretérito
a) _____	_____
b) _____	_____
c) _____	_____
d) _____	_____
e) _____	_____
f) _____	_____
g) _____	_____

Recuerda: los verbos en **pretérito** se usan para acciones que sucedieron en el pasado y están terminadas. Ejemplo: La Edad Media fue una gran época. Los verbos en **copretérito** indican acciones pasadas y que no se sabe cuándo terminaron, o para hablar de acciones que sucedieron **al mismo tiempo que otras**. Ejemplo: En la Edad Media surgía el feudalismo mientras el saber decaía.

Sucesión y simultaneidad, causa y efecto

Aprendizajes esperados. Identifica sucesos principales y simultáneos en los textos históricos. Identifica las relaciones temporales y causales que pueden explicar los acontecimientos. Identifica en el texto expresiones que permiten marcar la temporalidad.

En **un relato histórico**, los **acontecimientos** se narran de acuerdo con un orden y estableciendo **relaciones temporales** entre ellos. Estas relaciones son:
- **Sucesión**: se refiere a la continuación de los hechos, es decir, un acontecimiento va después de otro.
- **Simultaneidad**: cuando los hechos pasan al mismo tiempo, es decir, en el mismo periodo de tiempo pero no necesariamente en el mismo lugar.
- **Causa y consecuencia**: son los hechos donde uno es la causa o consecuencia de otro.

1. Lee el siguiente texto y lleva a cabo lo que se te pide.

La Edad Media es el período de tiempo que abarca desde el año 500 hasta el 1400 en Europa. Se sitúa entre dos hechos de suma importancia: La caída del Imperio Romano de Occidente, que dio fin a la Edad Antigua y la caída del Imperio Romano de Oriente que inicia la Edad Moderna.

Se divide en tres etapas: primero se dio la Temprana Edad Media, después la Alta Edad Media y finalmente la Baja Edad Media. La ciudad antigua de Bizancio pasó a llamarse Constantinopla, fue sede de los emperadores bizantinos y el centro de la Iglesia cristiana oriental.

La época medieval se caracterizó por ser un tiempo de guerras y conquistas. Había guerras para disputar territorios, y al mismo tiempo otras por motivos religiosos para imponer la fe enfrentando a pueblos de diferentes creencias.

En África y América surgieron grandes imperios bien organizados, mientras que en Europa la difusión del islamismo llevó una nueva forma de vida a una extensa área.

En esa época era poco frecuente salir fuera de sus casas, quienes viajaban eran los comerciantes, soldados y algunos exploradores que narraban lo que veían o les sucedía mediante escritos. Eran muy pocos los que sabían leer y escribir, por lo que los conocimientos se transmitían de manera oral. En Europa, los monasterios eran los centros de aprendizaje, mientras que en Asia los chinos y los árabes se encontraban a la cabeza en ciencia, tecnología, medicina y astronomía.

Ganeri, A., Martel, y H. Wiliams, B. *Historia del Mundo*, Barcelona, Ed: Parragón, 2004 (adaptación).

a) Subraya con rojo los acontecimientos que indiquen sucesión, con verde los que sean simultáneos y con naranja los que indiquen causa y efecto.

b) Encierra en un círculo azul los adverbios.

c) Escribe la fuente bibliográfica del texto. _____

_____

2. Escribe en las líneas un ejemplo de cada tipo de relación entre los hechos del relato histórico.

a) Sucesión _____

b) Simultaneidad _____

c) Causa-efecto _____

> **Recuerda**: las **frases adverbiales** se forman con dos o más palabras que tienen la **función** de un **adverbio**, es decir, modificar al verbo, al adjetivo o a otro adverbio. Hay frases adverbiales de **modo**, **tiempo** y **lugar** y se utilizan para **añadir información** sobre las circunstancias en que se llevó a cabo **un hecho** o acción.

3. **Completa las siguientes frases adverbiales utilizando las palabras del recuadro.**

| pronto | antes | mismo | dado | tanto | debido |

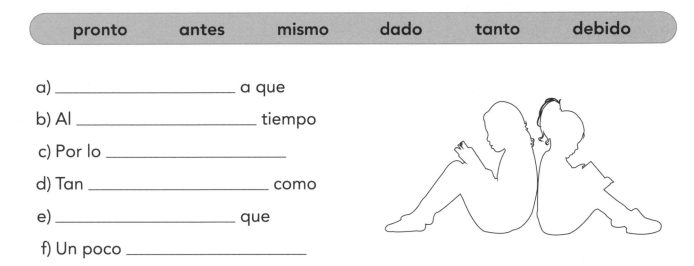

a) _____ a que

b) Al _____ tiempo

c) Por lo _____

d) Tan _____ como

e) _____ que

f) Un poco _____

4. **Sustituye los adverbios por frases adverbiales y escribe nuevamente las oraciones con la frase adverbial en los renglones. Sigue el ejemplo.**

a) Cristóbal Colón partió rumbo a las Indias después de recibir ayuda de los reyes católicos.

   Cristóbal Colón partió rumbo a las Indias al día siguiente de recibir ayuda

   de los reyes católicos.

b) En la prehistoria, las mujeres recolectaban comida cuando los hombres iban de cacería.

   _____

c) El hombre se volvió sedentario porque descubrió la agricultura.

   _____

5. **Relaciona las frases adverbiales con el tipo de relación que establecen entre los hechos.**

a) Posteriormente de que   1)   Simultaneidad

b) Mientras que   2)   Causa y efecto

c) Debido a que   3)   Sucesión

Las frases nominales

Aprendizajes esperados. Redacta un párrafo, con cohesión, ortografía y puntuación convencionales. Identifica y utiliza correctamente frases nominales.

> Las **frases nominales** son **grupos de palabras** que se forman junto al **sustantivo** y forman parte del **núcleo** del sujeto con la **finalidad** de hacer **referencia** a **lugares** y **personajes**. Se forman con un sustantivo y palabras complementarias como adjetivos, preposiciones, artículos, etc. Ejemplo: *El benemérito de las Américas, En un bosque alejado.*
> Recuerda que los sustantivos pueden ser sustituidos por pronombres como *yo, tú, él, mío, éste, aquél,* etc.

1. **Subraya las frases nominales de cada oración.**

   a) Los grandes conquistadores viajaron desde muy lejos.

   b) La gran Tenochtitlan estaba rodeada por agua.

   c) Tenochtitlan se encontraba en medio de un gran valle.

   d) El imponente fuerte de Veracruz es hermoso.

   e) Los Niños Héroes nos defendieron con valor.

   f) Aquella hermosa ciudad es maravillosa.

   g) El último emperador de México fue Maximiliano de Habsburgo.

2. **Escribe las frases nominales que subrayaste en el lugar que les corresponde.**

Referencia personal (personas, animales o cosas)	Referencia espacial (lugares)

3. **Escribe cinco oraciones con frases nominales.**

   a) _____

   b) _____

   c) _____

   d) _____

   e) _____

Conectores de causa y efecto

Aprendizaje esperado. Distingue en el texto que lee, entre los conectores que introducen causa (*porque, puesto que, por*) y los que introducen consecuencia (*por lo tanto, por eso, así que, de modo que*).

Los **conectores gramaticales de causa-efecto** son aquellas palabras o grupos de palabras que permiten introducir de forma **coherente** en un relato histórico **las relaciones de causa-efecto** para presentar las causas y las consecuencias de hechos específicos.
Los **conectores de causa** aclaran la causa de los efectos y son: *por esta razón, a causa de, por consiguiente, así pues, de ahí que, así que, porque, por eso, ya que*, etc.
Los **conectores de efecto** o consecutivos señalan el resultado de una acción o hecho, y son: *conque, luego, pues, por consiguiente, así que, en consecuencia, de manera que, tanto que, por lo tanto, de modo que*, etc.

1. Lee los siguientes párrafos.

Al llegar noticias del triunfo del pueblo francés que derrocó a su monarquía y la institución de una república, se comenzaron a formar entre los colonos de la Nueva España, pensamientos de independencia. Asimismo, el pensamiento de la Ilustración llegó a tierras mexicanas, sembrando las teorías y reflexiones necesarias para causar en una respuesta hacia su entorno actual. México fue testigo del desarrollo y éxito que tuvo la lucha independentista de Estados Unidos. Los mestizos, criollos y algunos blancos de pocos privilegios empezaban a ver en las decisiones de la Corona imposiciones, y en su falta de acceso a cargos públicos y otros beneficios un gran nivel de injusticia social. Con el paso de los años, España comenzó a descuidar sus colonias, al fijar sus intereses en la apropiación continua de riquezas y recursos americanos.

La consolidación de la Independencia mexicana despertó los intereses individuales sobre una nueva manera de tener el poder en la recién fundada república. Asimismo, con el bloqueo impuesto por la Corona española a las nuevas naciones independientes, el desarrollo económico se vio afectado en los primeros años y México también lo sufrió. Las castas desaparecieron gracias a la Independencia, pero las condiciones socioeconómicas de las personas en las ciudades y pueblos no eran iguales. Con el tiempo, los antes esclavos lucharon para mejorar sus condiciones.

2. Divide las siguientes oraciones en causas y efectos subrayando con rojo las causas, y con azul los efectos. Después escribe tres párrafos de cada uno utilizando conectores de causa y efecto. Utiliza el texto de arriba como referencia para hacer los párrafos.

La Revolución americana.   Crisis política interna y luchas por el poder.
Eliminación de castas reales.   La Ilustración y la Revolución francesa.
Abolición de la esclavitud.   Crisis económica.   Brechas sociales internas.
La desidia de la Corona española.

Causas	Efectos
_____	_____
_____	_____
_____	_____
_____	_____

Fuentes primarias y secundarias

Aprendizaje esperado. Reconoce la función de los relatos históricos y sus características. Distingue los tipos de fuentes según su origen.

Los datos de la historia nacen de las **fuentes históricas** pues sin ellas sería imposible conocer los hechos sucedidos a lo largo de los siglos. Las fuentes históricas se dividen en dos:

- **Fuentes primarias:** son aquellas que podemos considerar de primera mano, es decir, documentos que han sido publicados por primera vez. Son importantes porque no fueron modificadas por ninguna persona, por lo que son la forma más objetiva de conocer y estudiar la información sucedida en el pasado. Ejemplos: libros, restos humanos, testimonios orales, publicaciones y material audiovisual.
- **Fuentes secundarias:** son aquellas cuyo objetivo es recopilar y organizar los hechos históricos, y presentar su interpretación o análisis. Generalmente las fuentes secundarias provienen de las primarias, ya que su autor elaboró una investigación basada en las fuentes primarias. Ejemplos: biografías, enciclopedias, crítica literaria, tratados y artículos de investigación.

1. **Escribe debajo de cada imagen si se trata de una fuente primaria o de una secundaria.**

a)

_____

b)

_____

c)

_____

d)

e)

f)

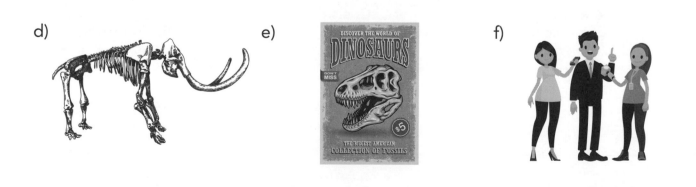

_____

_____

_____

El lenguaje en los relatos históricos

Aprendizaje esperado. Reconoce la función de los relatos históricos y emplea las características del lenguaje formal al escribirlos.

Para **escribir un relato histórico**, se debe utilizar el **lenguaje formal** debido a que éste permite que el lector comprenda mejor los hechos narrados, al plantearse de manera más objetiva, organizada y sin términos coloquiales o regionales que no llegan a todos. Para lograr su objetivo, por tanto, el relato histórico debe escribirse de acuerdo con las **reglas de gramática y ortografía** que dicta el español utilizando palabras precisas y adecuadas.

1. **Subraya las oraciones que indiquen características del lenguaje formal.**

   a) Las frases están completas.

   b) Utiliza modismos y muletillas.

   c) Usa correctamente signos de puntuación y la organización de párrafos.

   d) Utiliza un vocabulario más específico.

   e) Es redundante, no se entrega la información de una sola vez.

2. **Une las oraciones con el tipo de lenguaje al que pertenecen.**

   a) Pues ese era plan que tenían, conseguir toda la ayuda del ejército con el favor de su cuate el general.

   b) Debido a los sucesos acontecidos en Chihuahua, el ayuntamiento de la ciudad se vio obligado a tomar medidas cautelares.

   c) En África y América surgieron grandes imperios bien organizados, mientras que en Europa la difusión del islamismo llevó una nueva forma de vida a una extensa área.

   1) Lenguaje formal.

   d) Te cuento cómo fue, en esa época el hombre se movía de un lado para otro, pero cuando conocieron la agricultura todo cambió y con eso el hombre dejo de ser nómada y se volvió sedentario.

   e) En 1910, Porfirio Díaz decretó la conformación de la Universidad Nacional de México; pero fue hasta 1929 cuando recibió el nombre de Universidad Nacional Autónoma de México, bajo la presidencia de Emilio Portes Gil.

   2) Lenguaje informal.

   f) El 15 de Septiembre de 1910, Porfirio Díaz, quien era el preciso de nuestro país en esos momentos, celebró el Centenario de la Independencia sin darse fijón del descontento que había a su alrededor.

Uso de punto después de paréntesis ( ), comillas "" o corchetes [ ]

Aprendizajes esperados. Utiliza correctamente el punto después de paréntesis, comillas y corchetes.

1. Lee con atención las siguientes oraciones y encierra en círculos los signos de puntuación que encuentres.

Miriam propone que el lobo mexicano modelado con plastilina se llame "Plateado".

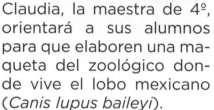

Claudia, la maestra de 4º, orientará a sus alumnos para que elaboren una maqueta del zoológico donde vive el lobo mexicano (*Canis lupus baileyi*).

El equipo número 5 está integrado por tres niñas y dos niños (Raúl y Carlos, Erika, Amanda y Miriam [quien decidió el nombre del lobo modelado]).

2. ¿Cómo se llaman los signos que señalaste?

_____

3. ¿Qué signo aparece siempre después de paréntesis, las comillas y los corchetes?

_____

_____

4. Encuentra otros ejemplos que ilustren el uso del punto después de paréntesis, los corchetes y las comillas. Escríbelos a continuación.

_____

_____

_____

_____

El punto se utiliza junto con los signos de cierre de paréntesis, corchetes y comillas, pero debe seguir un orden fijo y obligatorio: siempre se coloca primero el signo de cierre y después el punto.

5. Escribe los puntos que faltan en los siguientes textos.

El nombre científico de la ballena azul es *Balaenoptena musculus*. Es un mamífero acuático, viene de la familia de los cetáceos (igual que los delfines, marsopas y cachalotes)

Es el más grande de todos los animales, ya que mide hasta 30 metros de longitud; tiene la piel lisa y debajo de ella una capa de grasa (como si fuera ropa térmica [caliente])

Las ballenas son una preciada pieza de caza porque se aprovecha todo de ellas: su grasa, huesos y carne Por ello son víctimas de una caza excesiva que provoca su extinción

Una de las especies más numerosas es la del caimán de anteojos o *Caiman crocodilus* El caimán llega a medir hasta 2.5 metros de longitud Es una especie amenazada (que está en peligro de extinción)

Para evitar esto, desde 1990, en México se han establecido criaderos privados llamados cocodrilarios

El reportaje

El **reportaje** es un **relato periodístico** acerca de personas, situaciones o temas de **interés para la comunidad**. Se elabora a partir de una investigación con el **objetivo** de informar. Las **fuentes** de información pueden ser **escritas**, **orales** o **audiovisuales**. Puede incluir la opinión del periodista o de los entrevistados. Se divide en tres partes: **introducción**, **desarrollo** y **cierre**.

1. Lee el inicio de un reportaje sobre la ciudad de Campeche.

Campeche, patrimonio de la humanidad

A un lado de la antigua villa de Ah Kim Pech, cacicazgo maya, los españoles fundaron Salamanca de Campeche el 4 de octubre de 1540. Posteriormente, Francisco de Montejo, daría el nombre de San Francisco de Campeche a la ciudad que se convertiría en el puerto más importante de la América Colonial, trayendo consigo un intenso tráfico comercial y la edificación de mansiones e iglesias.

Sin embargo, si bien la riqueza de Campeche permitió su florecimiento, durante siglos atrajo la atención de piratas y **filibusteros** cuyas correrías no sólo dieron lugar a un sinfín de historias, sino que motivaron el levantamiento de fortificaciones inexpugnables que al día de hoy distinguen el lugar. La **declaratoria** de la ciudad de Campeche como Patrimonio Mundial es un reconocimiento a la herencia que han dejado las generaciones de campechanos que construyeron, amaron y respetaron su patrimonio edificado.

http://travelbymexico.com/campeche/ (consultado el 20 de enero de 2020).

2. Busca en un diccionario o una enciclopedia las palabras en negritas del texto anterior para que formes tu propio glosario.

El **reportaje** es un relato periodístico acerca de personas o situaciones de interés para la **comunidad**.

3. Los siguientes son elementos de un reportaje.

Título	Tema	Subtemas	Entrevistas	Bibliografía	Fotografías

a) ¿Cuáles de ellos agregarías al reportaje sobre Campeche?

_____

_____

Fuentes orales y escritas

Aprendizajes esperados. Selecciona información relevante de diversas fuentes para elaborar un reportaje. Reconoce la utilidad y función de la entrevista para recopilar información.

Las **fuentes de consulta** son los **medios** que se usan para obtener la **información**. Se dividen en fuentes escritas y orales.

Las fuentes **escritas** pueden ser: **impresas**: revistas, libros, periódicos y otros tipos de publicación; **internet**: páginas; **electrónicas**: CD y DVD.

Las fuentes **orales** pueden ser: **testimonios directos**: se dan de manera presencial ya que se transmite la información por la experiencia u observación, ejemplo: entrevista; **testimonios indirectos**: narraciones en las que una persona narra lo que escuchó de otra persona, ejemplo: contar lo que dijo mi abuelo; **tradiciones orales**: pasan de una generación a otra contando los sucesos, ejemplo: leyendas.

1. **Lee las siguientes oraciones y encierra en un círculo color naranja las que hablen de una fuente oral, y en un círculo color verde las que hablen de una fuente escrita.**

a) María y Pedro fueron a la biblioteca para obtener información acerca de los monumentos que se encuentran en su ciudad.

b) Durante la clase de computación navegué por diferentes páginas *web* para investigar acerca de la importancia de las vacunas y la prevención de enfermedades.

c) Para conocer más acerca del tema del reciclaje y separación de la basura, mi papá me llevó a entrevistar a un experto en la materia.

d) El tío de mi amiga Isabel nos platicó lo que su papá le contó acerca de la vida en la capital del país durante la época de la Revolución.

e) Mi mamá me trajo una revista que tiene un artículo sobre Teotihuacán para que lo lea y lo use para hacer mi reportaje sobre esa gran ciudad azteca.

f) La maestra nos contó una leyenda muy hermosa acerca de la fundación de Tenochtitlan.

La entrevista

Aprendizajes esperados. Conoce las características y funciones de las entrevistas. Comprende e interpreta reportajes.

La **entrevista** es una **plática** entre dos personas en la que una de ellas (**entrevistador**) hace preguntas a la otra (**entrevistado**) con la finalidad de obtener información para darla a conocer posteriormente. Las **preguntas** deben ser claras y precisas, y pueden ser abiertas o cerradas. Las **partes** de la entrevista son:
- **Planeación**: es la investigación sobre el tema y la elección de las preguntas.
- **Realización**: es elaborar la entrevista y registrarla mediante una grabación o escribiéndola.
- **Transcripción o informe**: se escribe un resumen de la entrevista utilizando una introducción y conclusiones. Se puede elaborar con discurso directo (en primera persona) o indirecto (en tercera persona).

1. **Lee el fragmento de una entrevista que la revista *Artes de México* hizo a Octavio Paz respecto a la Ciudad de México.**

— Revista Artes de México (AM): En el poema "1930: vistas fijas", usted habla de "muros de color de sangre seca". ¿A qué se refiere?

— Octavio Paz (OP): Al tezontle, una piedra que, siglos atrás, maravillaba a los viajeros que venían a México.

— AM: En ese México y esa época fue cuando conoció al pintor Joaquín Clausell, ¿verdad?

— OP: Ya en la preparatoria, mi padre algunas veces enviaba conmigo recados a sus amistades.

Y no sé bien de qué manera se había hecho amigo de Joaquín Clausell. Una vez me pidió que fuera a ver a un licenciado Clausell para llevarle un mensaje. Llegué a un espléndido palacio virreinal que ahora es el Museo de la Ciudad de México […]. Subí las escaleras y un hombre mayor me recibió en pantuflas. Me saludó con gran cortesía y le di la esquela enviada por mi padre. La leyó detenidamente y me dijo: "Bueno, dile a tu papá que le voy a hablar por teléfono para que no tenga que escribirme, esto ya no se usa, no es necesario". Mientras me decía eso, pude ver una parte de lo que pintaba. Yo no sabía quién era Clausell ni podía imaginar que como pintor había reinventado en México […] algo de lo que éste fue.

Entrevista a Octavio Paz: "Una grandeza caída", En *Artes de México*, núm. 1, Nueva Época, 2001, p. 7.

2. **Cuando Octavio Paz relata lo que le dijo Clausell, ¿qué tipo de discurso utiliza? Marca con una ✘ el paréntesis con la respuesta.**

( ) Directo   ( ) Indirecto

3. **Copia un fragmento del texto en el que se aprecie el uso del discurso directo.**

_____

_____

4. Subraya las preguntas que consideras deberías hacer si quieres entrevistar a alguien para obtener información para hacer un reportaje sobre las tradiciones de la Ciudad de México.

a) ¿Existen tradiciones en la Ciudad de México?

b) ¿Cuántas colonias hay en la Ciudad de México?

c) ¿Cuáles son las principales tradiciones de la Ciudad de México?

d) ¿Por qué es importante conservar las tradiciones?

e) ¿Cuál es tu tradición favorita?

f) ¿Cuál es el origen de la tradición del Día de Muertos en San Andrés Mixquic?

g) ¿Quién es el alcalde de Tlalpan?

h) ¿En qué parte de la ciudad se lleva a cabo la Feria Nacional del Mole?

i) ¿Cuál es la tradición más antigua de la Ciudad de México?

5. Elabora una transcripción o reporte de la entrevista a Octavio Paz de la página anterior. Utiliza el discurso directo.

_____

_____

_____

_____

6. Escribe una ✔ junto a las preguntas cerradas.

a) ¿Cómo se llama la feria que se lleva a cabo en la alcaldía de Coyoacán? ☐

b) ¿En honor de qué santo se realiza la feria anual de la alcaldía de Cuajimalpa? ☐

c) ¿Cuál es la tradición que más te gusta? ☐

d) ¿Por qué crees que es tan popular la fiesta del Niñopa en Xochimilco? ☐

e) ¿Cuántos visitantes acuden a Mixquic el Día de Muertos? ☐

Anoto y aprendo haciendo un reportaje

Aprendizajes esperados. Selecciona información relevante de diversas fuentes para elaborar un reportaje. Emplea notas que sirvan de guía para la escritura de textos propios, refiriendo los datos de las fuentes consultadas.

Cuando utilizamos **fuentes de consulta** escritas, anotamos los datos de la fuente en **fichas bibliográficas** para tener un registro de las que ya utilizamos y saber de dónde obtuvimos la información. La información obtenida de las fuentes orales y escritas se anota en **fichas de trabajo** donde se debe escribir el tema, los **datos de la fuente** (bibliografía o persona entrevistada), el **contenido** principal (resumen, cita textual, paráfrasis o reseña del tema), **fecha** en que se elaboró y **nombre** de quien la llevó a cabo. Estas fichas ayudan a nuestra memoria, y nos facilitan organizar la información y evitar que se repita.

1. **Lee el texto y busca en un diccionario las palabras en negritas para formar un glosario.**

Fundada en 1325 d. C., Tenochtitlan se desarrolló de tal manera en escasos dos siglos que se convertiría en el corazón de un vasto imperio que llegó a controlar ambas costas y buena parte de Mesoamérica. Para los mexicas es la ciudad donde la realidad y el mito se entretejen, provocando la existencia de simbolismos de gran profundidad. Pero, además, es donde se encuentra el centro fundamental de su **cosmovisión**, el ombligo del mundo del cual parten los cuatro rumbos del universo, el lugar por donde se llega tanto a los niveles celestes como al **inframundo**: el Templo Mayor de Tenochtitlan.

Eduardo Matos Moctezuma, "Tenochtitlan: centro del mundo", en *Artes de México*, núm. 1, Nueva Época, 2001, p. 16 (adaptación).

2. **Marca con una ✗ las notas que estén relacionadas con el texto.**

a) ( ) Fue considerada el ombligo del mundo.

b) ( ) Se llegaba a ella de todas partes.

c) ( ) Nombre de la ciudad: Tenochtitlan.

d) ( ) Su fundación: 1325 d.C.

e) ( ) Controló todas las costas del mundo.

f) ( ) El Templo Mayor es su cosmovisión.

3. **Además de las notas que elegiste, elabora cuatro más con base en el texto.**

_____   _____

_____   _____

4. **Con base en las notas, redacta un texto breve sobre Tenochtitlan.**

_____

_____

5. Utiliza el texto que escribiste en el ejercicio 4 y los datos del texto del ejercicio 1 para elaborar una ficha de trabajo completando los datos que se piden. Recuerda poner comillas si utilizas citas textuales.

a) Tema: _____

b) Datos de la fuente: _____

_____

c) Contenido: _____

_____

_____

d) Fecha: _____

e) Nombre de quien la elaboró: _____

6. Imagina que elaboraste un reportaje sobre la celebración del Día de Muertos en tu localidad. Antes de empezar tu reporte, ordena los pasos que debes seguir para llevarlo a cabo.

a) Elegir el tipo de discurso que se utilizará (directo o indirecto). _____

b) Reunir las fichas de trabajo elaboradas. _____

c) Escribir el borrador del reportaje. _____

d) Incluir las referencias bibliográficas en el reporte. _____

e) Elegir título y subtítulos para el reporte. _____

f) Reunir las fichas bibliográficas. _____

g) Elegir las imágenes que ilustren el tema. _____

h) Revisar la ortografía y redacción y corregirla. _____

i) Elaborar el reporte final. _____

7. Escribe tres lugares en los que podrías divulgar el reportaje.

a) _____

b) _____

c) _____

Una exposición de descubrimientos científicos

Aprendizajes esperados. Recopila información de diversas fuentes para preparar una exposición. Organiza la información en temas y subtemas. Escribe las palabras clave en función del tema a exponer. Se vale de recursos gráficos para enriquecer su presentación.

1. **Lee el siguiente texto sobre la brújula y escribe en las líneas los subtítulos que creas que corresponden a cada párrafo.**

Un gran invento: la brújula

La brújula es un instrumento de orientación que sirve para señalar el norte de la Tierra, gracias a ella se han descubierto lugares que no habían sido explorados y se pudieron conocer nuevas tierras o zonas donde vivieron nuestros antepasados. Es por ello que es uno de los descubrimientos más importantes.

a) _____

La brújula fue inventada en China, en el siglo IX. En un principio las brújulas estaban hechas con una aguja imantada flotando en una vasija con agua, posteriormente, se cambió la vasija por un eje rotatorio, con la "rosa de los vientos", como guía para identificar las direcciones.

b) _____

La brújula funciona con el campo magnético que rodea a la Tierra, es por ello, que utiliza una aguja sensible al movimiento con dos partes: una policromada en rojo y la otra en negro o blanco.

La parte roja siempre apunta al Norte magnético de la Tierra, que es diferente en cada zona de la Tierra y diferente del Norte geográfico que se encuentra en el Polo Norte ya que debido a que ahí se encuentra la unión de las líneas de fuerza del campo magnético de la Tierra y no se puede usar la brújula.

c) _____

Al llegar la brújula a Europa durante el Renacimiento, pensaron que se trataba de una brujería y la llamaron brújula, diminutivo de bruja. Y desde entonces se conoció con ese nombre.

https://es.wikipedia.org/wiki/Br%C3%BAjula

2. **Localiza las palabras clave del texto anterior y subráyalas con rojo.**

3. **Imagina que vas a exponer sobre el descubrimiento de la brújula. Para ampliar la información que brinda el texto anterior, investiga en distintas fuentes sobre el tema y escríbelas en el siguiente cuadro.**

Orales	Escritas	Virtuales o digitales

Recuerda: **exponer un tema** es explicarlo de manera **clara** y **ordenada** ante un público. Es importante escoger previamente el tema y darle un título adecuado y atractivo. Es de gran utilidad organizarlo mediante **títulos y subtítulos**. En su estructura debe tener **introducción, desarrollo y conclusiones**. Para organizar la información se deben utilizar palabras que indiquen orden como "en un principio", "posteriormente", "finalmente", etc. Como recurso de apoyo se utiliza el **guion de exposición**.

4. **Elabora un guion de exposición sobre la brújula, escribiendo en cada parte lo que se te indica. Recuerda utilizar un vocabulario claro; sinónimos; pronombres; adjetivos; conectores lógicos de orden, tiempo, etc.**

   Título: _____

   Introducción (ideas principales para atraer la atención del público):

   _____

   _____

   Desarrollo (subtítulos, tema y subtemas presentados de manera ordenada y jerarquizada, tiempo que durará, apoyos visuales que se utilizarán):

   _____

   _____

   Conclusiones (importancia del tema, opiniones [personales] y resumen del tema):

   _____

   _____

5. **Subraya las oraciones que indiquen lo que debes hacer durante una exposición en público.**

   a) Elaborar material de apoyo.

   b) Conseguir toda la información y materiales que vas a necesitar para la exposición.

   c) Utilizar material de apoyo como carteles y rotafolios.

   d) Estudiar el tema en profundidad para aclarar cualquier duda que pueda surgir durante la exposición.

   e) Practicar frente a un espejo.

   f) Hacer una presentación sencilla con tus propias palabras, sin tecnicismos que tus compañeros no puedan entender.

   g) Mantener siempre contacto visual con tu profesor y tus compañeros.

   h) Elaborar fichas bibliográficas.

   i) Resolver cualquier duda de tus compañeros.

Repaso

1. **Completa las siguientes oraciones.**

   a) Un _____ es una prueba que se aplica a determinadas personas con el fin de comprobar los conocimientos que poseen sobre un _____ o materia.

   b) Un _____ es una serie de preguntas que se elaboran sobre un tema para obtener más información, resolver dudas, determinar lo que sabemos o repasar y consolidar el _____ adquirido.

   c) Escribe tres tipos de reactivos que se pueden utilizar en un examen o cuestionario. _____, _____ y _____

   d) Una _____ es un instrumento que se utiliza para _____ y obtener mejores resultados en el aprendizaje o para prepararse para un _____

2. **Relaciona las columnas uniendo las oraciones con el tipo de conocimiento al que pertenecen.**

   a) El "Sol comido" ocurre cuando se oscurece la tierra siendo de día.

   b) Las cefaleas son dolores de cabeza que se pueden ocasionar por tensión, traumatismo o infección.

   • Conocimiento científico.

   c) Los eclipses solares se producen cuando el Sol, la Tierra y la Luna se alinean, y queda la Luna entre la Tierra y el Sol, lo que impide que pase la luz solar.

   • Conocimiento popular.

   d) Los dolores de cabeza se producen porque la cabeza se cansa de pensar.

3. **Escribe en cada oración el conector lógico indicado para cada una. Sigue la relación que se indica en cada caso.**

   a) En tiempos de mi bisabuela sólo se podía lavar la ropa a mano _____ se puede utilizar la lavadora también.
   Lugar - tiempo

   b) La Tierra gira alrededor del Sol, _____ los demás planetas lo hacen.
   Establecer similitudes

   c) Los animales mamíferos nacen de su madre _____ de los ovíparos que nacen de huevo.
   Establecer diferencias

   d) Guadalupe Victoria fue el primer presidente _____ ganó las elecciones.
   Causa- efecto

   e) Las estrellas se pueden observar en la noche _____ el Sol sólo se ve de día.
   Contrastar ideas

4. Escribe un tema en el que puedas contrastar información científica e información popular.

_____

5. Colorea la respuesta correcta.

a) Texto narrativo que relata un suceso o sucesos reales que acontecieron en el pasado.

| 1) Leyenda | 2) Relato histórico | 3) Relato literario |

b) La función de un relato histórico es _____ las situaciones más importantes del hecho histórico.

| 1) enfatizar | 2) investigar | 3) minimizar |

c) Los acontecimientos se deben ordenar de acuerdo con el momento en el que sucedieron, lo que se conoce como:

| 1) Orden temporal | 2) Orden natural | 3) Orden cronológico |

d) Las relaciones de tiempo que se establecen en los relatos históricos pueden ser de sucesión, _____ y causa-efecto.

| 1) anterioridad | 2) simultaneidad | 3) discontinuidad |

6. Completa las preguntas que se deben responder cuando se va a elaborar un reportaje.

a) ¿De qué _____ se trata?

b)   ¿Qué _____?

c) ¿Cómo y _____ ocurrió?

d) ¿Quiénes _____ involucrados?

e) ¿_____ sucedió?

7. Convierte en adverbios los siguientes adjetivos.

a) Fácil: _____   b) Cruel: _____   c) Hábil: _____

d) Rápido: _____   e) Lento: _____   f) Cálida: _____

8. Completa la siguiente regla de ortografía.

a) El _____ se utiliza después de los signos de _____ en corchetes, _____ y comillas, es decir, siempre se coloca primero el signo de _____ y después el _____

9. Escribe las palabras que puedes utilizar para empezar cada una de las partes para una exposición.

a) Introducción	b) Desarrollo	c) Conclusiones

El cuento de terror y sus características

Aprendizaje esperado. Identifica las características de los cuentos de misterio o terror: estructura, estilo, personajes y escenario.

Un **cuento de terror** es una narración literaria breve que busca crear en el lector **sensaciones de miedo** y angustia, mediante situaciones imaginarias, fantásticas o sobrenaturales. Su **estructura** consta de: **inicio, nudo y final**. Sus **elementos** son:
- **Personajes**: pueden ser convencionales, siniestros, monstruosos o misteriosos.
- **Narrador**: generalmente utiliza descripciones detalladas con elementos que provocan suspenso.
- **Acción**: alrededor del suspenso por acciones asombrosas, incomprensibles, siniestras o angustiantes y que tienen en el desenlace una revelación o aparición.

1. **Identifica el texto que corresponda con el estilo de los cuentos de misterio o terror. Márcalo, escribiendo X en el paréntesis correspondiente.**

a) ( ) El viaje desde Toluca hasta Morelia no era muy largo, pero a mi impaciencia le pareció excesivo; sin embargo, saltaba a la vista que para mi madre era placentero.

b) ( ) Ciertos detalles parecían delatar que en la noche fatal un forastero se había acogido en la casa y había resultado víctima de la catástrofe. Otros negaban, en cambio, que hubiera indicios concluyentes para llegar a tal afirmación.

c) ( ) La hermosa mujer cantaba tanto después del baño en el mar que, como el canto es lo que más provoca la curiosidad, asomó su cabeza un tritón para ver lo que pasaba. —¡Un tritón! — gritó ella—, pero el tritón, tranquilo y sonriente, la serenó con la pregunta más inesperada: —¿Quieres decirme qué hora es?

2. **Une el personaje con los atributos que más se ajustan a un criminal de cuento de misterio.**

Atributos
a) Sonrisa maliciosa.
b) Mirada jovial.
c) Cicatriz en la cara.
d) Compasión por sus semejantes.
e) Uso de lenguaje amenazante.
f) Cordialidad.
g) Hace las cosas a plena luz.
h) Hace las cosas a escondidas.

3. Lee el inicio del relato *El huésped de Drácula*.

Cuando iniciamos nuestro paseo, el sol brillaba intensamente sobre Münich y el aire estaba repleto de la alegría propia de comienzos del verano. En el mismo momento en que íbamos a partir, Delbrück (el mayordomo del hotel donde me alojaba) bajó hasta el carruaje sin detenerse a ponerse el sombrero y, tras desearme un placentero paseo, le dijo al cochero:

—No olvide estar de regreso antes de la puesta del sol. El cielo parece claro, pero se nota un frescor en el viento del norte que me dice que puede haber una tormenta en cualquier momento. Pero estoy seguro de que no se retrasará —sonrió—, pues ya sabe qué noche es.

Johann le contestó con un enfático:
—Sí, mi señor.
Y, llevándose la mano al sombrero, se dio prisa en partir.
Cuando hubimos salido de la ciudad le dije, tras indicarle que se detuviera:
—Dígame, Johann, ¿qué noche es hoy? Se persignó al tiempo que contestaba lacónicamente:
—Noche de brujas.

Bram Stoker, "El huesped de Drácula". Disponible en: http://www.ciudadseva.com/textos/cuentos/ing/stoker/huesped.htm (consultado 15 de enero de 2011.)

4. Localiza y describe dos elementos del escenario del relato *El huésped de Drácula*, como en el siguiente ejemplo: Un paisaje de verano, muy soleado.

_____

_____

5. ¿Se puede saber, por las palabras que se usan en el relato, en qué época sucede la acción? _____

Explícalo. _____

6. Escribe brevemente cómo es que sabes que el relato encierra un misterio o una situación de terror, aún sin conocer el final.

_____

_____

_____

Tipos de personajes

Aprendizajes esperados. Identifica los diferentes tipos de personajes y sus características. Infiere las características, sentimientos y motivaciones de los personajes de un cuento a partir de sus acciones.

Los personajes de un cuento de terror pueden ser animales, personas u otro tipo de seres. Hay diferentes tipos de personajes según su importancia o función:
- **Principal o protagónico**: lleva a cabo las acciones más importantes del cuento.
- **Antagónico**: es contraparte del protagonista y tiene la misma importancia.
- **Secundario**: tiene gran relación con el protagonista y comparte el conflicto con él pero con menor peso.
- **Ambiental**: se encuentra en el contexto del cuento pero no lleva a cabo acciones.
- **Aludido**: se habla de él pero no aparece en el cuento.

Las funciones de los personajes pueden ser de oposición, alianza, amor, etc.

1. Lee el siguiente cuento de terror y lleva a cabo lo que se te pide.

Primera visita al cementerio

Era la primera vez que Omar iba al cementerio a visitar la tumba de su hermano mayor, el cual murió siendo aún muy pequeño. Sus padres le habían contado de él, pero nunca antes los había acompañado. Pero decidieron que Omar ya era mayor y podría unirse a la tradición familiar.

El chico observaba con atención todo lo que había a su alrededor, grandes estatuas de piedra con forma de ángeles, cruces de todos tamaños y con todo tipo de garabatos, y por supuesto muchas tumbas.

Sus familiares que ya conocían bien el camino se movían ágilmente entre las lapidas, y a él lo dejaron un poco rezagado. Mientras se apresuraba para no quedarse muy atrás, pasó entre dos tumbas pisando un caballito de madera.

Ya que sus padres acostumbraban llevar juguetes a su hijo difunto en su cumpleaños, probablemente mucha más gente lo hacía, así que lo recogió para ponerlo en su lugar.

Miró la inscripción de las dos tumbas, y en ambas había enterrado un niño, lo cual le dificultaba un poco para devolver el juguete a su dueño. Así que lo dejó a la suerte, y lanzando una moneda, decidió dejarlo en la tumba a su izquierda.

Se dispuso a salir corriendo para alcanzar a su familia, pero su pie se atoró con algo, y mientras estaba agachado tratando de zafarlo, le tocaron el hombro derecho y una suave voz le susurró al oído: -Ese juguete era mío…-, aunque el chico volteó lo más rápido que pudo, sus ojos solo percibieron una ligera forma traslúcida que se deslizaba debajo de la lápida a su derecha.

Aunque sus pies estaban listos para salir corriendo y quería con todas sus fuerzas hacerlo, no tuvo más remedio que tomar el caballito y devolverlo a su dueño, para después de eso jamás volver a pisar un cementerio.

https://leyendadeterror.com/cuentos-de-terror/

a) ¿Subraya con rojo el inicio del cuento, con azul el nudo y con verde el desenlace.

b) ¿Cuántos personajes aparecen en el cuento?

1	2	3	Cuatro o más

c) ¿Quién es el personaje principal o protagónico?

1) El papá de Omar	2) Omar	3) El hermano mayor de Omar

Debajo de las sábanas

Aprendizajes esperados. Reconoce la función de los adjetivos en la descripción de personajes, lugares y situaciones. Infiere las características, sentimientos y motivaciones de los personajes de un cuento a partir de sus acciones.

> **Recuerda**: para **describir** personajes, lugares o seres, se utilizan los **adjetivos** o **frases adjetivas**, que son palabras que modifican al sustantivo. En los cuentos de misterio, la descripción debe ser muy detalla utilizando adjetivos que nos hagan sentir miedo o intriga.

1. **Lee un fragmento de *La caída de la casa Usher*, de Edgar Allan Poe. Subraya con naranja los adjetivos, y con amarillo las frases adjetivas.**

A pedido de Usher, lo ayudé personalmente en los preparativos de la sepultura temporaria. Ya en el ataúd, los dos solos llevamos el cuerpo a su lugar de descanso. La cripta donde lo depositamos (por tanto tiempo clausurada que las antorchas casi se apagaron en su atmósfera opresiva, dándonos poca oportunidad para examinarla) era pequeña, húmeda y desprovista de toda fuente de luz; estaba a gran profundidad, justamente bajo la parte de la casa que ocupaba mi dormitorio. [...]

Una vez depositada la fúnebre carga sobre los caballetes, en aquella región de horror, retiramos parcialmente hacia un lado la tapa todavía suelta del ataúd, y miramos la cara de su ocupante. Un sorprendente parecido entre el hermano y la hermana fue lo primero que atrajo mi atención, y Usher, adivinando quizá mis pensamientos, murmuró algunas palabras, por las cuales supe que la muerta y él eran mellizos y que entre ambos habían existido siempre simpatías casi inexplicables. Nuestros ojos, sin embargo, no se detuvieron mucho en la muerta, porque no podíamos mirarla sin espanto.

Edgar Allan Poe, *La caída de la casa Usher*. Disponible en: https://ciudadseva.com/texto/la-caida-de-la-casa-usher/ (consultado el 20 de enero de 2020).

2. **Responde.**

a) ¿Qué apariencia tendrá el joven Usher?

_____

b) ¿A quién están sepultando? _____

c) ¿Qué sentimientos afloran en el personaje que cuenta la historia?

_____

d) Escribe la descripción que hace el autor de la cripta.

_____

¡Acción!

Aprendizajes esperados. Establece relaciones temporales de secuencia, simultaneidad y duración entre acontecimientos. Emplea verbos y tiempos verbales para narrar acciones sucesivas y simultáneas.

1. **Conjuga los siguientes verbos en pasado, en primera y tercera persona del singular. Sigue el ejemplo.**

   a) Salir: _salí, salió_____

   b) Caminar: _____

   c) Confrontar: _____

   d) Tocar: _____

   e) Escuchar: _____

   f) Beber: _____

   g) Manejar:_____

   h) Observar: _____

   i) Suspirar _____

   j) Exhalar: _____

   k) Sentir: _____

   l) Espantar: _____

   m) Sepultar: _____

   n) Cubrir: _____

2. **Entre el par de verbos de la derecha, elige el que mejor corresponda con la oración y escríbelo en la línea.**

   a) Primero: _____ por ella.

   b) _____ su espada ante la muchedumbre.

   c) _____ el ropero de su recámara.

   d) Nada más verla, _____ profundamente.

   e) Enseguida, _____ lo que me decía

   > Bebió   preguntó
   > Mandó   suspiré
   > sucumbí   espantó
   > Tomó   salí
   > Ordenó

   > Los **verbos conjugados** son la clave para el desarrollo de los relatos.

3. **Describe, con verbos en pasado, lo que sucede en la escena.**

   _____

   _____

   _____

   _____

   _____

   _____

Voces narrativas

Aprendizaje esperado. Redacta párrafos usando primera y tercera persona.

> La **voz narrativa** se refiere a quien cuenta o **narra la historia**. Cuando el protagonista es quien narra la historia, se dice que está escrito en **primera persona**; si la narración la cuenta quien no participa en la historia, entonces está escrita en **tercera persona**.

1. Lee el inicio del siguiente cuento de Julio Cortázar, escrito en primera persona.

Hubo un tiempo en que yo pensaba mucho en los axolotl. Iba a verlos al acuario del Jardín des Plantes y me quedaba horas mirándolos, observando su inmovilidad, sus oscuros movimientos. Ahora soy un axolotl.

Julio Cortázar, "Axolotl", en *Los relatos 1*, México, Alianza, 2000.

2. Escribe el inicio de un cuento en el que uses la primera persona.

3. Ahora lee este inicio de cuento de Carlos Fuentes, escrito en tercera persona.

Hace poco tiempo, Filiberto murió ahogado en Acapulco. Sucedió en Semana Santa. Aunque despedido de su empleo en la secretaría, Filiberto no pudo resistir la tentación burocrática de ir, como todos los años, a la pensión alemana, comer el *choucrout* endulzado por el sudor de la cocina tropical, bailar el sábado de gloria en La Quebrada, y sentirse "gente conocida" en el oscuro anonimato vespertino de la playa de Hornos.

Carlos Fuentes, "Chac Mool", en *Los días enmascarados*, México, Era, 1990, p. 9.

4. Escribe un inicio de cuento en tercera persona.

Escribo cuentos de suspenso

Aprendizaje esperado. Escribe cuentos de terror o suspenso empleando conectivos para dar suspenso.

cuando salió…	entonces…	Por si acaso…
en ese momento…	de repente…	sin esperarlo…

1. **Completa las siguientes oraciones con las frases conectivas del recuadro.**

   a) Justo ————————————— cantó el ave nocturna.

   b) De espaldas a la puerta, —————————————
   una mano le tocó un hombro.

   c) Cerró y abrió los ojos en un parpadeo, —————————————
   lo vio…

   d) —————————————, tomé mis precauciones antes
   de abandonarla.

   e) Estaba detrás de la puerta, —————————————
   el gato negro…

   f) Escuchaban la música tranquilamente;
   —————————————, un sonido agudo, como de
   animal, invadió la sala.

   > **Suspenso** viene del inglés *suspense*, que significa, 'expectación impaciente o ansiosa por el desarrollo de una acción o un suceso, especialmente en una película cinematográfica, una obra teatral o un relato'.

2. **Con las frases de la actividad anterior, escribe por lo menos tres oraciones que impliquen suspenso.**

   _____

   _____

3. **Intercámbialas con un compañero. Escribe las que él redactó, elige una y enciérrala en un círculo.**

   _____

   _____

4. **Escribe el inicio de un cuento utilizando la frase elegida.**

   _____

   _____

Uso de *z* en sustantivos abstractos con terminación *ez, eza*

Aprendizaje esperado. Escribe correctamente los sustantivos abstractos con terminación *ez, eza*.

> Algunos adjetivos (*duro, fiero, triste, limpio, delgado, redondo*) al agregarles la terminación *-ez* o *-eza* se convierten en sustantivos abstractos (*dureza, fiereza, tristeza, limpieza, delgadez, redondez*).
>
> Los sustantivos abstractos que llevan las terminaciones *-ez* o *-eza* se escriben con *z*.

1. **Completa las siguientes oraciones con los sustantivos abstractos que deriven de los adjetivos subrayados.**

   a) Mario es un niño <u>intrépido</u>.

   La ———————— puede ser un rasgo de valentía.

   b) Este salón debe permanecer <u>limpio</u>.

   Me asombra la ———————— de tu escuela.

   c) Mi maestro de física es <u>bajo</u> de estatura.

   Creo que robar esos documentos ha sido una ————————.

   d) Trae sólo ropa <u>ligera</u>.

   Conversar estos asuntos contigo ha sido una ———————— de mi parte.

   e) El sol radiante y <u>brillante</u>.

   La ———————— de algunos metales es asombrosa.

2. **Encuentra en tus libros cinco palabras con las terminaciones *-ez* o *-eza*.**

   ————————————————————————

   ————————————————————————

   ————————————————————————

   ————————————————————————

3. **Escribe delante de cada palabra que hayas escrito el adjetivo del cual derivan.**

   ————————————————————————

   ————————————————————————

   ————————————————————————

¿Biografía o autobiografía?

Aprendizajes esperados. Identifica e infiere las características del personaje a través de la lectura de biografías y autobiografías. Identifica la diferencia en el uso de la voz narrativa en la biografía y la autobiografía.

> La **biografía** es un texto donde se narran en orden cronológico los hechos más importantes de la vida de una persona. Se narra en tercera persona y en pasado. Se distingue de la autobiografía en que el narrador es el personaje central del relato, por lo que se narra en primera persona.

1. **Lee el comienzo de una biografía del niño Charles Dickens.**

( ) Dickens cayó en su familia, por decirlo así, durante un periodo de holgura, y jamás en aquellos primeros años de su vida, pudo creerse otra cosa que un miembro de la clase media. (4) En 1822, su familia se trasladó de Kent a Londres; la situación económica cambió cuando, dos años más tarde, su padre fue encarcelado por deudas. (3) Hay un rasgo de la niñez del escritor, en apariencia pequeño, que parece el más significativo de todos y que nos da la clave de su extraordinaria personalidad. ( ) Al padre le resultaba más cómodo reírle las gracias que instruirle; ( ) más divertido que ser su maestro, ser su "público". Podemos ver al niño, encaramado en una silla o de pie sobre la mesa, cantando canciones cómicas en medio del aplauso general de la familia. (1) Charles Dickens nació en Portsea, Inglaterra, ( ) el 7 de febrero de 1812. Su padre era empleado de la Armada. ( ) Muy poco después de nacer Dickens, la familia se trasladó, por una estancia larga a Chatham, que debe considerarse la verdadera patria de Dickens. ( )

G. K. Chesterton, *Charles Dickens*, Valencia, Pre-Textos, 2002, pp. 23-25 (adaptación).

2. **Sólo donde consideres que comienza un párrafo, escribe el número que le corresponda al mismo, dentro de los paréntesis ( ), según el orden que deben tener, para que lo que se cuenta tenga una secuencia lógica. Los demás paréntesis deben quedar vacíos.**

3. **¿En cuántos párrafos debe ordenarse esta biografía de Charles Dickens? _____**

4. **Copia la primera línea del párrafo que sirve como introducción de la biografía.**

_____

5. **Subraya dos maneras comunes en que se puede comenzar el primer párrafo de una biografía.**

a) Publicó su poema *Piedra de Sol* cuando las circunstancias no eran favorables.

b) Oriundo de Tepic, Amado Nervo nació en 1870…

c) Escritor y periodista, Manuel Gutiérrez Nájera nació en 1859 en la Ciudad de México…

6. Lee el comienzo de la autobiografía de Chesterton.

Atendiendo la opinión de mis mayores, estoy firmemente convencido de que nací el 29 de mayo de 1874, en Kensington, Inglaterra.

Nací de padres respetables y honestos, es decir, nací en un mundo en que la palabra "respetabilidad" aún no era sólo un insulto. En fin, lo que quiero decir es que mi familia pertenecía a esa anticuada clase media inglesa en la que un hombre de negocios podía estar ocupado en sus propios asuntos.

Por mi parte, puedo decir que más tarde me convertí en una especie de escritor, de esos que escriben artículos en periódicos y luego libros completos de cuentos, ensayos y novelas sobre asuntos y temas muy variados.

G. K. Chesterton, *Autobiografía*, Barcelona, Acantilado, 2003, pp. 7-8 (adaptación).

7. Encierra en un círculo las palabras o frases que indican que el texto de Chesterton es autobiográfico.

8. Compara la biografía de Dickens y la autobiografía de Chesterton.

a) ¿En qué persona gramatical (yo, tú, él o ella, nosotros, ustedes, ellos) se escribe una biografía? _____

b) ¿Y en cuál persona gramatical se escribe una autobiografía? _____

9. Subraya con dos líneas las frases que se ajusten más a una autobiografía, y con una línea las que se prefieran para una biografía.

a) Pao salió de su pueblo a los 8 años…

b) Hice que me otorgaran el premio…

c) Aquella tarde salí muy asustado…

d) Finalmente tomó sus decisiones…

e) Cayó la manzana y me la comí…

f) Luis estuvo convencido de nadar en el río…

g) Nunca supo cómo responderle a sus papás…

h) Mi respuesta nunca fue tan buena…

Una cadena de oraciones

Aprendizajes esperados. Usa oraciones compuestas al escribir. Distingue los diferentes tipos de oraciones compuestas y su utilidad al escribir biografías y autobiografías.

> Una **oración compuesta** tiene **más** de un **verbo conjugado** y está formada **por dos o más oraciones simples** unidas mediante nexos (conjunciones, adverbios, pronombres) u otros elementos de relación como signos de puntuación. Según la relación que exista entre las oraciones que las forman, las oraciones compuestas pueden ser:
>
> - **Yuxtapuestas**: no se relacionan entre sí; se unen por signos de puntuación. Ejemplo: *A los 20 años se mudó a Madrid; ahí escribió su primer libro.*
> - **Coordinadas**: relacionan oraciones o palabras del mismo tipo; se unen mediante nexos como y, o, ni, pero, es decir, etc. Ejemplo: *Miguel Ángel pintó la Capilla Sixtina y esculpió La Piedad.*
> - **Subordinadas**: una oración es la principal y las demás dependen de ella, por lo que solas no tienen sentido. Se unen con nexos como conjunciones, adverbios, pronombres o locuciones conjuntivas. Ejemplo: *De niño, Octavio Paz leyó los libros que más influyeron en su vida.*

1. Une las oraciones para formar una oración compuesta. Guíate con el ejemplo y usa las conjunciones: *y, o, pero, porque, pues, que, ya que,* o el signo de puntuación (;) según lo necesites.

a) Jugaron todo el día.	Se divirtieron todo el día.	Jugaron y se divirtieron todo el día.
b) Es posible.	No es probable.	
c) El papá come verduras.	La hija toma leche.	
d) En invierno anochece más temprano.	Al menos eso creo.	
e) La escuela está tan cerca.	Vas a pie.	

2. Subraya la oración subordinada, incluyendo el nexo, como en el ejemplo.

a) Regresaré <u>cuando lo crea conveniente.</u>

b) Compraré el carro cuando lo rebajen.

c) Que faltes nos incomoda.

d) Quien duda ser aprobado no confía en sus respuestas.

e) La niña tendrá éxito ya que estudia.

f) No estudió porque tenía que trabajar.

g) Leerá todo aunque sea despacio.

h) El abogado que llegó tarde no ayudó.

3. **Escribe junto a cada oración compuesta si es yuxtapuesta, coordinada o subordinada.**

a) Charles Dickens nació en Portsea Inglaterra en 1812,
   murió en 1870. _____

b) Su padre se divertía enseñándole pero prefería observarlo. _____

c) Chesterton cambió ser negociante por expresar
   sus emociones. _____

d) Dickens era un consumado periodista cuando decidió
   ser escritor. _____

e) Los padres de Chesterton eran respetados; pertenecían a
   la clase media. _____

f) Chesterton escribió cuentos y redactó ensayos de
   diferentes temas. _____

4. **Completa las oraciones para que sean oraciones compuestas del tipo que se indica.**

a) Me gusta mucho ir al cine _____
   coordinada

b) Su libro más vendido es *Oliver Twist* _____
   yuxtapuesta

c) Nació durante un período de opulencia _____
   subordinada

d) No pudo alcanzar la fama _____
   yuxtapuesta

e) Él era un hombre alegre _____
   subordinada

5. **Une cada palabra o palabras con el tipo de nexo al que pertenece.**

a) cuando   • locuciones conjuntivas

b) aquel   • adverbios

c) y   • conjunciones

d) para que   • pronombres

e) punto   • signos de puntuación

La biografía y los recursos literarios

Aprendizajes esperados. Emplea recursos literarios en la escritura de biografías y autobiografías. Utiliza frases adjetivas y adverbios para describir personas y situaciones.

> Los **recursos literarios** son el conjunto de técnicas o **figuras retóricas** que utiliza el escritor para elaborar un texto más rico y bello para el lector. En las biografías y autobiografías se utilizan para darle mayor interés al relato y que sea **más ameno**. Algunos recursos literarios son: **comparaciones, personificaciones, ironías, paradojas, imágenes,** etc.
>
> La **descripción** detallada de lugares, personajes y situaciones mediante adjetivos, frases adjetivas y adverbios permite que se creen imágenes mentales en el lector, por lo que es uno de los recursos más usados.
>
> Otro recurso utilizado es usar palabras que indican sucesión.

1. **Subraya el o los recursos literarios que encuentres en cada párrafo.**

   a) Al principio le dijeron que no, tal y como habían hecho los reyes portugueses, pero al poco tiempo aceptaron su propuesta y le dieron el dinero necesario para comprar tres barcos.

   b) Poco después consiguió a 120 marineros que intentarían atravesar con él el Océano Atlántico hasta la India, y en el año 1492 empezó su viaje a través del mar.

   c) Leonardo da Vinci se convirtió en pintor, escultor, ingeniero, inventor, músico, escritor y arquitecto, y se le consideraba un gran genio. Siempre tuvo mucho interés en los estudios anatómicos del cuerpo humano y podía dibujar los órganos humanos con mucho detalle.

   d) Newton no era un alumno prodigio, pero sí estaba muy interesado por la ciencia y el latín. Se dice que era bastante competitivo y que le gustaba superarse.

   e) La familia Polo no fue la primera en adentrarse por Asia Central, pero sí fueron los que más descripciones y registros dejaron de esas rutas.

   f) Dicen muchos historiadores que el sueño más grande de Velázquez no era ser un pintor conocido, sino ser parte de la realeza, acción que lograría en 1659, cuando se le nombró caballero.

   g) Aunque Thomas era un prodigio para inventar cosas que aun hoy nos parecen útiles, en su tiempo eran vistas con malos ojos o como demasiado innecesarias. De hecho, pasó mucho tiempo antes de que empezara a ganarse la vida con todas aquellas cosas.

2. **Escribe una frase utilizando el recurso literario que se te indica.**

   a) Comparación _____

   b) Paradoja _____

   c) Ironía _____

   d) Imágenes _____

   e) Frases adjetivas_____

   f) Frases adverbiales _____

   g) Sucesión_____

Escribo biografías y autobiografías

Aprendizajes esperados. Utiliza la entrevista como medio para recabar información para escribir biografías o autobiografías. Escribe biografías y autobiografías para compartir.

> Recuerda: **la entrevista** es una herramienta para obtener **información** sobre un tema específico mediante una serie de preguntas. Es una manera muy útil para obtener información útil en una biografía.
>
> La **biografía** debe tener **datos personales, familiares** y de la **trayectoria profesional** del personaje.

1. **Imagina que vas a escribir tu autobiografía y vas a entrevistar a tus papás o abuelos para conocer detalles sobre tu vida. Subraya las preguntas que te sirven y úsalas para entrevistarlos.**

   a) ¿En dónde nací?

   b) ¿Teníamos mascota cuando nací?

   c) ¿Cuál es el nombre completo de mis papás?

   d) ¿Siempre he vivido en esta ciudad?

   e) ¿Cuáles fueron mis primeros intereses?

   f) ¿Cuál es mi animal favorito?

2. **Utiliza los datos que obtuviste de tus entrevistas y escribe una breve autobiografía. Utiliza recursos literarios.**

   _____

   _____

3. **Escribe tres preguntas que le harías a una bailarina profesional a quien vas a entrevistar para elaborar su biografía.**

   a) _____

   b) _____

   c) _____

4. **Utiliza las notas acerca de la vida de sor Juana Inés de la Cruz y escribe a un lado el inicio de su biografía. Utiliza oraciones compuestas y recursos literarios.**

   Nacimiento: México 12 noviembre 1648.
   Nombre: Juana Inés de Asbaje y Ramírez de Santillana.
   Leyó y escribió a los tres años.
   Religiosa y escritora.
   Ingreso al convento: 1669, convento de San Jerónimo.
   Mecenas: Payo Enríquez de Rivera y los marqueses de la Laguna de Camero Viejo; ellos publicaron sus primeras obras.

   _____

   _____

   _____

   _____

   _____

   _____

   _____

El lenguaje de los poemas

Aprendizajes esperados. Interpreta el lenguaje figurado al leer poemas. Emplea recursos literarios para expresar sentimientos al escribir poemas.

1. Lee el siguiente poema.

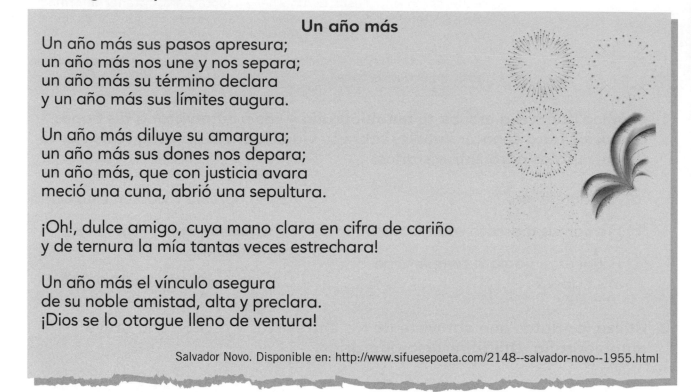

Un año más

Un año más sus pasos apresura;
un año más nos une y nos separa;
un año más su término declara
y un año más sus límites augura.

Un año más diluye su amargura;
un año más sus dones nos depara;
un año más, que con justicia avara
meció una cuna, abrió una sepultura.

¡Oh!, dulce amigo, cuya mano clara en cifra de cariño
y de ternura la mía tantas veces estrechara!

Un año más el vínculo asegura
de su noble amistad, alta y preclara.
¡Dios se lo otorgue lleno de ventura!

Salvador Novo. Disponible en: http://www.sifuesepoeta.com/2148--salvador-novo--1955.html

2. ¿De qué trata el poema? Explícalo. _____

_____

3. Lee la información y responde.

> Recuerda: los poemas utilizan el **lenguaje figurado** para expresar emociones o definir conceptos abstractos. Entre los recursos del lenguaje figurado están: personificación o prosopopeya, metáfora, símil, hipérbole, etc.

- ¿Cuál es un ejemplo de personificación? Subráyalo.

   a) ¡Oh! dulce amigo.   c) Dios se lo otorgue.

   b) Un año más sus pasos apresura.

4. Escribe los sentimientos o ideas que te produjo la lectura del poema.

_____

_____

5. Colorea de un mismo color los recursos literarios y su definición.

a) Comparación o símil.	1) Dar el sentido de una expresión a otra con la que tiene relación.
b) Hipérbole.	2) Repetir palabras o expresiones para hacer énfasis en ellas.
c) Aliteración.	3) Repetir sonidos en palabras contiguas o próximas.
d) Reiteración.	4) Establecer semejanzas entre dos cosas o ideas.
e) Metáfora.	5) Exagerar las características de aquello de lo que se habla.

6. Escribe en el renglón cuál es el recurso literario que se utilizó en cada párrafo y el significado del párrafo.

a) La noche se volvió íntima, como una pequeña plaza. _____

b) Lloró tanto que inundó los océanos. _____

c) Sus cabellos son de oro y sus ojos dos luceros. _____

d) El mar es azul, azul es el mar. _____

e) El auto se quejaba adolorido por la edad. _____

7. Escribe un poema utilizando la imagen de abajo como referencia. Utiliza alguna de las figuras retóricas o recursos literarios de los ejercicios anteriores.

El soneto

Aprendizajes esperados. Utiliza diversos recursos literarios para crear un efecto poético. Compara, ordena e interpreta algunas reglas de la rima y la métrica de los versos.

Recuerda: los poemas se escriben en **versos** que forman **estrofas**. Todo verso debe sujetarse a la versificación, es decir, a la técnica que determina la **estructura del verso**: ritmo, rima y métrica.

Ritmo: musicalidad del verso de acuerdo con la distribución de los acentos para que las sílabas acentuadas coincidan con las del verso siguiente. Ejemplo: CamiNAR muy muy LEjos.

Rima: semejanza al final de cada verso a partir de la última sílaba tónica. Ejemplo: nace**mos** y vivi-**mos**. La rima puede ser asonante (sólo riman las vocales) o consonante (riman vocales y consonantes).

Métrica: medida del verso. Se encuentra contando el número de sílabas. Ejemplo: Mi/ró/ a/ mi / ven/ta/na./ = 7

Para establecer la métrica de un verso, se debe tener en cuenta si hay **sinalefas** (unión de dos vocales en una sílaba cuando una palabra termina en vocal, y la que sigue empieza en vocal) y en qué **tipo de palabra termina el verso**, ya que si son agudas se cuenta una sílaba más, si son graves quedan igual y si son esdrújulas se cuenta una sílaba menos.

1. Lee el siguiente poema y responde lo que se te pide.

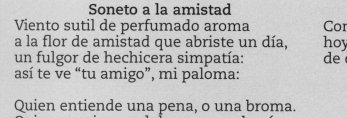

Soneto a la amistad

Viento sutil de perfumado aroma
a la flor de amistad que abriste un día,
un fulgor de hechicera simpatía:
así te ve "tu amigo", mi paloma:

Quien entiende una pena, o una broma.
Quien suaviza un dolor con su alegría.
Quien saber ser, un poco cada día,
soporte para aquel que se desploma.

Has ampliado un poco mi universo,
pues sólo porque "nos sabemos una",
puedo cantar, reír, llorar contigo.

Con el pobre homenaje de estos versos
hoy quiero agradecerte la fortuna
de dejarme decir que soy tu amigo.

José Luis Bermejo

a) ¿Cuántos versos tiene el soneto en total? _____

b) ¿Cuántas estrofas tiene y cuántos versos tienen cada una? _____

c) ¿Cuál es la métrica de todos los versos? _____

d) ¿Cómo es la rima de las dos primeras estrofas? _____

e) ¿Cómo es la rima de las dos últimas estrofas? _____

f) ¿Cómo se llaman las estrofas de cuatro versos? _____

g) ¿Cómo se llaman las estrofas de tres versos? _____

2. **Completa el siguiente párrafo para terminar la definición de soneto.**

Un **soneto** es una composición poética de _____ versos endecasílabos, es decir, de _____ sílabas. Generalmente son de rima _____ y las estrofas se distribuyen en dos _____ y dos tercetos. Los cuartetos deben tener la _____ rima y los _____ pueden no tener la misma rima, ya que son _____ libres.

3. **Completa los versos con las palabras del recuadro para que rimen correctamente y tengan la métrica que se indica.**

momento	ira	viento	movimiento	lira

a) Si de mi baja _____   7

b) tanto pudiese el son que en un _____   11

c) aplacase la _____   7

d) del animoso _____   7

e) y la furia del mar y el _____   11

4. **Lee los fragmentos de los siguientes sonetos y une con una línea cada uno con el tema que le corresponde.**

a) Érase un hombre a una nariz pegado,
érase una nariz superlativa,
érase una alquitara medio viva,
érase un peje espada mal barbado;
era un reloj de sol mal encarado,
érase un elefante bocarriba,
érase una nariz sayón y escriba,
un Ovidio Nasón mal narigado.

Francisco de Quevedo

b) Tengo miedo a perder la maravilla
de tus ojos de estatua, y el acento
que de noche me pone en la mejilla
la solitaria rosa de tu aliento.
Tengo pena de ser en esta orilla
tronco sin ramas; y lo que más siento
es no tener la flor, pulpa o arcilla,
para el gusano de mi sufrimiento.

Federico García Lorca

1. Del sufrimiento al perder el amor.

2. De un reloj que no daba bien la hora.

3. De la felicidad que da el amor.

4. De un hombre con una gran nariz.

5. **Encierra en un círculo los fragmento del soneto que tienen versos libres.**

a) Quiero comer el rayo quemado en tu hermosura,
la nariz soberana del arrogante rostro,
quiero comer la sombra fugaz de tus pestañas.

b) De tenerla a ella la más bella
en mi vida todo se va imponiendo
pero siempre veré a mi doncella.

c) Si se viste de azul y va a la escuela,
no se distingue si camina o vuela
porque es como la brisa, tan liviana.

d) Oh, no pongáis, muchachos,
el valor en la urgencia
ni en el querer volar.

Poemas o cuentos

Aprendizaje esperado. Distingue las diferencias y semejanzas entre los cuentos y los poemas.

1. **Completa las oraciones con cuento o poema según corresponda.**

   a) El —————— pertenece al género de la narrativa, y el —————— al género de la lírica.

   b) El —————— generalmente está escrito en versos, y el —————— se escribe en prosa.

   c) El —————— tiene tres partes, el —————— se divide en estrofas.

   d) El —————— utiliza menos los recursos literarios que la poesía.

   e) En el —————— casi siempre el personaje principal es el autor, en el —————— hay más personajes y no es el autor el personaje principal.

2. **Lee los siguientes fragmentos de textos y colorea de azul el poema, y de naranja el cuento.**

   ### LA PRINCESA DE FUEGO

   Hubo una vez una princesa increíblemente rica, bella y sabia. Cansada de pretendientes falsos que se acercaban a ella para conseguir sus riquezas, hizo publicar que se casaría con quien le llevase el regalo más valioso, tierno y sincero a la vez. El palacio se llenó de flores y regalos de todos los tipos y colores, de cartas de amor incomparables y de poetas enamorados.

   Y entre todos aquellos regalos magníficos, descubrió una piedra; una simple y sucia piedra.

   – Esa piedra representa lo más valioso que os puedo regalar, princesa: es mi corazón. Y también es sincera, porque aún no es vuestro y es duro como una piedra. Sólo cuando se llene de amor se ablandará y será más tierno que ningún otro.

   Pedro Pablo Sacristán

   ### LA PRINCESA

   La princesa está triste… ¿qué tendrá la princesa?

   Los suspiros se escapan de su boca de fresa, que ha perdido la risa, que ha perdido el color.

   La princesa está pálida en su silla de oro, está mudo el teclado de su clave sonoro, y en un vaso, olvidada, se desmaya una flor.

   El jardín puebla el triunfo de los pavos reales.

   Parlanchina, la dueña dice cosas banales, y vestido de rojo piruetea el bufón.

   La princesa no ríe, la princesa no siente; la princesa persigue por el cielo de Oriente la libélula vaga de una vaga ilusión.

   Rubén Darío

3. **Dibuja a cada una de las princesas como te las imaginas de acuerdo con lo que se escribe de ellas en cada texto.**

Poemas y canciones indígenas

Aprendizaje esperado. Conocer una canción de los pueblos originarios de México.

> Los pueblos indígenas de México tienen una gran riqueza artística y cultural, por lo que podemos encontrar poemas y canciones escritas en sus lenguas originales como náhuatl, maya, mixteco, tzeltal, zapoteco, tzotzil, entre otras.

1. **Lee la siguiente canción indígena escrita en tarahumara por Dolores. Después completa la traducción utilizando los dibujos.**

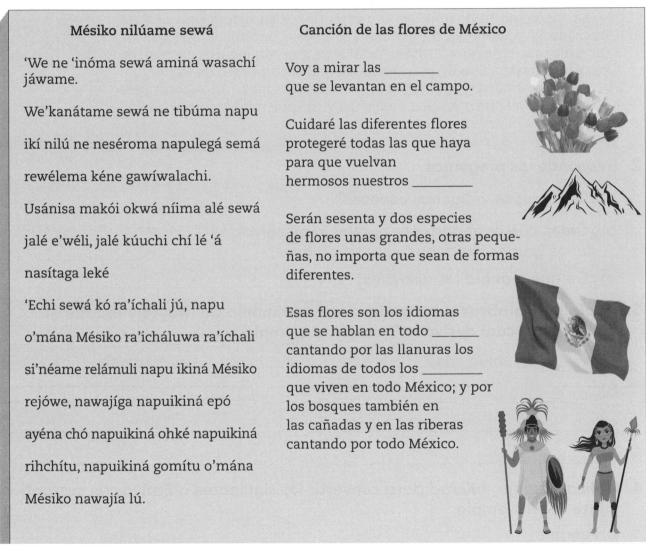

Mésiko nilúame sewá

'We ne 'inóma sewá aminá wasachí jáwame.

We'kanátame sewá ne tibúma napu ikí nilú ne neséroma napulegá semá rewélema kéne gawíwalachi.

Usánisa makói okwá níima alé sewá jalé e'wéli, jalé kúuchi chí lé 'á nasítaga leké

'Echi sewá kó ra'íchali jú, napu o'mána Mésiko ra'icháluwa ra'íchali si'néame relámuli napu ikiná Mésiko rejówe, nawajíga napuikiná epó ayéna chó napuikiná ohké napuikiná rihchítu, napuikiná gomítu o'mána Mésiko nawajía lú.

Canción de las flores de México

Voy a mirar las _____
que se levantan en el campo.

Cuidaré las diferentes flores
protegeré todas las que haya
para que vuelvan
hermosos nuestros _____

Serán sesenta y dos especies
de flores unas grandes, otras pequeñas, no importa que sean de formas
diferentes.

Esas flores son los idiomas
que se hablan en todo _____
cantando por las llanuras los
idiomas de todos los _____
que viven en todo México; y por
los bosques también en
las cañadas y en las riberas
cantando por todo México.

2. **Pregunta a algún familiar o amigo si conoce una canción o poema indígena y escribe el título.**

_____

_____

Uso de *b* en el sufijo *-bilidad*

Aprendizaje esperado. Escribe correctamente las palabras que terminan con el sufijo *-bilidad*. Infiere de qué adjetivo provienen algunas palabras con el sufijo *-bilidad*.

1. Lee el texto.

Mayté comparte sus experiencias

Cuando visité las comunidades de los mayos, en Sinaloa, descubrí la <u>amabilidad</u> de esta gente; su buena disposición para compartir lo que saben me obligó a despertar mi <u>sensibilidad</u> para fijarme en todos los detalles.

La medicina tradicional es tan importante en este grupo que he buscado la <u>posibilidad</u> de generar recursos económicos que contribuyan a mantener sus jardines botánicos, que son lugares exclusivos para la conservación de plantas medicinales en peligro de extinción.

Creo que es una <u>responsabilidad</u> de todos los mexicanos contribuir al apoyo de nuestros grupos indígenas y sus prácticas tradicionales.

2. Responde las preguntas.

a) ¿Qué grupos indígenas conoces? _____

b) ¿Crees que es importante apoyar la preservación de los grupos indígenas y sus tradiciones? _____

c) ¿De qué manera los apoyarías? _____

3. Copia las palabras subrayadas en el testimonio de Mayté y escribe el adjetivo del cual derivan. Fíjate en el ejemplo.

a) _____amabilidad_____   _____amable_____

b) _____   _____

c) _____   _____

d) _____   _____

4. Utiliza el sufijo *-bilidad* para convertir los siguientes adjetivos en sustantivos. Fíjate en el ejemplo.

a) Amable.   _____amabilidad_____

b) Contable.   _____

c) Corresponsable.   _____

d) Flexible.   _____

e) Adaptable.   _____

f) Irritable.   _____

5. Emplea los sustantivos anteriores para completar los siguientes enunciados.

a) Evita la ——————————, sé más cuidadoso y organiza tu ——————————
con oportunidad.

b) La —————————— de tu carácter te dará la oportunidad de vivir en
condiciones de ——————————.

c) La —————————— es la responsabilidad compartida entre dos o más
personas.

d) Algunos animales tienen —————————— para sobrevivir en distintos
ambientes naturales.

e) Nuestros ojos presentan —————————— cuando en el aire hay mucho
esmog.

> Se escriben con *b* todas las palabras que terminan
> con el sufijo -*bilidad*, excepto *civilidad* y *movilidad*.

6. Consulta en un diccionario el significado de las siguientes palabras: *infalibilidad, maleabilidad, morbilidad* y escríbelo sobre las líneas.

——

——

——

——

7. Escribe un texto en el que utilices las palabras anteriores.

————————————————————————————————————

————————————————————————————————————

————————————————————————————————————

————————————————————————————————————

————————————————————————————————————

————————————————————————————————————

8. Reúnete con un compañero para que intercambien sus escritos.

Juegos de palabras

Aprendizajes esperados. Interpreta y crea juegos de palabras en los que haya ambigüedad o multiplicidad de sentidos (paradojas, sinsentidos, exageraciones, antítesis, etc.). Analiza con ayuda del profesor las formas en que se juega con el lenguaje para transformar el significado (decir una cosa por otra, resaltar rasgos de manera inverosímil, etc.).

> Los **juegos de palabras** son una forma de manipular letras o palabras para producir un efecto lingüístico divertido, entretenido o sorprendente. Ayudan a mejorar la capacidad de análisis y aumentan el vocabulario. Para hacer juegos de palabras se **utilizan recursos orales o literarios** como agrupación, repetición, comparación, rima de palabras, hipérbole, antítesis, paradojas, aliteraciones o sinsentidos. Los **principales juegos de palabras** usados son: adivinanzas, trabalenguas, chistes, poemas, jitanjáforas, calambures o paranomasias.

1. **Subraya los juegos de palabras con paradoja. Recuerda que la paradoja es la unión de dos ideas opuestas o contradictorias, pero que muestran una verdad oculta.**

   a) En el silencio sólo se escuchaba un susurro de abejas que sonaba.

   b) Yo antes era muy indeciso, ahora no estoy tan seguro.

   c) Prohibido prohibir.

   d) A un enemigo que huye, puente de plata.

   e) La superstición trae mala suerte.

2. **Escribe el significado de las paradojas que subrayaste.**

   a) _____

   b) _____

   c) _____

3. **Encierra en un círculo los juegos de palabras que utilizan la hipérbole como recurso retórico y subráyalos.**

   a) Tipi tape, tipi tape,
   tipi tape, tipitón;
   tipi tape, zapa, zapa
   zapatero remendón.

   b) He navegado
   cien mares y
   llorado mil ríos.

   c) El gato mojigato,
   de nombre Sebastián,
   tenía los bigotes tan
   largos que con uno
   se fabricó una caña y
   el hilo de pescar.

   d) Blanca por dentro,
   verde por fuera,
   si quieres que te lo
   diga espera.

4. Marca con una ✖ los juegos de palabras que tengan homofonía, y encierra en un círculo los que tengan paranomasia.

a) No es lo mismo un queso rallado que un disco rayado.

b) Le puso el piso en que posa
y ya sin comer se pasa.
Hondo hastío; no es la casa
lo que quiso… es otra cosa.

c) La sabia sabía que la savia circula por vasos de las plantas.

d) Vaya valla que saltó el
caballo bayo,
el aya halla bayas debajo haya.

e) No es orador sino arador.

f) Rosa Rizo reza ruso, ruso reza, Rosa Rizo.

5. Completa los trabalenguas.

a) Hay suecos en Suiza
y hay suizos en Suecia
pero hay más _____ en
Suiza que suizos en _____
y más _____ en Suecia
que suecos en _____

b) _____ es muy
ingenuo
pero, ¡qué mal _____
tiene el _____ de
Eugenio!

c) Lado, _____, lido, lodo, ludo,
al decirlo al revés lo digo:
ludo, _____, lido, ledo, lado
¡qué trabajo me ha _____!

d) Cuando yo digo Diego
digo digo, y cuando
_____ digo.
digo _____.

6. Resuelve las siguientes adivinanzas. Guíate por las pistas.

a) Tengo muchos pares,
y te los puedes probar
si tú te los llevas
tendrás que pagar.

b) Vengo de padres cantores
aunque yo no soy cantor,
traigo los hábitos blancos
y amarillo el corazón.

c) Todos pasan por mí,
yo nunca paso por nadie.
Todos preguntan por mí, yo nunca
pregunto por nadie.

d) Desde el lunes hasta el viernes,
soy la última en llegar,
el sábado soy la primera
y el domingo a descansar.

Mi antología de juegos de palabras

Aprendizajes esperados. Elabora una antología de juegos de palabras. Propone criterios para seleccionar y organizar textos en una antología.

La **antología** es un texto formado por una selección o recopilación de varios escritos de un mismo autor, género, tema o materia. Se utiliza para apoyar el aprendizaje o compartir lo más representativo de una producción escrita. Sus partes o **estructura** son:
- **Portada**: indica los datos de identificación de la antología: nombre del recopilador, institución, grado y grupo, materia, temática, y fecha.
- **Índice**: contiene el orden de las lecturas de la antología.
- **Introducción o prólogo**: debe explicarse el objetivo, la justificación y la utilidad de la antología a juicio del compilador, así como los contenidos o temas que abordarán.
- **Texto o contenido central**: se forma con las partes, unidades o capítulos de lo que se recopiló. Puede tener teoría, ejercicios, ejemplos y fuentes de consulta en las que puede ampliar el tema.
- **Comentarios**: explicaciones o datos para facilitar la comprensión de los contenidos.
- **Fuentes de consulta**: lista clara, completa y en orden alfabético de los textos o libros usados para obtener información.

1. **Para elaborar una antología de juegos de palabras, necesitamos definir primero algunos conceptos de los principales juegos de palabras. Busca la definición de los siguientes juegos de palabras que te ayudarán para elaborar tu antología y escribe un ejemplo de cada una.**

a) Juego de palabras: _____

_____

b) Trabalenguas: _____

_____

c) Adivinanza: _____

_____

d) Calambur: _____

_____

e) Paranomasia: _____

_____

f) Homonimia: _____

_____

2. **¿Qué otros juegos de palabras conoces? Escríbelos.** _____

_____

3. Elabora una hoja de tu antología. Imagina que vas a incluir las adivinanzas (puedes incluir adivinanzas en lenguas indígenas), escoge el título, el subtítulo y busca diferentes adivinanzas y la definición, origen y datos curiosos sobre ellas para el texto y completar tu página. Dibuja las soluciones de tus adivinanzas.

Título _____

Subtítulo_____

Texto _____

_____

_____

_____

Comentarios _____

Adivinanza 1 _____

_____

_____

_____

_____

_____

Adivinanza 4 _____

_____

_____

_____

_____

_____

Adivinanza 2 _____

_____

_____

_____

_____

_____

Adivinanza 5 _____

_____

_____

_____

_____

_____

Adivinanza 3 _____

_____

_____

_____

_____

Adivinanza 6 _____

_____

_____

_____

_____

4. Completa tu antología con los demás juegos de palabras. No olvides colocar portada, introducción, índice y fuentes de consulta.

Cuento o teatro, contar o actuar

Aprendizajes esperados. Reconoce la estructura de una obra de teatro y la manera en que se diferencia de los cuentos. Reconstruye la trama e interpreta el mundo social y el tiempo histórico en que transcurre.

1. Lee los siguientes textos y analiza sus diferencias.

TEXTO 1. Cuento

La Luna estaba celosa del Sol, pensaba que era injusto que él se llevara todos los créditos siempre; quería que todo el mundo la admirara, que le agradecieran su labor. Así que un buen día decidió que no se iba a ocultar más y que le quitaría su lugar al Sol; así demostraría que ella también era importante y más hermosa.

Cuando llegó la mañana, enfrentó al Sol y lo corrió del cielo. El Sol regresó a dormir y la Luna se quedó dueña del lugar; pero su luz no calentaba, hacía frío, algunos animales no podían ver en la oscuridad; así que tanto ellos como las plantas pensaron que deberían seguir durmiendo.

Cuando la Luna se dio cuenta de su error se avergonzó mucho; así que fue a buscar al Sol para que volviera al cielo, pero éste se había debilitado tanto por no calentar que no podía despertar. La Luna le pidió ayuda al búho y a los demás animales; juntos todos, lograron despertar al Sol y la Luna volvió a brillar solamente en la noche.

TEXTO 2. Obra de teatro

(Es de noche. El búho se acerca volando a la Luna. Al fondo, los enamorados conversan, el grillo toca un violín, el lobo aúlla y el poeta escribe).
LUNA. —Tengo un plan perfecto: ¡Cuando amanezca, ocuparé el lugar del Sol! Así, iluminaré durante los días y las noches, y me dedicarán todos los versos y las canciones… ¡Seré el astro más importante!
(Amanece. El Sol entra en escena estirándose.)
LUNA. —*(Enojada, con las manos en la cintura.)* ¡Fuera, Sol, puedes retirarte! Yo estoy aquí para ocupar tu lugar, así que regresa a tu lecho entre las montañas.
SOL. —Bueno, está bien Luna. Me voy a seguir durmiendo. *(Se retira a un rincón de la escena y se sienta con la cabeza baja, simulando dormir.)*
GRILLO. —¡Crii-crii! Luna, por envidiosa, hay muchos animalitos que no ven, las flores no se abren *(Señala al público.)*. ¡Mira, los niños tienen frío! Si sigues tan empecinada nunca más te tocaré una canción con mi violín.

LUNA. —*(Ocultando la cara entre las manos.)* ¡Qué vergüenza siento! Las cosas me están saliendo al revés de lo que pensé. Nadie me quiere. *(Mira a su alrededor)* ¿Dónde estará mi amigo el búho? ¡Búho! ¡Búho!
BÚHO. —*(Sale de su esquina volando.)* ¡Aquí! Aquí estoy, Luna, viendo el desastre que has ocasionado. Recuerda que te lo advertí.
LUNA. —Lo sé, mi gran amigo, pero yo fui muy cabeza dura y no seguí tu consejo. Ahora estoy arrepentida y quiero ir a buscar al Sol, ¿me acompañas?

http://pacomova.eresmas.net/paginas/teatro/buho_sol_y_luna.htm

2. Escribe: obra de teatro o cuento, según corresponda. Toma en cuenta que algunas características pueden ser de ambos, como en el ejemplo.

a) ¿Cuál de los dos textos tiene personajes? _____ *Cuento y obra de teatro.* _____

b) ¿Cuál de los dos textos tiene introducción, desarrollo y final? _____

c) ¿Cuál de los dos textos tiene diálogos? _____

d) ¿Cuál de los dos textos tiene acotaciones? _____

e) ¿En cuál se describen los pensamientos de los personajes? _____

3. Elabora un resumen de las características de cada texto.

Cuento	Obra de teatro

¡Primer acto!

Aprendizajes esperados. Usa verbos para introducir el discurso indirecto en narraciones y acotaciones. Entiende las nociones de acto y escena.

> Las obras de teatro se dividen en actos, cuadros y escenas. Un **acto** es cada una de las partes principales en que se divide una obra teatral y se compone de cuadros y escenas. Un **cuadro** es la parte del acto donde no hay cambio de escenografía. La **escena** es la parte del acto donde aparecen los mismos personajes.

1. Lee el fragmento final de un cuento de Hans Christian Andersen.

LO QUE DIJO TODA LA FAMILIA

Hasta arriba vivía el padrino. Era viejo, pero tenía el corazón joven, estaba siempre de buen humor y sabía contar muchas historias y muy largas. Guardaba en su casa interesantes objetos de todos los países, tenía cuadros que llegaban desde el suelo hasta el techo, muchos cristales eran de vidrio rojo y amarillo. Al mirar a través de estos todo parecía bañado por el sol, aun cuando en la calle el tiempo fuese gris. En una gran vitrina crecían plantas verdes y nadaban peces dorados. Siempre olía a flores, incluso en invierno, y en la chimenea ardía un gran fuego; el padrino suspiraba y **decía que** el fuego le leía en alta voz los viejos recuerdos; Marujita **expresaba que** le daba la impresión de ver muchas imágenes en el fuego.

Cuando contaba historias, los ojos del padrino brillaban, brillaban de alegría. Un día **dijo que** siendo joven lloró. Me hizo bien —**añadió**— eran los tiempos de prueba, las cosas tenían un aspecto gris. Ahora brilla el sol dentro de mí y a mi alrededor. A medida que se vuelve uno viejo, ve mejor la felicidad y la desgracia, ve que Dios no nos abandona nunca, que la vida es el más hermoso de los cuentos de hadas.

—¡Qué bonito es vivir! —**exclamó** Marujita. Lo mismo dicen los chicos, los grandes y los pequeños, el padre, la madre y toda la familia.

https://ciudadseva.com/texto/lo-que-dijo-toda-la-familia/
(consultado el 20 de enero de 2020. Adaptación).

2. Observa las palabras y expresiones en negritas. Subraya la función que cumplen en este texto.

a) Indican que el narrador va a citar lo que dijo uno de los personajes.

b) No cumplen ninguna función especial. Son palabras necesarias para seguir el hilo de la narración.

3. **Escribe una oración en donde utilices cada una de las palabras y expresiones destacadas en el fragmento anterior, que sirven para indicar que el narrador va a citar las palabras de un personaje. Por ejemplo: "Marujita *dijo que* los pasteles de fresa eran sus preferidos".**

_____

_____

_____

4. **¿Qué crees que cambiaría si en lugar de un cuento estuvieras leyendo una obra de teatro?**

_____

_____

_____

5. **Lee una parte del cuento convertida en guion de teatro.**

Lo que dijo la familia

Obra en un acto.
Personajes:
Padrino. Hombre viejo, de aspecto jovial.
Marujita. Niña del siglo XIX en su fiesta de cumpleaños número siete.

(Departamento del padrino con objetos de todos los países, plantas, cuadros, cristales de colores. En la chimenea hay un fuego agradable. Sillones cómodos. Debe recrear la atmósfera del siglo XIX.)

PADRINO. —Este fuego me lee en voz alta los viejos recuerdos (*suspirando*).

MARUJITA. —(*Sonríe con ternura*) Muchas imágenes salen de las flamas.

6. **Revisa lo que escribiste en la actividad 4. Compara con el fragmento anterior, ¿qué tienes que cambiar o qué es necesario agregar?**

_____

_____

¿Triste o alegre? ¡Feliz!

Aprendizajes esperados. Usa signos de interrogación y exclamación, así como acotaciones para mostrar la entonación en la dramatización. Reconoce las distintas funciones de las acotaciones para orientar la escenificación y los diálogos.

1. Lee el siguiente texto que está incompleto. Escribe en las líneas la palabra o signo que haga falta; elige entre los del recuadro.

| exclamaba | hermoso | feliz | ¿ | ? | ¡ | ! |

a) —— Qué dijo toda la familia —— Marujita estaba ——————— porque era su cumpleaños, decía que —— era el día más ——————— de todos ——

b) La mesa estaba llena de regalos; había una muñeca que movía los ojos y decía " —— ay —— " cuando le apretaban la barriga; también había un libro de estampas con magníficas historias.

c) —— Qué bonito es vivir —— — ——————— Marujita.

d) Y el padrino añadió que la vida era el más bello cuento de hadas.

2. Realiza lo que se indica en cada inciso.

a) Con base en los signos de puntuación, escribe si la expresión es alegre, indiferente o tiene un tono de ironía.

1) Marujita dijo: ¡Es un día muy feliz! _____

2) Marujita dijo: Es un día muy feliz. _____

3) Marujita dijo: ¿Es un día muy feliz? _____

b) Escribe los signos de puntuación que correspondan a cada expresión.

1) ——Qué bonita fiesta——

2) ——A esto le llaman fiesta——

3) ——Que siga la fiesta——

c) Redacta una oración alegre, otra indiferente y una irónica.

- Oración 1 _____

- Oración 2 _____

- Oración 3 _____

Las **acotaciones**, según el diccionario de la Real Academia Española, son las notas que se ponen en la obra teatral, advirtiendo y explicando todo lo relativo a la acción o movimiento de los personajes y que también describen el escenario. Las acotaciones se escriben con letra cursiva y van entre paréntesis.

3. **Lee el siguiente fragmento de una obra de teatro y, de acuerdo con la información del recuadro anterior, subraya las acotaciones.**

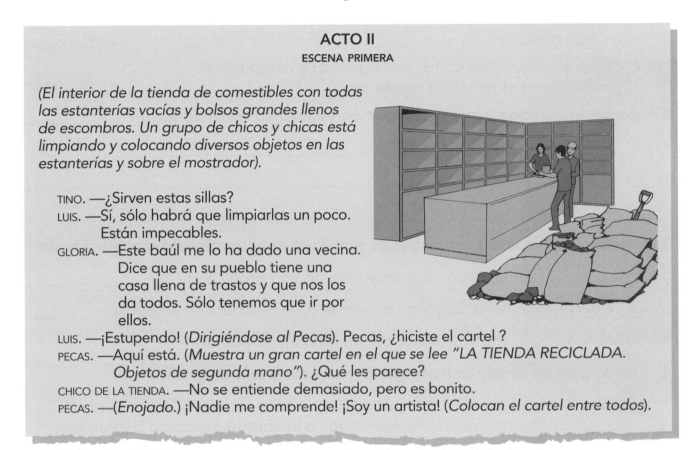

ACTO II
ESCENA PRIMERA

(El interior de la tienda de comestibles con todas las estanterías vacías y bolsos grandes llenos de escombros. Un grupo de chicos y chicas está limpiando y colocando diversos objetos en las estanterías y sobre el mostrador).

TINO. —¿Sirven estas sillas?

LUIS. —Sí, sólo habrá que limpiarlas un poco. Están impecables.

GLORIA. —Este baúl me lo ha dado una vecina. Dice que en su pueblo tiene una casa llena de trastos y que nos los da todos. Sólo tenemos que ir por ellos.

LUIS. —¡Estupendo! *(Dirigiéndose al Pecas)*. Pecas, ¿hiciste el cartel?

PECAS. —Aquí está. *(Muestra un gran cartel en el que se lee "LA TIENDA RECICLADA. Objetos de segunda mano")*. ¿Qué les parece?

CHICO DE LA TIENDA. —No se entiende demasiado, pero es bonito.

PECAS. —*(Enojado.)* ¡Nadie me comprende! ¡Soy un artista! *(Colocan el cartel entre todos)*.

4. **Del texto anterior, copia una acotación que ejemplifique cada caso.**

a) Describe el escenario: _____

_____

_____

b) Describe el movimiento de los actores: _____

_____

_____

c) Describe un estado de ánimo: _____

_____

Repaso

1. **Une la descripción del personaje con el tipo de personaje al que pertenece.**

   a) Es contraparte del protagonista y tiene la misma importancia. • Aludido.

   b) Se habla de él pero no aparece en el cuento. • Secundario.

   c) Lleva a cabo las acciones más importantes del cuento. • Ambiental.

   d) Se encuentra en el contexto del cuento pero no lleva a cabo acciones. • Antagónico.

   e) Tiene gran relación con el protagonista y comparte el conflicto con él pero con menor peso. • Protagónico.

2. **Escribe en pasado y en tercera persona un relato corto de terror.** _____

   _____

   _____

   _____

3. **Escribe junto a cada oración si es yuxtapuesta, coordinada o subordinada.**

   a) Era madre de un gran jugador y vivía en una gran casa. _____

   b) Le encantaba tocar la guitarra, pero le apenaba hacerlo en público. _____

   c) María estudia mucho. Juega cuando tiene tiempo libre. _____

4. **Encierra en un círculo la frase que pertenezca a una biografía.**

   a) Isabel tenía un hermano llamado Enrique IV, quien para 1468 era rey de Castilla. Históricamente, los herederos a la corona española debían ser hombres, pero como en la familia solo quedaba Isabel, Enrique tuvo que nombrarla princesa.

   b) Mario estaba en la plaza cuando su hermano mayor lo mandó llamar para avisarle que pronto harían un viaje alrededor del mundo para conocer otras culturas y formas de pensar.

5. **Completa las oraciones.**

   a) La _____ es un texto formado por una selección o recopilación de varios escritos de un mismo autor, género, tema o materia.

   b) Se utiliza para _____ el aprendizaje o compartir lo más representativo de una producción escrita.

   c) Sus partes son: portada, _____, introducción, _____, comentarios y _____ de información.

6. ¿Cuál de estos dos poemas de García Lorca es un soneto? _____

a) Llagas de amor

Esta luz, este fuego que devora.
Este paisaje gris que me rodea.
Este dolor por una sola idea.
Esta angustia de cielo, mundo y hora.

Este llanto de sangre que decora
lira sin pulso ya, lúbrica tea.
Este peso del mar que me golpea.
Este alacrán que por mi pecho mora.

Son guirnaldas de amor, cama de herido,
donde sin sueño, sueño tu presencia
entre las ruinas de mi pecho hundido.

Y aunque busco la cumbre de prudencia
me da tu corazón valle tendido
con cicuta y pasión de amarga ciencia.

b) Alma ausente

No te conoce el toro ni la higuera, ni caballos ni
hormigas de tu casa.
No te conoce el niño ni la tarde porque te has
muerto para siempre.

No te conoce el lomo de la piedra, ni el raso negro
donde te destrozas. No te conoce tu recuerdo
mudo porque te has muerto para siempre.

El otoño vendrá con caracolas, uva de niebla y
monjes agrupados, pero nadie querrá mirar tus
ojos porque te has muerto para siempre.

Porque te has muerto para siempre, como todos los
muertos de la Tierra, como todos los muertos que
se olvidan en un montón de perros apagados.

7. Completa el crucigrama.

Vertical
a) Palabras que sólo se diferencian por la vocal acentuada.
b) Palabras o expresiones inventadas y carentes de significado.
c) Juego oral a base de palabras muy parecidas, colocadas de manera difícil de pronunciar.
e) Unir las sílabas de las palabras, cambiando su lugar de separación, para darles otro significado.

Horizontal
d) Preguntas ingeniosas que usan juegos de palabras para hacer más difícil responderlas.
f) Dos palabras que tienen la misma escritura o pronunciación pero distinto significado.

8. Escribe la palabra que corresponde según su significado.

a) _____ el trabajo juntos, después de que _____ la tierra.
(aremos, haremos)

b) Me comí una _____ mientras el caballo saltaba la _____. (valla, baya)

c) El _____ de la bandera se ve _____ mi casa. (asta, hasta)

d) Casi _____ al gato cerca del _____. (arroyo, arrollo)

Mi opinión cuenta

Aprendizajes esperados. Identifica la estructura de las cartas de opinión. Expresa por escrito su opinión sobre hechos.

Las **cartas de opinión** son cartas formales escritas por los lectores para su publicación en una sección especial de los periódicos y las revistas. Esta sección puede tener distintos nombres: "Cartas a la redacción", "Cartas al director", "Nuestros lectores opinan", entre otros.

La organización de la carta depende de quien escribe, pero, en general, incluye a quién se dirige, la presentación de quien escribe y el motivo de la carta, la presentación del hecho acerca del que se opina y algún dato de identificación de quien escribe.

Aunque la opinión personal es subjetiva, es decir, que se expresa lo que se piensa, es importante recordar que el lenguaje para hacerla debe ser adecuado y formal. Se debe argumentar con información.

1. Lee ejemplos de algunas cartas de opinión.

Señor editor:

Soy lector atento de su revista y quiero referirme a la visión de la Revolución Mexicana que se publicó en el número más reciente de *Encuentros*.

Celebro que, lejos de sumarse al festejo irreflexivo de una matanza, se haya buscado un tema concreto: el de los extranjeros que visitaron nuestro país. En lo personal, muchos de estos personajes fueron nuevos para mí, y esa novedad siempre es positiva.

Roberto Martínez

http://www.letraslibres.com/index.php?art=15154
(consultado el 31 de enero de 2020. Adaptación).

Señores lectores de *El Diario*.

Quiero y respeto a los animales porque así me lo inculcaron desde niña. La intención de esta carta es expresar mi profunda molestia respecto al programa de t. v. "La ley de la selva", que es un martirio para mí y para varias personas con quienes lo he comentado.

El programa muestra imágenes muy tristes; no me agrada ver a "Topí", el perro símbolo del programa, sometido a pruebas que ponen en peligro su vida, ¿quién les dijo que un par de ladridos significaban que quería seguir subiendo cada vez más alto a la montaña?

Ejemplos como éste hay muchos. Por todo esto he decidido no ver más el programa y poner una queja ante el organismo que se encarga de promover el respeto a los derechos de los animales.

Gracias a los editores de *El Diario* por publicar mi carta.

Teresa Santos García

2. De acuerdo con la información del recuadro, analiza cada carta.

	Carta 1	Carta 2
a) ¿A quién se dirige?		
b) ¿Cómo se presenta la persona que escribe?		
c) ¿Cuál es el motivo de la carta?		
d) Haz un resumen del hecho que se comenta.		
e) ¿Quién hizo la carta?		

> Una **opinión** debe escribirse tomando en cuenta que no todos los posibles lectores conocen el hecho, por lo que debe ofrecerse el contexto de la opinión y destacar el aspecto específico que motiva la carta (gusto, disgusto, discrepancia, etc.).

3. Busca, en periódicos y revistas impresos o en Internet, una noticia que te interese y que quieras comentar. Elabora una carta de opinión con la estructura y el lenguaje que ya conoces. Usa el formato.

a) Destinatario. _____

b) Presentación de quien escribe. _____

c) Motivo de la carta. _____

d) Hecho que se comenta. _____

e) Identificación de quien escribe. _____

4. Completa el párrafo acerca de los parámetros valorativos de una carta de opinión.

a) Los parámetros _____ de una carta formal de opinión son:

Propósito, es decir, si cumple el _____ propuesto y expresa con claridad la postura _____

Manejo de información, tener ideas coherentes argumentadas con _____ sin redundancias ni _____, con uso del lenguaje formal.

Estructura, que tenga los apartados de una carta _____

A mis amigos y familiares

Aprendizaje esperado. Comunica ideas, sentimientos y sucesos a otros a través de cartas.

> Una **carta personal** es un mensaje escrito para un amigo, familiar o conocido, es decir, es una carta informal y por tanto tiene sus mismas partes: fecha y lugar, destinatario, saludo, cuerpo, despedida y firma. Se utiliza generalmente el lenguaje informal. Se puede mandar por correo postal o electrónico. El remitente es la persona que escribe la carta, y el destinatario es a quien se le escribe.

1. **Lee las siguientes cartas y elabora lo que se te pide.**

Carta 1

Querida abuelita

Pronto llegarán las vacaciones e iré a visitarte. No sabes cuántas ganas tengo de acompañarte al huerto de don José.

¿Crees que nos dé a probar otra vez las jugosas manzanas que dan sus árboles? ¿Cómo está Minina? ¿Ya se recuperó? Esa gatita traviesa siempre se mete en problemas. Espero que ya se porte bien. Te mando un beso, te quiero mucho.

Adriana

Carta 2

Estimado profesor Roberto

Lamentamos mucho que esté enfermo; hemos tenido clases con la señorita Rocío, pero lo echamos de menos. Nos dijo el director que a fin de mes ya estará nuevamente con nosotros.

Quisimos mandarle una carta para que sepa que esperamos que se recupere pronto.

Sus alumnos
Miguel, Gabriela, Susana
y Ricardo.

a) Subraya el saludo en las dos cartas, y coloca al final de este el signo de puntuación que corresponde.

b) ¿Cuál es la carta que usa el lenguaje informal? _____.

c) ¿Quién firma en la carta 1? _____.

d) ¿Qué parte le falta a ambas cartas? _____.

2. **Subraya con verde el remitente, y con naranja el destinatario en la carta que envió Margarita a su primo Pablo.**

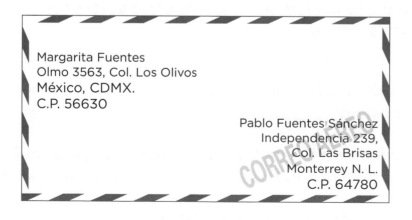

Margarita Fuentes
Olmo 3563, Col. Los Olivos
México, CDMX.
C.P. 56630

Pablo Fuentes Sánchez
Independencia 239,
Col. Las Brisas
Monterrey N. L.
C.P. 64780

CORREO AÉREO

El correo electrónico

Aprendizaje esperado. Conoce los datos de las direcciones electrónicas del destinatario y el remitente.

1. **A continuación hay una serie de direcciones electrónicas, pero están desordenadas; organízalas como deben escribirse para que los mensajes lleguen a su destino.**

   a) @   rogelio2001   mailcito.com _____

   b) primariasorjuana.edu   @   maestrasofi

   _____

   c) mariana-peque   supermail.com   @ _____

   d) @   maestrosergio   escuelaniñosheroes.edu

   _____

   > Las direcciones de **correo electrónico** están formadas por estos elementos: nombre del usuario + @ + dominio; después de este dato, se encuentra un punto y tres letras que indican el tipo de servicio del que se trata: .com (comercial), .edu (educativo), .gob (gubernamental), .org (de alguna organización); y en algunas ocasiones también indican el país de origen: .mx (México), .ar (Argentina), .es (España).

2. **¿Sabes las direcciones de correo electrónico de tres de tus compañeros de clase? Si no, investígalas y escríbelas a continuación.**

   _____

   _____

   _____

3. **Según lo que tú sabes y lo que te platiquen tus familiares, ¿cuáles son algunas ventajas y desventajas del correo postal y del correo electrónico?**

Correo postal		Correo electrónico	
Ventajas	Desventajas	Ventajas	Desventajas

Los deícticos

Aprendizajes esperados. Identifica deícticos de personas, tiempo y lugar. Adapta el lenguaje para dirigirse a destinatarios conocidos.

> Los **deícticos** son **palabras** cuyo significado se define por el **contexto** y necesitan que se señale de alguna manera a qué se refieren remitiendo a algo que ya se dijo. Hacen referencia a personas mediante los **pronombres** y a lugares o tiempo mediante los **adverbios**. En una carta es importante dejar claro a qué se hace referencia. Ejemplo: Mi mamá me regaló un perro. **Ella** sabía que siempre quise tener **uno**.

1. **Lee la siguiente carta y subraya con rojo los deícticos de personas, de azul los de tiempo, y de amarillo los de lugar. Después responde las preguntas.**

> Ciudad de México, 3 de febrero de 2021
>
> Hola, Jorge,
> Desde que te fuiste a vivir a Guadalajara ya no tengo con quién hacer travesuras o jugar futbol, pues ya sabes que sólo somos mi hermana y yo.
>
> ¿Qué crees? ¡Ayer pasamos a la final! Iremos a jugar con el equipo de la Escuela Ángel del Campo. Nos harás falta para meter más goles, pero prometo meter uno por ti.
> Cuéntame cómo va todo por allá. ¿Ya tienes amigos? Espero que tu nueva escuela esté padrísima y todos sean buena onda. Pero, ¡no te olvides de mí!
>
> Por acá todo está muy bien pero se te extraña mucho. Mis papás están de viaje, en cuanto regresen les voy a pedir permiso a ellos para ir a verte.
> Escríbeme pronto. Saludos
>
> Gerardo

a) ¿Cuándo fue ayer? _____

b) ¿Quién es yo? _____

c) ¿Quiénes son ellos? _____

d) ¿A qué se refiere al decir "prometo meter uno por ti"? _____

e) ¿Dónde es acá? _____

f) ¿Dónde es allá? _____

2. **Escribe el deíctico que corresponda para completar el párrafo.**

Mi mamá escribió una carta para su hermana. _____ le contestó su carta hoy. Mi tía vive en París, nos cuenta que _____ ya está haciendo mucho frío. También nos contó que mi primo Jorge llegará a México el próximo sábado 5 de octubre. Como hoy es jueves quiere decir que llega _____. ¡Qué emoción!, _____ es mi primo consentido. A mi _____ va a encantar verlo.

Las convocatorias

Aprendizajes esperados. Identifica la estructura y la organización gráfica de distintas convocatorias. Reflexiona sobre la forma de redactar las convocatorias: oraciones breves, uso de ciertos tiempos y modos verbales.

> Una **convocatoria** es el **escrito o anuncio** con que se convoca, es decir, se **cita o llama**. Es un llamado público a una o más personas para asistir a un determinado acto o lugar, concursar o dar trámite a un servicio. Debe tener los siguientes **datos: lugar y fecha** de dónde se llevará a cabo, **encabezado, motivo** o razón por la cual se hace la convocatoria, **emisor** que es la persona que organiza el evento o concurso, **destinatario** o personas a quién está dirigida, y por último las **bases**, requisitos, reglas o procedimientos para asistir o inscribirse. Una convocatoria se puede elaborar mediante carteles, anuncios en gacetas, periódicos o páginas de internet.

1. Lee las siguientes convocatorias.

GRAN TORNEO DE FUTBOL

El equipo **Centella** te invita a participar en el 1er. Torneo Escolar de Futbol.

Podrán participar alumnos y maestros de todas las secciones.

Sábado 9 de Noviembre
9:00 – 15:00 hrs.
Patio Central

Informes e inscripciones: Dirección deportiva durante el recreo.

Gaceta El Escorial
CONVOCATORIA

La Asociación Mexicana de Escritores A.C.

Invita a su 5° Concurso Nacional de Ensayos Tema:
"La diversidad cultural mexicana"

Premios
1er. lugar Beca para cualquiera de nuestros diplomados literarios
2°. lugar Beca para cualquiera de nuestros talleres literarios
3er. lugar Inscripción gratuita a cualquiera de los talleres literarios

Envía tu ensayo a: ame@wmail.com
Fecha límite 24 Noviembre 2109
Consulta las bases en nuestra pagina web

Nueva convocatoria para Becas 2020 – 2021

¿Te interesa cursar tus estudios universitarios o de posgrado en el extranjero?

¡ÉSTA ES TU OPORTUNIDAD!

Consulta las bases en nuestra página *web* haciendo *click* aquí e inicia los trámites hoy mismo

Fundación México hoy
Contacto:
becas@mexicohoy.com.mx

Fecha límite para entregar solicitudes: 15 octubre 2019

2. Responde las preguntas.

a) ¿Cuál convocatoria está hecha por internet? _____

b) ¿Cuál convocatoria está dirigida a los alumnos y profesores? _____

c) ¿Cuál convocatoria está emitida por una asociación? _____

d) ¿Cuál convocatoria invita a un evento? _____

e) ¿Para qué es la convocatoria de la Fundación México hoy? _____

f) ¿Cuándo es la fecha límite para concursar por la beca para el taller literario?

_____

g) ¿En dónde se publicó la convocatoria para el concurso de ensayos?

_____

Hacemos una convocatoria

Aprendizajes esperados. Diseña una convocatoria y organiza gráficamente la información. Usa oraciones con frases verbales. Utiliza apropiadamente signos de puntuación.

> Las convocatorias deben elaborarse con frases breves y precisas. Generalmente se redactan con el modo indicativo utilizando los tiempos presente y futuro, o con el infinitivo y frases verbales formadas por un verbo conjugado y un verboide (infinitivo, participio o gerundio). La idea verbal está siempre colocada en el verboide y no en el verbo conjugado que es el auxiliar. Ejemplo: Todos podrán participar.

1. Subraya las frases verbales que encuentres en la siguiente convocatoria.

La Asociación de exalumnos del Instituto Héroes de la Patria

CONVOCA

A la Asamblea para la elección de su nuevo presidente

Bases

1. Los candidatos deberán ser exalumnos del colegio.
2. Cada participante podrá elegir a sus colaboradores.
3. Todos los miembros de la asociación deberán llevar su credencial vigente para votar.
4. Los votos serán contados por un comité del Instituto Electoral de la ciudad.
5. La asamblea será el día 7 de diciembre del año en curso.
6. Los resultados se darán a conocer el 10 de diciembre a través del boletín informativo.

2. Redacta una convocatoria para un concurso o evento como una exposición, competencia, campaña, etc. No olvides colocar fecha y lugar, bases, quién convoca, a quién, etc. Después pide a tu profesor que corrija la redacción, ortografía y signos de puntuación.

_____

_____

_____

_____

_____

_____

Uso de za, ce, ci, zo y zu

Aprendizaje esperado. Escribe correctamente palabras con za, ce, ci, zo y zu.

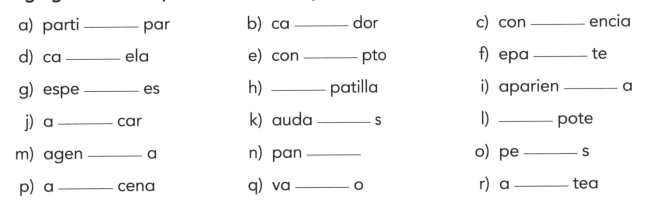

Se escribe z delante de a, o, u: za, zo, zu. Por ejemplo: zapato, cazo, azul.

Se escribe c delante de e, i: ce, ci. Por ejemplo: cero, cine.

1. **Agrega las letras que faltan en cada palabra (za, ce, ci, zo, zu).**

   a) parti ———— par

   b) ca ———— dor

   c) con ———— encia

   d) ca ———— ela

   e) con ———— pto

   f) epa ———— te

   g) espe ———— es

   h) ———— patilla

   i) aparien ———— a

   j) a ———— car

   k) auda ———— s

   l) ———— pote

   m) agen ———— a

   n) pan ————

   o) pe ———— s

   p) a ———— cena

   q) va ———— o

   r) a ———— tea

2. **Escribe cinco oraciones utilizando las siguientes palabras.**

avanzar	zapatos	cientos	apariencia	azufre	cazo

   a) _____

   b) _____

   c) _____

   d) _____

   e) _____

3. **Subraya las palabras que tengan faltas ortográficas y escribe las oraciones correctamente en los renglones de abajo.**

   a) Entre la pobresa y la riquesa escoge siempre la primera.

   b) Sancho Pansa era el escudero de un caballero andante.

   c) Las dansas autóctonas son presiosas.

   d) La confiansa se gana con consiencia.

   1) _____

   2) _____

   3) _____

   4) _____

Los instructivos

Aprendizaje esperado. Usa palabras que indiquen orden temporal, así como numerales y viñetas para explicitar los pasos de una secuencia.

> **Recuerda**: los **instructivos** son un conjunto de **indicaciones** o instrucciones que sirven de guía **para elaborar** un **producto o tarea**. Sus **partes** son: **título, material y procedimiento**. Las instrucciones deben seguir un orden lógico, para lo cual se utilizan números o palabras de orden temporal como los adverbios para que sean más claras. Se pueden elaborar diagramas o dibujos para ejemplificar los pasos.

1. Lee los dos instructivos y marca con una **X** el que consideres más claro. Escribe por qué.

1. Aprender la canción del juego.	✓ Repitan tres veces la letra de la canción
2. Salir al patio.	✓ Reúnanse en la cancha de basquetbol.
3. Tomarse de las manos y formar un círculo.	✓ Formen un círculo.
4. Comenzar a cantar la canción del juego.	✓ Tómense de las manos.
5. Realizar las acciones que indica la letra.	✓ Comiencen la canción en coro.
	✓ ¡Diviértanse!

2. Numera, en orden, las acciones para dibujar el diagrama que sirve para jugar "Stop". Como apoyo, observa el dibujo.

a) _____ Finalmente, cada jugador se coloca en el lugar donde está escrito el nombre del país que eligió. Se puede empezar a jugar.

b) _____ Dibujar un círculo más pequeño en el centro del círculo grande, antes de dividirlo.

c) _____ Contar el número de jugadores para saber en cuántas partes se dividirá el círculo.

d) _____ Cuando ya todo esté listo, colocar una pelota de esponja en el círculo pequeño.

e) _____ Dividir el círculo en el mismo número de participantes del juego.

f) _____ Cada participante elegirá el nombre de un país y lo escribirá en una de las divisiones del círculo.

g) _____ Dibujar un círculo grande en el piso.

3. Escribe una secuencia de pasos y actividades para jugar escondidillas utilizando palabras que indiquen orden temporal.

_____

_____

_____

_____

_____

4. Ahora, adapta las instrucciones de las "escondidillas" para tus compañeros de primer grado. No olvides lo siguiente:

✓ Usar verbos en infinitivo.

✓ Usar adjetivos y adverbios adecuados para lograr claridad y precisión.

✓ Jerarquizar la información con diferentes tipos de letra.

✓ Utilizar palabras o frases de orden temporal.

✓ Ilustrar las instrucciones con dibujos y esquemas.

Adaptación	Dibujos y esquemas

5. Responde sí o no.

a) ¿Modificaste parte del vocabulario para escribir tu adaptación? ( ) Sí ( ) No

b) ¿Modificaste la persona gramatical (tú, usted, ellos) para que te entendieran mejor? ( ) Sí ( ) No

c) Si te entienden los niños de primero, ¿crees que lo hagan los de sexto? ( ) Sí ( ) No

d) Explica por qué. _____

_____

_____

Lenguaje claro, instrucciones cumplidas

Aprendizaje esperado. Elabora instructivos empleando los modos y tiempos verbales adecuados.

Los **verbos en infinitivo** identifican los nombres de los verbos y son formas no personales del verbo, es decir, no están conjugados, por lo que tienen las terminaciones *-ar, -er, -ir.*

1. **Escribe el infinitivo de los siguientes verbos conjugados. Cuida la ortografía.**

   a) Salió: _____

   b) Formó: _____

   c) Corrigieron: _____

   d) Respondieron: _____

2. **Completa las instrucciones para un juego imaginario. Cambia los verbos conjugados por el infinitivo, como en el ejemplo.**

   a) (El grupo acuerda) _____Acordar_____ el lugar donde será el juego.

   b) (El grupo reúne) _____ los materiales adecuados: palos de escoba y pelotas azules y rojas.

   c) (El grupo ordena) _____ los materiales y los participantes según sus habilidades.

   d) (Alguien reparte) _____ las tareas; y las pelotas rojas a ellas y las azules a ellos.

3. **Escribe dos adjetivos para los sustantivos y dos adverbios para los verbos. Sigue los ejemplos.**

a)	**Trazar**	claramente	
b)	**Juego**		
c)	**Plantear**		
d)	**Cancha**		larga

4. **Elabora un texto en el que des instrucciones para organizar una fiesta en el salón. Para que tu texto sea claro y preciso, usa por lo menos cuatro verbos en infinitivo, tres adverbios y tres adjetivos.**

   _____

   _____

   _____

   _____

Organizo los juegos de mi infancia

Aprendizaje esperado. Usa notas y diagramas para guiar la producción de un texto.

1. **Lee las notas que se hicieron para el juego "El patio de mi casa".**

a)   Juego: El patio de mi casa

Nota 1. Aprender la canción que comienza "El patio de mi casa como es particular…".

Nota 2. Todos forman un círculo tomados de las manos. Sólo uno queda fuera, que será el demonio.

Nota 3. Al decir "a-gá-chen-se", todos se agachan.

Nota 4. Al decir las letras en orden alfabético se dan palmadas.

Nota 5. Cuando se canta "a estirar, a estirar" se estira el círculo haciéndolo más grande.

Nota 6. Todos se unen para evitar que el demonio pase.

2. **Elige uno de los tres juegos que se ilustran a continuación, coloreando el óvalo.**

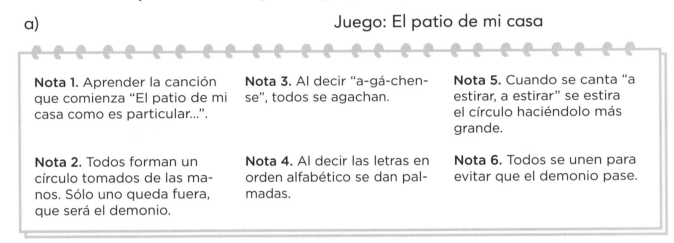

amo a tó   Salero   Avión

3. **Redacta notas, como las del ejemplo anterior para el juego que elegiste. Si necesitas más espacio utiliza tu cuaderno.**

a) Juego: _____

_____

_____

_____

_____

4. **Elabora un diagrama donde vean, tú y tus compañeros, con claridad, la manera de jugar el juego elegido. Observa éste. Modifícalo si lo requieres.**

| Canción | → | Círculo de amigos | → | Acciones según la letra |

El reglamento escolar

Aprendizajes esperados. Reconoce la importancia de cumplir las normas incluidas en los reglamentos para regular la convivencia. Redacta reglas, usa oraciones breves y verbos en modo y tiempo correctos. Elabora un reglamento escolar.

> Un **reglamento** escolar está formado por una serie de **normas** que marcan pautas de **comportamiento** y convivencia en una escuela para lograr un **ambiente de cordialidad**, seguro y basado en principios y valores. Su cumplimiento es **obligatorio**, por lo que faltar a alguna de sus reglas trae consecuencias y sanciones. Un reglamento, a su vez, también nos da diferentes **derechos**. Para garantizar el cumplimiento del reglamento escolar, el alumno debe firmarlo.

1. **Subraya las frases que nos indican para qué sirven los reglamentos escolares.**

   a) Señalar la manera de llegar a la escuela.

   b) Establecer lineamientos acerca de cómo llevar a cabo diferentes tareas.

   c) Estipular sanciones por el incumplimiento al reglamento.

   d) Proporcionar reglas de conducta que marquen la convivencia entre los alumnos.

   e) Dar métodos de estudio.

   f) Evitar comportamientos inadecuados y conflictos entre los alumnos y/o el personal docente.

2. **Escribe junto a cada parte del reglamento su nombre, utilizando las palabras del recuadro.**

   | Artículos | Capítulos | Sanciones | Título | Orden numérico |

   Instituto Miguel Hidalgo Curso Escolar 2019-2020
   Reglamento General ← a)

   A. Reglas Generales
   1. La entrada para todos los alumnos es a las 7: 50 a. m. ← b)
   2. Todos los alumnos deben portar el uniforme completo.
   3. Los alumnos deberán mantener el orden y comportamiento adecuado en todo momento.
   4. Los alumnos podrán usar todas las instalaciones del instituto.
   5. Todos los alumnos serán tratados con respeto e igualdad. ← c)

   B. Reglas para el uso de la biblioteca
   1. Todos los alumnos podrán acceder y usar la biblioteca. ← d)
   2. Será necesario presentar la credencial del colegio para acceder a la biblioteca.
   3. El material e instalaciones deberán ser cuidados en todo momento.
   4. Los alumnos están obligados a devolver cualquier ejemplar o material que les haya sido prestado.

   C. Sobre el incumplimiento al reglamento ← e)
   1. El alumno que cometa alguna indisciplina al reglamento escolar, será castigado por la dirección.
   2. El castigo impuesto podrá incluir suspensiones o expulsiones del alumno infractor.
   3. Cuando la sanción sea expulsar al alumno, se notificará previamente a los padres del alumno.

3. **Subraya en el reglamento, con rojo, las obligaciones, y con azul los derechos de los alumnos.**

4. **Encierra en un círculo los verbos en imperativo con verde y los que están en infinitivo con amarillo.**

5. **Piensa y contesta las siguientes preguntas.**

a) ¿Qué pasaría si no existieran los reglamentos escolares? _____

_____

_____

b) ¿Por qué es importante cumplir las normas de un reglamento? ____

_____

_____

c) ¿Por qué se deben firmar los reglamentos? _____

_____

_____

d) ¿Crees que se debe sancionar a quien no cumple con el reglamento? ¿Por qué? _____

_____

6. **Escribe cinco reglas que pondrías en un reglamento escolar utilizando los verbos del paréntesis. Puedes usar frases verbales y/o los verbos en imperativo.**

a) (cumplir) _____

b) (evitar) _____

c) (mantener) _____

d) (traer) _____

e) (permanecer) _____

7. **Lee el reglamento de tu escuela y escribe dos obligaciones y dos derechos que tengas como alumno.**

a) Obligaciones: _____

_____

b) Derechos: _____

_____

_____

Uso de la coma (,) en la sustitución de verbos que se sobreentienden

Aprendizaje esperado. Utiliza correctamente la coma para sustituir verbos que ya se han expresado y no se necesita repetirlos.

1. Lee el texto y fíjate cómo se usan las comas.

La fiesta de los animales

En una selva muy lejana vivía un elefante que quiso hacer una fiesta. Invitó a sus amigos el piojo, la iguana, los monos mellizos, la coneja, el puma, la tortuga y la familia de las ranas. Para hacer la fiesta, el elefante encontró un espacio en el bosque, que tenía un árbol para cubrirse del sol y muchas flores que alegraban el paisaje.

Los animales fueron a la fiesta muy contentos y dispuestos a divertirse mucho: la coneja llegó muy bien peinada y con los dientes cepillados, tan blancos que deslumbraban a los invitados, pero no quiso gorro por estorbarle sus orejas; las ranas, que venían del otro lago, se limpiaron sus largas patas y entraron a la selva seguidas por el orangután gris que venía de la peluquería; el elefante, muy animado y contento, se puso un pequeño gorro que se le veía muy gracioso en su enorme cabeza; la tortuga, con su caparazón reluciente, pues lo mandó pulir, tardó varios días en llegar pero fue bien recibida por los invitados; el puma, recién bañado y de los primeros en llegar también, escogió un bonito gorro y presumió el brillo de su pelaje; la iguana llegó a la fiesta tarde y acalorada, por lo que no quiso gorro como los demás.

Resulta que el elefante se entretuvo con los adornos y se le olvidó preparar la comida. Los animales ya habían llegado, y la comida aún no estaba lista. Los invitados casi se volvieron locos de hambre. Entonces, el elefante ofreció una disculpa por el hecho, rápidamente preparó jugo de naranja, ensalada de frutas con crema, pastel de papas, frutas frescas para sus invitados, los cuales comieron gustosos y finalmente agradecieron al elefante su invitación. Todos concluyeron que su amigo era un gran anfitrión.

2. El elefante está decidido a escribir a algunos personajes de su lista de invitados, pero aún no sabe dónde colocar las comas cuando estas se utilizan para suplir un verbo en la oración. Ayúdalo a colocarlas en las siguientes oraciones.

a) El león es simpático; los buitres antipáticos.

b) Los monos estudiosos obtienen premios; los osos holgazanes castigos.

c) Los cotorros hablaban de política; los elefantes de negocios.

d) El tigre está en la selva; la leona en la sabana.

e) El zorro es generoso; el lagarto ingrato.

f) La cabra llegó tarde ayer; hoy también.

Se escribe **coma** (,) en el lugar de un verbo que se ha suprimido porque se encuentra ya expresado en la oración anterior y no es necesario repetirlo.

3. Según el ejercicio anterior, ¿dónde ponemos coma?

_____

_____

_____

4. Ayuda al elefante a elaborar una invitación para su próxima fiesta, no olvides sustituir verbos por comas.

INVITACIÓN

_____

_____

_____

_____

_____

_____

_____

_____

_____

5. En equipo escriban una descripción de lo que sucedió en la fiesta de los animales. No olviden detallar muy bien todos los acontecimientos ocurridos.

_____

_____

_____

_____

Los programas de radio

Aprendizajes esperados. Distingue el lenguaje técnico propio de un programa de radio. Conoce el significado de los tecnicismos radiofónicos.

> Un **programa de radio** es una serie de **emisiones** que se transmiten **vía radiofónica** con determinada **regularidad** (diariamente, una vez por semana, etc.). Los programas de radio tienen un **título** y una **temática**, por lo que en cada emisión se tratan temas parecidos.
>
> La radio tiene la función de **informar, educar** y **divertir**; para lograrlo utilizan **la palabra, la música** y **los sonidos** que les permiten captar la atención de la audiencia.

1. **Existen palabras o tecnicismos que se utilizan en el radio. Elige y escribe en la línea la palabra que corresponda de acuerdo al texto.**

   cortinilla   operador   fondo musical   rúbrica   cápsula

   a) La _____ es la identificación del programa, se utiliza al principio y al final o para anunciar comerciales.

   b) Una _____ es el subtema del tema del programa.

   c) El _____ es el encargado de grabar el programa y poner la música.

   d) El _____ es la misma música de la cortinilla o cualquier otra en volumen bajo.

   e) La _____ es la música que se utiliza para dividir las secciones del programa.

2. **Ordena las partes de un programa de radio colocando en el paréntesis el número que le corresponde.**

   a) Para terminar hay una despedida que es siempre la misma, en ella se invita a los oyentes para que sigan participando en los futuros programas. ( )

   b) Después hay una introducción del programa con el saludo de los conductores. ( )

   c) Inicia con una apertura que consiste en una música (siempre la misma) que llama la atención del oyente. También incluye el nombre del programa y el eslogan. ( )

   d) A continuación viene el contenido. El programa se desarrolla de acuerdo con el guion. En algunos programas hay cortinas musicales. ( )

3. **Escribe *V* si la oración es verdadera, o *F* si es falsa.**

   a) Los programas de radio tienen la función de crear imágenes mentales. _____

   b) Tienen como desventaja que no cuentan con medios visuales. _____

   c) Es más caro hacer un programa de radio que uno de televisión. _____

   d) Hay diferentes tipos de programas de radio como deportivos, musicales informativos, etc. _____

   e) El fondo musical de un programa de radio cambia en cada emisión. _____

El lenguaje del radio

Aprendizajes esperados. Conoce el lenguaje de los programas de radio. Emplea el lenguaje de acuerdo con el tipo de audiencia.

El lenguaje radiofónico no es sólo palabra, también es música y sonidos. Es muy importante cuidar el lenguaje porque en el radio se llega al público por medio del oído, y el radioescucha necesita un lenguaje claro y adecuado al tipo de audiencia de cada programa.

1. Subraya las características del lenguaje radiofónico.

a) Deben usar música y sonidos para lograr que el oyente vea y sienta lo que se dice.

b) Debe utilizar gestos y movimientos corporales.

c) Debe ser claro y reiterar las ideas principales.

d) Debe usar un lenguaje común y corriente para que la audiencia lo asimile con facilidad.

e) Debe hablarse sin tomar en cuenta a la audiencia.

2. Une cada oración de acuerdo con el lenguaje utilizado para el tipo de público al que va dirigido.

a) ¡Hola amigos! Esto es Radio pop.

b) Buenas tardes, ésta es la voz de la noticia.

c) ¡Que tal amiguito, éste es tu programa favorito!

d) ¿Sabía usted que cada vez hay menos energía?

3. Encierra en un círculo con diferentes colores las palabras que forman parte del lenguaje que se usa en el radio.

a) Entrevista.

b) Locutor.

c) Voz *off*.

d) Entradilla.

e) Sonoro.

f) Cineasta.

g) Cortinilla.

h) Maestro.

i) Camarógrafo.

j) Telediario.

¡Transmitiendo en vivo desde XESCUELA FM!

Aprendizajes esperados. Identifica los elementos y la organización de un programa de radio. Conoce la función y estructura de los guiones de radio.

El **guion de radio** es un **texto** que sirve para **organizar** o planificar un **programa radiofónico**, proveer todo el material sonoro que se utilizará en su producción, y que los participantes sepan qué decir y cuándo. Se elabora en **dos columnas**: la de la izquierda que contiene **las indicaciones para el locutor** (audio), y la de la derecha para el **operador**.

Para llevar a cabo un guion de radio, se deben seguir los siguientes **pasos**:
1. **Elegir el tema**: establecer de qué se quiere hablar.
2. **Investigar**: buscar información en diferentes fuentes y resumir lo más importante.
3. **Elaborar un esquema**: planear qué se dirá primero, cómo, si habrá entrevistados o reportajes, etc.
4. **Elaborar el guion de radio**: anotar las instrucciones necesarias.

1. Lee el fragmento de este guion radiofónico.

Título del programa:
"Reacción. Walt Disney y el cine de animación"

Programa núm.: 1
Locutor 1: Elena
Fecha de transmisión: 20 de enero de 2020.

Duración total: 1 min.
Locutor 2: Víctor

Audio	Operador
Bienvenidos a su programa "Reacción" que presenta: Walt Disney y el cine de animación.	Locutor 1. Elena Fondo: "Reacción 1" (0:06')
	Cortinilla 1. Identificación de la estación (0:03')
Allá por el año de 1736, el holandés Pieter van Musschenbrök descubrió que si colocaba varias imágenes en secuencia, y las pasaba rápidamente frente a sus ojos, lograba crear una ilusión óptica de movimiento. Fue entonces que aplicó este descubrimiento para inventar un rudimentario proyector de diapositivas animadas, al que llamó "linterna mágica".	Cortinilla 1. Identificación de la estación (0:03')
Para 1868, la linterna mágica fue perfeccionada, surgiendo así el aparato conocido como kinematoscopio. Finalmente, en 1907 el francés Emile Cohl decidió experimentar con cámaras de cine y el sistema del kinematoscopio, tratando de realizar nuevos tipos de secuencias en movimiento. Fue así, como se inventaron los dibujos animados, también conocidos coloquialmente como caricaturas.	Cortinilla 1. Identificación de la estación (0:03')

"Walt Disney y el cine de animación 1" en http://feeds.feedburner.com/imer/reaccion (consultado el 31 de enero de 2020).

2. Observa y responde.

   a) ¿Qué información se registra antes de la tabla? _____

   _____

   b) ¿En cuántas columnas está organizado el guion radiofónico? _____

   _____

   c) ¿Qué tipo de información hay en la columna de la izquierda? _____

   _____

   d) ¿Y en la columna de la derecha? _____

   _____

3. Elabora un guion radiofónico para hacer tu propio programa.

   a) Elige el tipo de programa: ( ) Noticias ( ) Musical ( ) Investigación

   b) Cómo se llamará el programa: _____

   c) Cuánto tiempo debe durar: _____

   d) Cuántos locutores participarán: _____

   e) Sus nombres son: _____

   f) Cuándo se transmitirá: _____

4. Redacta el guion.

Audio	Operador

Las noticias y los medios de comunicación

Aprendizajes esperados. Reflexiona sobre las formas de tratar las noticias en diversos medios: periódico, internet, radio y televisión. Identifica el uso del discurso directo e indirecto para citar fuentes y el uso de los verbos en tercera persona. Elige una noticia de su interés y le da seguimiento durante un período de tiempo en diferentes medios.

> Las **noticias** son **textos** o testimonios que presentan **los medios de comunicación** para **informar** a un público determinado sobre un **hecho actual** que representa una novedad, interés o relevancia. Cada medio de comunicación tiene una forma de tratar la información. Para dar la información se utiliza generalmente el discurso indirecto y los verbos en tercera persona. Los medios de comunicación se dividen en impresos (periódicos y revistas), audiovisuales (televisión e internet) y auditivos (radio).

1. **Escribe radio, televisión, periódico o internet según corresponda junto a cada característica de los medios de comunicación.**

   a) Es el medio más antiguo de información. _____

   b) La retroalimentación de la noticia es inmediata. _____

   c) Combina imagen, sonido y movimiento. _____

   d) Usa un lenguaje fluido y libre. _____

   e) Publicación frecuente de carácter diario. _____

   f) Estimula la imaginación. _____

2. **Lee las siguientes noticias y escribe debajo de cada una si está en discurso directo o indirecto.**

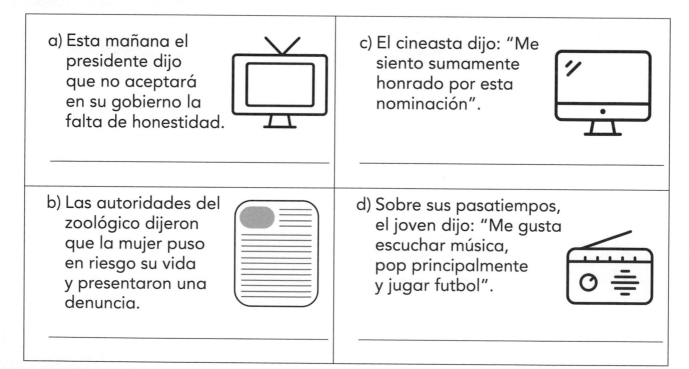

a) Esta mañana el presidente dijo que no aceptará en su gobierno la falta de honestidad.

_____

c) El cineasta dijo: "Me siento sumamente honrado por esta nominación".

_____

b) Las autoridades del zoológico dijeron que la mujer puso en riesgo su vida y presentaron una denuncia.

_____

d) Sobre sus pasatiempos, el joven dijo: "Me gusta escuchar música, pop principalmente y jugar futbol".

_____

3. Consulta un periódico y una página *web* de noticias, escucha un programa de noticias en el radio y ve un noticiero en la tele. Explica cuáles son las diferencias que encuentras en la forma de dar las noticias y dirigirse al público.

_____

_____

_____

_____

4. Piensa en una noticia que te interese o que sea de gran relevancia y busca información sobre ella en los diferentes medios. Luego dale seguimiento por dos o tres días y completa el siguiente cuadro poniendo cada día lo que aparece sobre la noticia.

a) Noticia: _____

Televisión	Radio	Periódico	Internet
Fuente (programa)	Fuente (programa)	Fuente (diario)	Fuente (página web)
Día 1			
Día 2			
Día 3			

Uso de siglas y abreviaturas

Aprendizajes esperados. Reflexiona el uso y utilidad de las siglas y abreviaturas. Conoce el significado de diferentes siglas utilizadas cotidianamente.

1. **Antes de ir al Museo de Cera los chicos querían saber si había alguna promoción en el periódico. Encontraron lo siguiente:**

> **MUSEO DE CERA** ¿Quieres sentir miedo de verdad? ¡Ven y conoce nuestros monstruos! Londres núm. 6, Col. Juárez, entre Berlín y Bruselas, Ciudad de México. Horarios de lunes a domingo de 11:00 a 19:00 hrs. Entrada al museo, $15.00. Estudiantes y maestros con credencial de la SEP, $5.00; adultos con credencial del INAPAM, entrada libre.

2. **Localiza las siglas y abreviaturas en el anuncio y enciérralas en círculos.**

3. **Escribe las siglas y abreviaturas que encontraste y su significado.**

_____

_____

4. **Lee atentamente y responde lo que se te pide.**

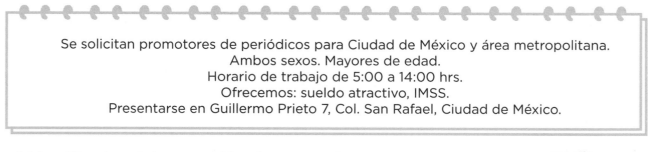

> Se solicitan promotores de periódicos para Ciudad de México y área metropolitana.
> Ambos sexos. Mayores de edad.
> Horario de trabajo de 5:00 a 14:00 hrs.
> Ofrecemos: sueldo atractivo, IMSS.
> Presentarse en Guillermo Prieto 7, Col. San Rafael, Ciudad de México.

a) Identifica las siglas y enciérralas con color.

b) ¿Conoces su significado? Escríbelo.

_____

_____

5. **Observa las siglas y escribe lo que significan.**

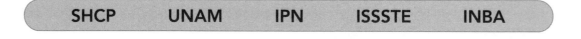

SHCP	UNAM	IPN	ISSSTE	INBA

_____

_____

_____

_____

6. Responde.

a) Para qué se utilizan las siglas? _____

b) ¿Cómo se forman las siglas? _____

c) ¿Utilizas siglas y abreviaturas en la escuela? ¿En qué casos? _____

7. Revisa algunos periódicos. Elige una noticia, recórtala y pégala en el recuadro. Destaca con color las siglas que encuentres.

8. ¿Qué utilidad tienen las siglas? ¿Por qué se usan en este tipo de publicaciones?

_____

_____

9. Escribe otras siglas que conozcas y su significado.

_____

_____

10. Intercambia tu libro con un compañero. Así conocerás otras siglas.

_____

_____

11. Con las siglas recopiladas por el grupo, escriban una nota periodística.

_____

_____

_____

_____

Mi álbum de recuerdos

Aprendizajes esperados. Organiza un texto por secciones temáticas. Jerarquiza información en un texto a partir de criterios establecidos.

Un **álbum** es un libro que sirve para **coleccionar** textos, pensamientos o imágenes **importantes** para una persona y le ayudan **a recordar momentos vividos**. En los álbumes se pueden escribir **narraciones** acerca de elementos que se guardan como **descripción** de las imágenes, personas, lugares o momentos vividos para que el álbum sea más ameno e interesante. **Recuerda** que una narración debe contar con tres partes: inicio, desarrollo (aquí se incluye el clímax o parte de mayor tensión o emoción) y cierre.
Los álbumes se **organizan** por temas o en orden cronológico y se pueden dividir por **temas** o **capítulos** de acuerdo con la información que contenga o con el gusto del autor. Cuando el álbum es de ilustraciones, es importante que éstas tengan pie de foto para explicar lo que ahí sucede.

1. **Santiago y Daniela van a elaborar un álbum de recuerdos de la primaria. Ayúdalos a ordenar sus textos e imágenes uniendo cada uno en el capítulo que le corresponde.**

(Paseo escolar)   (Festivales)   (Celebraciones)   (Exposiciones)

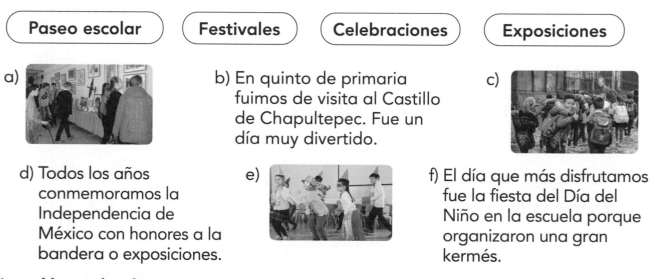

a)

b) En quinto de primaria fuimos de visita al Castillo de Chapultepec. Fue un día muy divertido.

c)

d) Todos los años conmemoramos la Independencia de México con honores a la bandera o exposiciones.

e)

f) El día que más disfrutamos fue la fiesta del Día del Niño en la escuela porque organizaron una gran kermés.

2. **Lee el borrador de una narración para un álbum y subraya con rojo los adverbios, con verde los adjetivos y con azul los verbos. Revisa la ortografía y el uso de los signos de puntuación y encierra en un círculo y corrige los errores que encuentres.**

Nuestra visita a las piramides de Teotihuacán fue uno de los mejores paseos escolares de toda la primaria.

Aunque las piramides no están lejos, nos despertamos muy temprano para primero ir a desayunar a un lugar cercano, comimos un rico desayuno ligero y muy nutritivo (yogur, fruta, cereal, leche, jugo de naranja, pan recién hecho y café) Después de desayunar llegamos a las imponentes piramides de Teotihuacán y recorrimos la zona arqueológica con los maestros y nuestros compañeros. Un momento muy emosionante y a la vez aterrador fue cuando subimos a la piramide del Sol y Carlos casi se cae, todos pensamos que iba a suceder un terrible accidente pero por fortuna no pasó a mayores y terminamos de subir tranquilamente y llegamos hasta arriba.

Finalmente, cuando bajamos llego la hora de subir a los camiones y regresar a la escuela para contar todas nuestras aventuras.

¿Cómo te lo cuento?

Aprendizaje esperado. Jerarquiza información en un texto a partir de criterios establecidos.

> Cuando narramos es importante utilizar descripciones, frases adjetivas, frases adverbiales y nexos para dar coherencia y continuidad al texto. Cuidar los modos verbales, la ortografía y la puntuación también es muy importante.

1. En la ilustración se observa a dos niños, de vacaciones con su familia, en distintos lugares. Elige una de las escenas y narra lo que imagines que le sucedió a la familia. Utiliza el formato.

¿Dónde se desarrolla la narración?	¿Quiénes son los personajes?	¿Cómo son los personajes?
¿Cuál es el clímax?		
¿Cómo inicia?		
¿Cuál es el clímax?		
¿Cómo termina?		

Iguales pero diferentes

Aprendizajes esperados. Identifica palabras de origen indígena. Indaga en diversas fuentes sobre la diversidad lingüística del país. Escribe un texto con sus hallazgos. Reflexiona sobre la relación entre lengua y cultura.

1. Lee estos versos.

Hay palabras muy bonitas
que nos vienen de hace años,
cuando todos les decían
temazcales a los baños.

Son palabras de los nahuas
que pronuncian cada día
las personas de la calle,
tus amigos y mi tía.

Cuando pides un *chayote*
o un agua con *popote*.
Si te sale un buen *chipote*
del color del *chapopote*.

Al partir un *jitomate*,
o pelearte con un *cuate*;
o si amarras tu *petate*
con un lazo o un *mecate*.

Usarás palabras nahuas
al hacer un *guacamole*,
o también si se te antoja
epazote en el *pozole*.

Al nombrar al *zopilote*
o peinarte de *molote*,
si te espanta un *tecolote*
y se forma un gran *mitote* (…)

Cuando habla tu *tocayo*
que parece *chachalaca*
cuando andas *chamagoso*
o visitas *Cuernavaca*.

Ir de compras en el *tianguis*
o cargar a aquel *escuincle*,
acabar hechos *pinole*
por hacerle al *achichincle*.

Hacer salsa en *molcajete*
para echarle al *guajolote*,
atrapar un *tlaconete*
o volar un *papalote*.

Apapacha a tu *cenzontle*,
mira bien al *ajolote*
y no pises con tu *cacle*
nunca el rabo de un *coyote*.

Pepenar palabras bellas
se merece un *guachinango*.
¡Por el gusto de decirlas
nos bailamos un *huapango*!

Nuria Gómez Benet, *Pepenar palabras*, México,
Grupo Patria Cultural, 2000, pp. 4–28.

2. Las palabras escritas en *cursivas* en el poema, tienen su origen en el náhuatl, una de las lenguas indígenas que todavía se habla en nuestro país. ¿Cuáles de esas palabras conoces? Cópialas en las líneas.

_____

3. Si hay palabras que desconozcas, búscalas en el diccionario.

4. ¿Qué pasaría si, de repente, todas las palabras de origen náhuatl desaparecieran del español? ¿Qué sucedería con el mole de *guajolote* o con el *chocolate* que tomas en licuado, helado y otros postres? Reflexiona y escribe tus conclusiones.

_____

_____

Las manifestaciones culturales de un pueblo son muy variadas y pertenecen a diferentes campos: idioma, música, danza, cerámica, arquitectura, textiles y mucho más. Conocerlas, apreciarlas, valorarlas y respetarlas, enriquece nuestra cultura.

5. Investiga acerca de la danza, la diversidad cultural de México y la influencia de los pueblos indígenas en ellos. Responde el siguiente crucigrama.

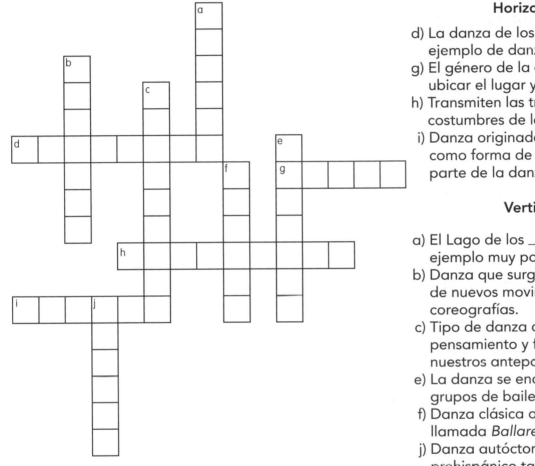

Horizontal

d) La danza de los _____ es un ejemplo de danza popular.

g) El género de la danza nos permite ubicar el lugar y la _____ del baile.

h) Transmiten las tradiciones y costumbres de los pueblos.

i) Danza originada en las ciudades como forma de expresión y que es parte de la danza popular.

Vertical

a) El Lago de los _____ es un ejemplo muy popular del balet.

b) Danza que surgió con la exploración de nuevos movimientos y coreografías.

c) Tipo de danza que representa el pensamiento y forma de vida de nuestros antepasados.

e) La danza se encuentra ordenada en grupos de baile llamados _____.

f) Danza clásica originaria de Italia llamada *Ballareto*.

j) Danza autóctona de origen prehispánico también conocida como danza de los concheros.

6. Escribe un pequeño texto utilizando tus investigaciones, usa una cita textual. No olvides emplear los signos correctos para señalarla y cuidar tu ortografía y redacción.

_____

_____

_____

_____

_____

Uso de *y* en palabras que inician con *may-*

Aprendizaje esperado. Escribe correctamente palabras que inicien con *may-*.

1. Lee el texto y lleva a cabo lo que se te pide.

La mayordomía

Una de las tradiciones más arraigadas en los pueblos mexicanos, que se da tanto entre los mayos, en el norte del país, como entre los mayas, en Yucatán, es la mayordomía.

La mayordomía es un cargo de tipo religioso que se le da a una persona para organizar y administrar las fiestas patronales de un pueblo. El mayordomo siempre es un jefe de familia elegido por la mayoría del pueblo, para ejercer su cargo por un año.

Este cargo de mayordomo es un gran honor y responsabilidad no sólo para el padre encargado, sino para toda la familia, que debe trabajar arduamente para llevar a cabo una fiesta patronal mejor que la anterior.

a) Subraya en el texto que leíste las palabras que inicien con la partícula *may-* y escríbelas sobre las líneas.

_____

_____

2. Se escriben con *y* todas las palabras que inician con la partícula _____.
Por ejemplo: _____

3. Resuelve la sopa de letras.

maya	mayordomo
mayúscula	mayor
mayonesa	mayoría

M	A	Y	O	R	D	O	M	O	X	A	B
A	B	Z	P	S	E	P	A	P	Y	B	C
Y	C	A	Q	T	M	A	Y	O	R	I	A
U	D	B	R	U	A	B	O	P	S	J	B
S	E	C	S	V	Y	C	N	Q	T	K	C
C	F	D	T	W	A	D	E	R	U	L	D
U	Y	T	U	A	T	J	S	P	Z	K	O
L	H	F	V	Y	C	M	A	Y	O	R	F
A	I	G	W	Z	D	U	I	Y	O	R	G

4. Utiliza las siguientes palabras para completar el texto del recuadro.

mayos	mayores	mayo	Mayté

Mi hermana _____ y su grupo de voluntarias participarán en las jornadas por la salud de los _____ en el norte de Sinaloa. Asistirá a estas jornadas en el mes de _____ y busca cumplir uno de sus de sus _____ anhelos: conocer las prácticas de medicina tradicional entre los grupos indígenas.

Repaso

1. **Completa las oraciones con la palabra correcta.**

   a) Las cartas _____ las escriben los _____ de una publicación para que sean publicadas dentro de una sección especial.

   b) Su objetivo es expresar la _____ personal sobre un tema o hecho.

   c) La opinión debe ser _____ con información y expresarse de manera _____ y dando el contexto.

   d) Los _____ son palabras cuyo significado se define por el _____ aludiendo a algo que ya se dijo.

2. **Ordena el contenido de esta carta para que se pueda mandar a la redacción. Escribe en el paréntesis el número que corresponde.**

   a) Legal & Legal S. A.   (   )

   b) Estimado Dr.   (   )

   c) Atentamente
   Lic. Lauro de la Vega.   (   )

   d) Director del Colegio
   de Abogados.   (   )

   e) Dr. Antonio Fregoso.   (   )

   f) Cuernavaca, Mor. 10 de
   enero 2012.   (   )

   g) Por medio de la presente le solicito una copia certificada de la carta de ingreso del Lic. Froilán Méndez, consultor distinguido de este despacho legal. Espero contar con su diligente respuesta a dicha solicitud.   (   )

3. **Escribe una secuencia de pasos y actividades para jugar "El juego del calentamiento".**

   _____

   _____

4. **Marca con una ✗ la respuesta correcta.**

   a) Los programas de radio se transmiten vía:
   • aérea.   • cable.   • radiofónica.

   b) La función de un programa de radio es:
   • entretener, educar e informar.   • que la gente oiga música.   • suplir a la televisión.

   c) La persona que habla en un programa de radio se conoce como:
   • hablante.   • locutor.   • emisor.

   d) En el radio lo más importante son los efectos de sonido, música y voz porque se llega mediante el:
   • lenguaje visual.   • movimiento.   • oído.

5. **Responde las siguientes preguntas.**

a) ¿Cuál es el medio de comunicación más antiguo? _____

b) ¿Cuál medio de comunicación nos permite crear imágenes mentales?

_____

c) ¿Cuál medio de comunicación permite una retroalimentación inmediata? _____

d) ¿Cuál es el medio de comunicación que combina sonido, imagen y movimiento? _____

6. **Subraya con rojo las palabras que indican orden temporal en este texto de un álbum de recuerdos.**

Lo primero que hicimos fue ir al parque para conocer las condiciones de éste. Al mismo tiempo, tomamos fotografías que podían ilustrar la investigación. Al que le gustaba dibujar, hizo los bosquejos y luego los coloreó en casa para usarlos como registro. Más tarde, al volver a la escuela, acordamos ir de paseo al parque. Al día siguiente preparamos todo lo necesario para las actividades y juegos. Finalmente en el parque la pasamos de maravilla durante el paseo.

7. **Investiga en qué estado se habla cada lengua de origen indígena y escribe palabras de esa lengua con su significado en español para completar el cuadro.**

Lengua	Estado	Palabras
a) Náhuatl		
b) Maya		
c) Mixteco		
d) Tzeltal		
e) Zapoteco		

8. **Escribe con *za, ce, ci, zo, zu* según corresponda.**

a) ca_____ría

b) _____pilote

c) _____patería

d) a_____tar

e) dé_____mo

f) me_____dora

g) ca_____ela

h) po_____

9. **Escribe la coma en el lugar que corresponda.**

a) El papá de mi amiga nos recogió de la fiesta mi mamá de la escuela.

b) Mi hermana y Pablo juegan futbol Pedro y yo Basquetbol.

c) Sandra come chocolates mientras Pablo manzanas.

d) El chocolate es nutritivo la manzana también.

e) Mi familia es de Oaxaca la de María de Mérida.

Números naturales hasta 12 cifras

Aprendizaje esperado. Lee, escribe y ordena números naturales de cualquier cantidad de cifras, fracciones y números decimales.

Los números de 12 cifras se dividen en unidades, millares, millones y millares de millón. Cada una contiene tres dígitos y a cada uno le corresponde una posición.

Centena de millar de millón	Decena de millar de millón	Unidad de millar de millón	Coma de millar de millón	Centena de millón	Decena de millón	Unidad de millón	Coma de millón	Centena de millar	Decena de millar	Unidad de millar	Coma de miles	Centena	Decena	Unidad
↓	↓	↓	↓	↓	↓	↓	↓	↓	↓	↓	↓	↓	↓	↓
3	7	1	,	6	7	3	,	7	1	8	,	6	4	6

1. **Relaciona las columnas con una línea. Sigue el ejemplo.**

a) Ciento veintitrés mil noventa y dos millones quinientos cuarenta y ocho mil sesenta y dos.

b) Ciento ocho mil doscientos cuarenta y tres millones seiscientos treinta y ocho mil ciento cuarenta y uno.

c) Trescientos mil millones.

d) Ciento catorce mil noventa y cuatro millones ochocientos cuatro mil veintiuno.

e) Cuatrocientos once mil cuatrocientos once millones cuatrocientos once mil cuatrocientos once.

f) Ochocientos mil trescientos treinta y tres millones ochocientos.

g) Ciento treinta mil millones.

h) Quinientos setenta y cuatro mil novecientos setenta y un millones trescientos sesenta y dos mil ochocientos diez.

• 300 000 000 000

• 130 000 000 000

• 123 092 548 062

• 114 094 804 021

• 411 411 411 411

• 574 971 362 810

• 108 243 638 141

• 800 333 000 800

2. En la columna de la derecha escribe la población mundial de cada año, separando con comas (,) las unidades, los millares, millones y millares de millón de cada cantidad.

Año	Proyección de la población mundial	
2020	7597238738	
2030	8259167105	
2040	8819679806	
2050	9284107424	

U.S. Census Bureau. International Data Base (IDB).
Disponible en http://www.census.gov/ipc/www/idb/worldpop.php
(Consultado el 2 de septiembre de 2010.)

3. Escribe la población mundial de cada año.

2020: _____

_____

2040: _____

_____

2050: _____

_____

4. Observa las cantidades que anotaste en la columna de la derecha de la tabla. Escribe la respuesta correcta.

a) ¿En qué año la población mundial será mayor? _____

b) ¿En qué año, 2030 o 2040, se espera menor población? _____

> Los números fraccionarios representan una parte (representada por el numerador) del total fraccionado (denominador).

5. En cada figura, escribe la fracción representada y luego la forma en que se lee.

a)

Fracción:

Se lee: _____

b)

Fracción:

Se lee: _____

c)

Fracción:

Se lee: _____

6. Representa las fracciones anteriores en la recta numérica.

0   1

7. Escribe mayor que (>) o menor que (<) según corresponda:

a) 0.45981 _____ 0.4598

b) 1.8273 _____ 18.4598

c) 0.32 _____ 0.094

d) 0.75112 _____ 0.7801

e) 0.15 _____ 0.481

f) 0.8 _____ 8.4

g) 0.105 _____ 0.4

h) 1.731 _____ 1.73

i) 2.04 _____ 2.45

j) 182.03 _____ 180.23

Números decimales

Aprendizaje esperado. Resuelve problemas de suma y resta con números naturales, decimales y fracciones.

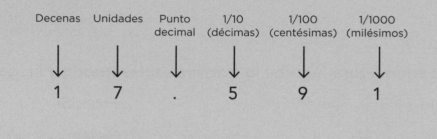

Números decimales

Nuestro sistema de numeración se llama sistema decimal. Los números enteros siempre se escriben a la izquierda del punto decimal y los números decimales a la derecha del punto. Los números decimales nos indican que el entero se ha dividido en 10, 100, 1000 o más partes iguales.

Decenas	Unidades	Punto decimal	1/10 (décimas)	1/100 (centésimas)	1/1000 (milésimos)
↓	↓	↓	↓	↓	↓
1	7	.	5	9	1

Para escribir con letra un número decimal en vez de punto se escribe entero.

Ejemplo: 5.8 = Cinco enteros ocho décimos.

1. **Lee las siguientes cantidades de números decimales y encierra en un círculo la respuesta correcta. Guíate con el ejemplo.**

a) Cuarenta y cinco enteros diez milésimos:

- (45.010)
- 45.10
- 45.0010

b) Ciento noventa enteros cincuenta y dos centésimos:

- 109.52
- 190.052
- 190.52

c) Tres mil doce enteros ocho décimos:

- 3 002.08
- 3 012.8
- 3 012.08

d) Siete enteros cuarenta centésimos:

- 7.04
- 7.040
- 7.40

e) Veinticuatro enteros ciento treinta milésimos:

- 24.130
- 4.030
- 24.1300

Sumas con números decimales

Aprendizaje esperado. Resuelve problemas de suma y resta con números naturales, decimales y fracciones.

Las partes de la **suma** o **adición** son: los sumandos y la suma o total.

Todos los puntos decimales al parejo

$$
\begin{array}{r}
32.456 \\
+\quad 129.69 \\
1254.4074 \\
3.2 \\
\hline
1419.7534
\end{array}
$$

→ Sumandos

→ Suma o total

1. Resuelve las siguientes sumas.

a)
$$
\begin{array}{r}
9\ 743.221 \\
+\ 3\ 465.645 \\
343.680 \\
\hline
\end{array}
$$

b)
$$
\begin{array}{r}
812\ 459.380 \\
+\ 839\ 035.612 \\
95\ 321.714 \\
\hline
\end{array}
$$

c)
$$
\begin{array}{r}
654\ 392.881 \\
+\ 871\ 640.310 \\
55\ 312.414 \\
\hline
\end{array}
$$

d)
$$
\begin{array}{r}
174\ 683.521 \\
+\ 633\ 327.982 \\
42\ 888.344 \\
\hline
\end{array}
$$

e)
$$
\begin{array}{r}
166\ 685.531 \\
+\ 850\ 330.999 \\
43\ 208.355 \\
\hline
\end{array}
$$

f)
$$
\begin{array}{r}
443\ 728.240 \\
+\ 612\ 333.612 \\
735\ 111.819 \\
\hline
\end{array}
$$

g)
$$
\begin{array}{r}
832\ 847.613 \\
+\ 914\ 455.724 \\
533\ 247.811 \\
\hline
\end{array}
$$

h)
$$
\begin{array}{r}
362\ 640.825 \\
+\ 31\ 310.633 \\
407\ 700.821 \\
\hline
\end{array}
$$

i)
$$
\begin{array}{r}
647\ 620.322 \\
+\ 35\ 771.231 \\
813\ 448.733 \\
\hline
\end{array}
$$

j)
$$
\begin{array}{r}
335\ 661.741 \\
+\ 821\ 127.561 \\
707\ 335.480 \\
\hline
\end{array}
$$

k)
$$
\begin{array}{r}
419\ 632.285 \\
+\ 880\ 347.731 \\
672\ 258.362 \\
\hline
\end{array}
$$

l)
$$
\begin{array}{r}
356\ 411.783 \\
+\ 412\ 729.666 \\
28\ 158.311 \\
\hline
\end{array}
$$

Fracciones

Aprendizaje esperado. Resuelve problemas de suma y resta con números naturales, decimales y fracciones.

1. **Mónica hará un viaje. Para pagar su boleto de ida y vuelta, su mamá le ayudará con $\frac{3}{5}$ del boleto y consiguió un descuento de $\frac{1}{4}$, ¿cuánto le falta para completar el total que es de $3 000? Realiza las operaciones en tu cuaderno y escribe aquí la respuesta en fracción y en pesos.**

2. **Realiza las siguientes sumas y restas de fracciones.**

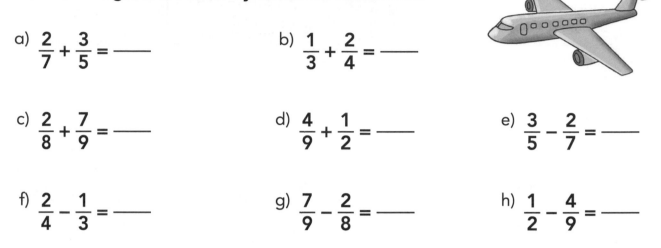

   a) $\dfrac{2}{7} + \dfrac{3}{5} =$ _____

   b) $\dfrac{1}{3} + \dfrac{2}{4} =$ _____

   c) $\dfrac{2}{8} + \dfrac{7}{9} =$ _____

   d) $\dfrac{4}{9} + \dfrac{1}{2} =$ _____

   e) $\dfrac{3}{5} - \dfrac{2}{7} =$ _____

   f) $\dfrac{2}{4} - \dfrac{1}{3} =$ _____

   g) $\dfrac{7}{9} - \dfrac{2}{8} =$ _____

   h) $\dfrac{1}{2} - \dfrac{4}{9} =$ _____

> Para hacer operaciones con fracciones que tienen diferente denominador, se deben convertir a "fracciones del mismo tipo", para que se puedan sumar directamente.

3. **Observa los niños de la figura. El primero mide 1.5 m. El segundo niño mide 1.46 m.**

   a) ¿Cuál niño es más alto? _____

   b) ¿Por cuánto? _____

4. **Realiza las siguientes sumas y restas.**

   a) 1.87 + 0.45 = _____

   b) 5.6 + 0.6 = _____

   c) 1.43 + 1.09 = _____

   d) 2.3 + 1.5 = _____

   e) 1.87 − 0.45 = _____

   f) 5.6 − 1.62 = _____

   g) 1.43 − 1.09 = _____

   h) 2.3 − 1.5 = _____

> Para hacer operaciones con decimales, se debe alinear el punto decimal para sumar o restar décimos con décimos, centésimos con centésimos, milésimos con milésimos, etcétera, de la misma forma que se hace para sumar números naturales.

Multiplicaciones con fracciones

Aprendizaje esperado. Resuelve problemas de suma y resta con números naturales, decimales y fracciones.

1. Resuelve los problemas que se plantean.

a) Carolina sale a caminar todos los días y da seis vueltas a una pista de 0.500 km. ¿Qué distancia camina diariamente?

Proceso

R: _____

b) Pedro también camina todos los días, pero da dos vueltas a un circuito de $1\frac{1}{2}$ km. ¿Quién camina más, Pedro o Carolina?

Proceso

R: _____

c) El autobús que lleva a Carlos de la escuela a su casa todos los días recorre 175 km. Si ya lleva recorridas $\frac{3}{4}$ partes del trayecto, ¿qué distancia le falta para llegar a su casa?

Proceso

R: _____

d) El papá de Carlos compró cinco películas por $250. Si sólo comprara dos películas, ¿cuánto pagaría?

Proceso

R: _____

e) En una tienda de playeras se vendieron $\frac{3}{15}$ de las 1 500 que tienen en existencia. ¿Cuántas playeras se vendieron?

Proceso

R: _____

2. La mamá de Roberto compró los siguientes comestibles.

JAMÓN PORK
$184.00 kg

QUESO
$95.00 kg

SALCHICHAS
$98.00 kg

PEPERONI
$175.00 kg

a) ¿Cuánto pagará por $\frac{3}{4}$ kg de jamón?

Proceso

R: _____

b) ¿Cuánto tendrá que pagar por 0.250 kg de queso?

Proceso

R: _____

c) ¿Cuánto pagará por $1\frac{1}{2}$ kg de salchichas?

Proceso

R: _____

d) ¿Cuánto debe pagar por $\frac{1}{10}$ kg de peperoni?

Proceso

R: _____

e) Si estuvo en la tienda $\frac{3}{4}$ de su tiempo de descanso y el descanso dura 50 minutos, ¿cuánto tiempo estuvo en la tienda?

Proceso

R: _____

Porcentaje

Aprendizaje esperado. Resuelve problemas de cálculo de porcentajes y de tanto por ciento.

> El porcentaje se utiliza para escribir los números bajo la apariencia de una fracción de cien. Su símbolo es %, y se denomina "por ciento"; se traduce como "de cada cien". Puede decirse que el porcentaje es la cantidad que, de manera proporcional, refiere a una parte del total que es 100. Se obtiene al multiplicar la cantidad por el porcentaje expresado en decimal, por ejemplo: 35% de 100 = 100 × .35 = 35.

1. Obtén el porcentaje de los siguientes números. Guíate con el ejemplo.

a) 32% de 2 000 _____ 640 _____

b) 40% de 9 685 _____

c) 85% de 1 640 _____

d) 63% de 16 000 _____

e) 75% de 10 500 _____

f) 17% de 4 555 _____

g) 98% de 7 000 _____

h) 23% de 13 225 _____

i) 56% de 20 000 _____

j) 38% de 8 500 _____

k) 65% de 11 000 _____

l) 45% de 4 000 _____

m) 3% de 1 700 _____

n) 10% de 5 000 _____

o) 50% de 1 000 _____

p) 40% de 15 000 _____

2. **Determina qué porcentaje de la primera cantidad representa el segundo valor. Guíate con el ejemplo.**

a) 12 000 $\longrightarrow$ 7 560   7560 × 100 = 756 000 ÷ 12 000 = 63%

b) 5 600 $\longrightarrow$ 2 800 _____

c) 1 340 $\longrightarrow$ 938 _____

d) 17 700 $\longrightarrow$ 3 540 _____

e) 25 000 $\longrightarrow$ 9 000 _____

f) 18 000 $\longrightarrow$ 4 600 _____

g) 940 $\longrightarrow$ 235 _____

h) 7 800 $\longrightarrow$ 2 730 _____

i) 600 $\longrightarrow$ 264 _____

j) 14 350 $\longrightarrow$ 4 305 _____

k) 4 600 $\longrightarrow$ 3 312 _____

l) 9 000 $\longrightarrow$ 4 950 _____

m) 300 $\longrightarrow$ 39 _____

n) 21 000 $\longrightarrow$ 18 900 _____

Concepción y Rafael están organizando los gastos del mes. Saben que:

a) Del ingreso que reciben ambos, 30% será para el pago de la renta.
b) $20.00 de cada $100.00 que se pagarán en alimentos les serán reembolsados.
c) Promoción de 3 × 2 en lavado de prendas iguales en la tintorería.
d) Pagarán sólo 90% de la factura del agua por pronto pago.
e) Después de otros pagos y gastos, quedará un máximo de 10% de su ingreso como ahorro.

3. Realiza los cálculos anteriores y llena los cuadros en blanco.

INGRESO $22 200.00

a) **Total de la renta** (30% del ingreso) = ⬚ = ⬚

Alimentos $3 800.00

Reembolso de $20.00 de cada $100.00 = $ ⬚ = ⬚

b) **Total de los alimentos**

(alimentos − reembolso) = ⬚ = ⬚

Tintorería	Precio por 3	Al 3 × 2
3 sacos	$ 135.00	$ ⬚
3 trajes	$ 270.00	$ ⬚
3 vestidos	$ ⬚	$ 70.00
3 camisas	$ ⬚	$ 50.00
c) **Total de la tintorería**		$ ⬚

Agua $580.00

d) **Total del agua** (90% por pronto pago) [_____] = [_____]

Total de gastos (renta + alimentos + tintorería + agua) $ [_____]

Total de otros gastos y pagos $10 448.00

e) **Ahorro** (ingreso − total de gastos − total de otros gastos y pagos)

[_____] = [_____]

Que corresponde a [_____] %

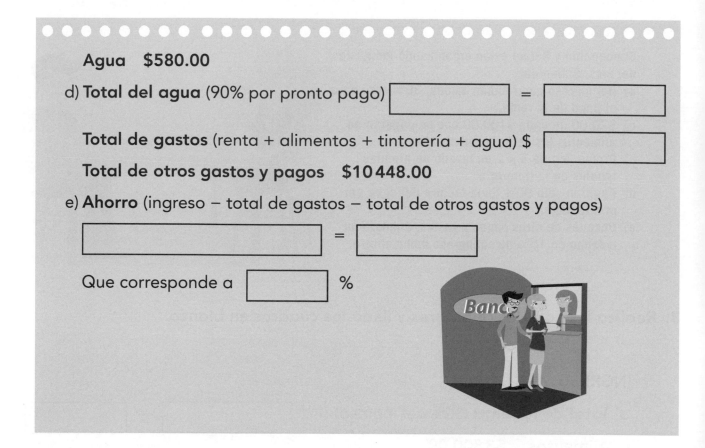

4. **Si 2314 es 10% de 23 140, usa ésta y otras cantidades que vayas obteniendo para calcular los porcentajes de 23 140 que se piden. Hazlo como en el ejemplo:**

$$20\% \text{ de } 23140 = 2 \times 2314 = 4628$$

a) 5%   _____

b) 15%   _____

c) 50%   _____

d) 100%   _____

e) 200%   _____

> También existen porcentajes mayores a 100% que darán como resultado cantidades mayores que la original. Por ejemplo, el 150% de 80 es 120. Compruébalo haciendo el cálculo en tu cuaderno.

Información valiosa en tablas

Aprendizaje esperado. Lee gráficas.

Ana y Martín fueron a comprar una computadora. El asistente de la tienda les dio la siguiente información: "El procesador es el cerebro de la computadora y en general se prefiere mayor velocidad. La memoria RAM almacena temporalmente la información que se trabaja y es preferible más memoria. El disco duro es el espacio para guardar toda la información de forma permanente y se prefiere mayor capacidad".

1. Con la información anterior y la tabla de precios que se muestra a continuación, responde las preguntas que se plantean.

Marca	Velocidad de procesador en Ghz	Memoria RAM en GB	Capacidad de disco duro en GB	Precio
HL	1.5	2	320	$ 11 000
ASR	1.2	1	250	$ 8 700
Misuki	2.5	1	320	$ 10 800
Microbyt	1.5	2	500	$ 6 500
Minibitz	1.5	2	500	$ 7 500

a) Marca de capacidad intermedia en disco duro. _____

b) Marca con menor velocidad en procesador. _____

c) Marca de mayor precio. _____

d) Marca con mayor memoria RAM. _____.

e) Marcas con mejor combinación de memoria RAM, velocidad de procesador y precio.

_____

f) Marca con mejor combinación de velocidad de procesador y capacidad de disco duro.

_____

g) Si buscaras una computadora con el mejor procesador sin importar la memoria temporal, pero buena capacidad de almacenaje elegirías:

_____

Gráfica circular

Aprendizaje esperado. Lee gráficas circulares.

1. Se realizó una encuesta entre los alumnos de sexto sobre las actividades que prefieren realizar durante el recreo. De los datos, se obtuvo la siguiente gráfica:

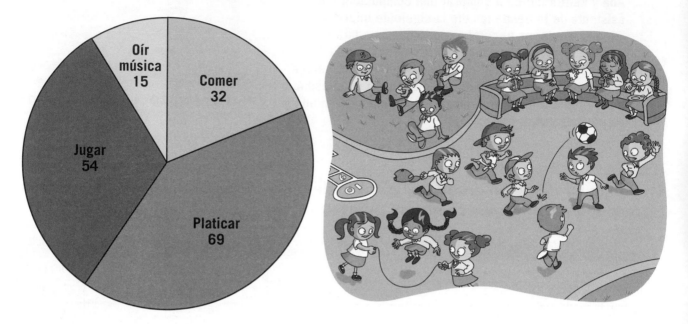

2. Responde las siguientes preguntas con base en la gráfica circular.

a) ¿Cuántos alumnos de 6° hay en la escuela? _____

b) ¿Cuántos alumnos prefieren platicar en el recreo? _____

c) Expresa con fracción el número de alumnos que prefieren jugar. _____

d) ¿Cuál es la actividad que prefieren realizar más alumnos de la escuela?

_____

e) Si sumas los que prefieren jugar más los que prefieren comer, ¿son más o son

menos que los que prefieren platicar? _____ ¿Cuál es

la diferencia? _____

> Las gráficas circulares nos permiten organizar información para establecer relaciones entre distintos datos.

Números romanos

Aprendizaje esperado. Lee y escribe números romanos.

La **numeración romana** es un sistema de numeración que se desarrolló en la Antigua Roma y se utilizó en todo el Imperio romano. Emplea algunas letras mayúsculas como símbolos para representar ciertos valores. A diferencia de la numeración decimal que está basada en un sistema posicional, se basa en un **sistema aditivo** (cuando un símbolo aparece **después de uno más grande** se suma, por ejemplo: VII = V + I + I = 5 + 1 + 1 = 7) y **sustractivo** (cuando un símbolo aparece **antes de uno más grande** se resta, por ejemplo: IX = X − I = 10 − 1 = 9). Recuerda que no se usa el mismo símbolo (I, X, C y M) más de tres veces seguidas.

Los más importantes son:

1	5	10	50	100	500	1000
I	V	X	L	C	D	M

1. **Escribe con números romanos las siguientes cantidades. Observa el ejemplo.**

a) Nueve   _IX_

b) Trescientos _____

c) Cuarenta y cinco _____

d) Setenta y uno _____

e) Doscientos trece _____

f) Mil _____

g) Ochocientos veinticuatro _____

h) Trescientos treinta _____

i) Sesenta y cinco _____

j) Treinta y dos _____

k) Noventa y nueve _____

l) Cuatrocientos nueve _____

m) Ciento cuarenta _____

n) Uno _____

o) Ochocientos seis _____

p) Quinientos _____

q) Doscientos cuarenta y tres _____

r) Setecientos cincuenta _____

s) Trescientos cuarenta y siete _____

t) Ochenta y siete _____

Separa el número en miles, centenas, decenas y unidades y escríbelos uno a uno.

2. **Escribe con letra las siguientes cantidades. Fíjate en el ejemplo.**

a) LXXV _Setenta y cinco_

b) M _____

c) XCVIII _____

d) CCXXXVI _____

e) CDXCV _____

f) CCCXLI _____

g) XI _____

h) DCCCXL _____

i) DXC _____

j) XCIII _____

Números mayas

Aprendizaje esperado. Estima e interpreta números en el sistema de numeración maya.

Los números mayas se crearon para medir el tiempo y están basados en un sistema vigesimal, es decir, de veinte en veinte. Para su escritura, utilizaron tres símbolos básicos y con las diferentes combinaciones de éstos y su suma, se obtiene la numeración del 0 al 19.

Un punto, cuyo valor es el número uno. •

La raya, que representa al número cinco. ▬

El caracol, que representa el número cero.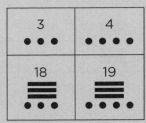

Reglas: El punto no se repite más de 4 veces. Si se necesitan 5 puntos, entonces se sustituyen por una raya. La raya no aparece más de 3 veces. Si se necesitan 4 rayas, entonces quiere decir que se quiere escribir un número igual o mayor que 20, necesitándose así emplear otro nivel de mayor orden. Se escriben de abajo hacia arriba y en 4 niveles, cada nivel se multiplica por 1, 20, 400 y 8 000.

Nivel	Se multiplica X
IV	8 000
III	400
II	20
I	1

•	1 × 8 000 =	8 000
▬▬	10 × 400 =	4 000
🐚	0 × 20 =	0
•• ▬	12 × 1 =	12
R =		**12 012**

Para obtener el resultado final, se suman todos los resultados de las multiplicaciones.

1. Completa la tabla de los números mayas del 0 al 19. Sigue el ejemplo.

0	🐚	1			••	3		4	
5			• ▬	7		8			•••• ▬
10		11			•• ▬▬	13		14	
	▬▬▬	16			•• ▬▬▬	18		19	

2. **Escribe en cada cuadro a qué número de nuestro sistema de numeración corresponden los siguientes números mayas. Utiliza el cuadro de al lado para hacer las operaciones necesarias en cada nivel. Fíjate en el ejemplo.**

a)

≟	11 × 20 = 220
≣	14 × 1 = 14
	R = 234

b)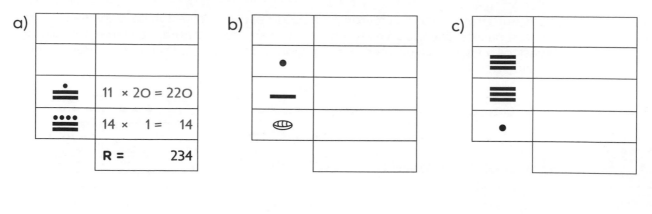

c)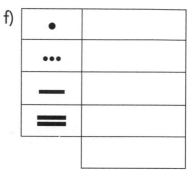

d)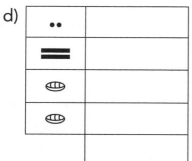

e)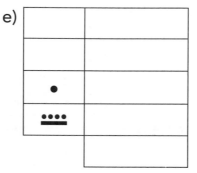

f)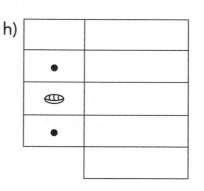

g)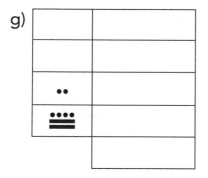

h)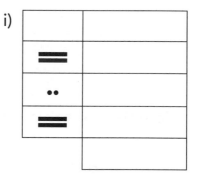

i)

j)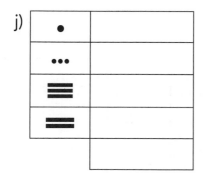

k)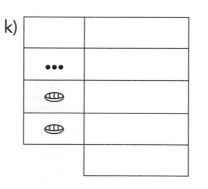

l)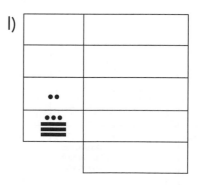

Valor posicional

Aprendizaje esperado. Lee, escribe y ordena números naturales de cualquier cantidad de cifras, fracciones y números decimales.

El valor posicional es el valor que representa un número de acuerdo con la posición en la que se encuentra.

Ejemplo:

73**4**81942 = El número 4 representa las centenas de millar, por lo que su valor es de 400 000.

734819**4**2 = En este caso, el número 4 representa las decenas, por lo que su valor es de 40.

1. **Marca con una ✔ los enunciados correctos y con un ✗ los que sean incorrectos. Observa el ejemplo.**

a) En el número 123 732 654 125 el **4** ocupa la posición de decenas de millar. __✗__

b) En el número 156 5**2**8 934 679 el **2** ocupa la posición de decenas de millón. _____

c) En el número 687 280 347 135 el **4** ocupa la posición de decenas. _____

d) En el número 137 334 857 91**9** el **9** ocupa la posición de unidades de millar. _____

e) En el número **7**21 092 155 633 el **7** ocupa la posición de centenas de millar de millón. _____

f) En el número 37**6** 480 723 421 el **6** ocupa la posición de unidades de millón. _____

g) En el número 756 1**6**0 521 903 el **0** ocupa la posición de las unidades de millar. _____

h) En el número 765 **3**39 362 248 el **3** ocupa la posición de decenas de millar. _____

i) En el número 5**2**1 465 837 635 el **2** ocupa la posición de unidades de millar. _____

2. **Circula lo que se te pide. Fíjate en el ejemplo.**

a) Circula el número que representa la unidad de millar.
514 843 1(3)182

b) Circula el número que representa la decena de millar de millón.
514 843 123 182

c) Circula el número que representa la centena de millón.
514 843 123 182

d) Circula el número que representa la decena.
514 843 123 182

e) Circula el número que representa la unidad de millar de millón.
514 843 123 182

f) Circula el número que representa la centena.
514 843 123 182

g) Circula el número que representa la decena de millar.
514 843 123 182

h) Circula el número que representa la centena de millar de millón.
514 843 123 182

3. Circula el valor posicional que corresponde de acuerdo con el número marcado. Guíate con el ejemplo.

A) 853704**7**13   a 4 000 000   b 400 000   c 40 000   (d 4 000)

B) 940 812**7**11   a 10 000   b 1 000   c 100   d 10

C) **2**30 182 336   a 30 000 000   b 3 000 000   c 300 000   d 30 000

D) **7**22 402 488   a 700 000 000   b 70 000 000   c 7 000 000   d 700 000

E) 191 0**4**7 125   a 400 000   b 40 000   c 4 000   d 400

F) 400 800 **3**17   a 3 000   b 300   c 30   d 3

G) 559 **7**43 168   a 700 000 000   b 70 000 000   c 7 000 000   d 700 000

H) 397 456 71**9**   a 9 000   b 900   c 90   d 9

I) 683 00**1** 674   a 100 000   b 10 000   c 1 000   d 100

J) 949 7**5**1 313   a 50 000 000   b 5 000 000   c 500 000   d 50 000

K) 232 212 26**5**   a 5 000   b 500   c 50   d 5

L) **1**41 131 924   a 1 000 000   b 100 000   c 10 000   d 1 000

M) **1**37 515 228   a 30 000 000   b 3 000 000   c 300 000   d 30 000

Sumas con 12 dígitos

Aprendizaje esperado. Resuelve problemas de suma y resta con números naturales, decimales y fracciones.

> La suma es la operación matemática por la cual se añade una cantidad a otra u otras, para obtener una cantidad total.

1. Realiza las siguientes sumas.

a)
$$+ \begin{array}{r} 123\ 125\ 117\ 002 \\ 354\ 847\ 332\ 413 \end{array}$$

b)
$$+ \begin{array}{r} 475\ 254\ 176\ 340 \\ 317\ 496\ 128\ 126 \end{array}$$

c)
$$+ \begin{array}{r} 765\ 624\ 810\ 116 \\ 942\ 319\ 372\ 117 \end{array}$$

d)
$$+ \begin{array}{r} 456\ 338\ 492\ 325 \\ 513\ 171\ 562\ 180 \end{array}$$

e)
$$+ \begin{array}{r} 132\ 554\ 919\ 236 \\ 772\ 417\ 828\ 413 \end{array}$$

f)
$$+ \begin{array}{r} 341\ 704\ 087\ 010 \\ 656\ 600\ 325\ 120 \end{array}$$

g)
$$+ \begin{array}{r} 872\ 445\ 246\ 003 \\ 185\ 637\ 429\ 176 \end{array}$$

h)
$$+ \begin{array}{r} 137\ 253\ 083\ 964 \\ 448\ 602\ 175\ 833 \end{array}$$

i)
$$+ \begin{array}{r} 178\ 662\ 103\ 348 \\ 921\ 420\ 756\ 830 \end{array}$$

j)
$$+ \begin{array}{r} 651\ 771\ 883\ 160 \\ 451\ 292\ 785\ 435 \end{array}$$

k)
$$+ \begin{array}{r} 432\ 174\ 685\ 786 \\ 659\ 943\ 372\ 129 \end{array}$$

l)
$$+ \begin{array}{r} 317\ 481\ 970\ 135 \\ 280\ 745\ 741\ 116 \end{array}$$

Restas con 12 dígitos

Aprendizaje esperado. Resuelve problemas de suma y resta con números naturales, decimales y fracciones.

> La resta es la operación matemática que nos permite encontrar la diferencia entre dos cantidades, quitando la cantidad menor a la mayor.

1. Realiza las siguientes restas.

a)
$$- \begin{array}{r} 631\ 558\ 344\ 166 \\ 325\ 633\ 817\ 273 \end{array}$$

b)
$$- \begin{array}{r} 525\ 313\ 133\ 045 \\ 28\ 492\ 552\ 133 \end{array}$$

c)
$$- \begin{array}{r} 174\ 161\ 880\ 321 \\ 61\ 745\ 621\ 780 \end{array}$$

d)
$$- \begin{array}{r} 471\ 666\ 991\ 543 \\ 29\ 135\ 788\ 269 \end{array}$$

e)
$$- \begin{array}{r} 253\ 552\ 873\ 146 \\ 78\ 324\ 816\ 302 \end{array}$$

f)
$$- \begin{array}{r} 259\ 959\ 384\ 643 \\ 138\ 742\ 633\ 342 \end{array}$$

g)
$$- \begin{array}{r} 619\ 543\ 349\ 946 \\ 579\ 321\ 664\ 578 \end{array}$$

h)
$$- \begin{array}{r} 843\ 843\ 612\ 020 \\ 525\ 312\ 927\ 130 \end{array}$$

i)
$$- \begin{array}{r} 932\ 517\ 725\ 533 \\ 18\ 335\ 125\ 809 \end{array}$$

j)
$$- \begin{array}{r} 325\ 369\ 537\ 654 \\ 182\ 643\ 925\ 101 \end{array}$$

k)
$$- \begin{array}{r} 875\ 321\ 662\ 743 \\ 617\ 844\ 333\ 586 \end{array}$$

l)
$$- \begin{array}{r} 472\ 313\ 819\ 546 \\ 258\ 313\ 914\ 216 \end{array}$$

Adición

Aprendizaje esperado. Resuelve problemas de suma y resta con números naturales, decimales y fracciones.

1. Resuelve el crucigrama.

Horizontal
3. 489 384 + 739 353 =
5. 2 789 + 1 910 =

Vertical
1. 678 + 579 =
2. 3 433 + 188 =
4. 2 837 + 73 829 =

Sustracción

Aprendizaje esperado. Resuelve problemas de suma y resta con números naturales, decimales y fracciones.

1. Resuelve el crucigrama.

Horizontal
1. 35 261 – 29 747 =
5. 713 812 635 – 625 315 781 =

Vertical
2. 384 362 817 – 343 853 749 =
3. 256 632 – 173 981 =
4. 93 628 – 61 634 =

Cálculo mental

Aprendizaje esperado. Resuelve problemas de suma y resta con números naturales, decimales y fracciones.

1. **Resuelve las siguientes operaciones lo más rápido posible sin usar calculadora o el lápiz.**

   a) $30 + 30 - 40 + 60$ = _____

   b) $2.5 + 2.5$ = _____

   c) $150 - 50 + 300$ = _____

   d) ____ $+ 15 - 10$ = 20

   e) $20.25 - 10.25$ = _____

   f) $75 + 25$ = _____

   g) $90 - 45$ = _____

   h) $30 +$ ____ $+ 35$ = 95

   i) $145 + 25 - 60$ = _____

   j) $60.20 + 40.75$ = _____

Ubicación temporal

Aprendizaje esperado. Lee, interpreta y diseña planos y mapas para comunicar oralmente o por escrito la ubicación de seres, objetos y trayectos.

1. **Observa la línea del tiempo y comenta con tus compañeros cómo ha cambiado el diseño y el uso de las computadoras a través de seis décadas.**

| 1950 | 1960 | 1970 | 1980 | 1990 | 2000 |

2. **Responde.**

   a) ¿Cómo son las computadoras que hay en tu casa y en la escuela? ¿Se parecen a alguna de la ilustración? Descríbelas.

   > Una línea del tiempo es una relación cronológica que permite ubicar sucesos ocurridos en cierto intervalo de tiempo.

   _____

   b) ¿Cómo imaginas que serán las computadoras dentro de 10 o 20 años?

   _____

3. **Ordena, en la línea del tiempo, los nombres de los presidentes de México. (En algunas décadas podrás poner a dos presidentes).**

   > Miguel de la Madrid   Gustavo Díaz Ordaz   Felipe Calderón Hinojosa   José López Portillo
   > Vicente Fox Quesada   Carlos Salinas de Gortari   Ernesto Zedillo Ponce de León
   > Adolfo Ruiz Cortines   Luis Echeverría Álvarez   Adolfo López Mateos

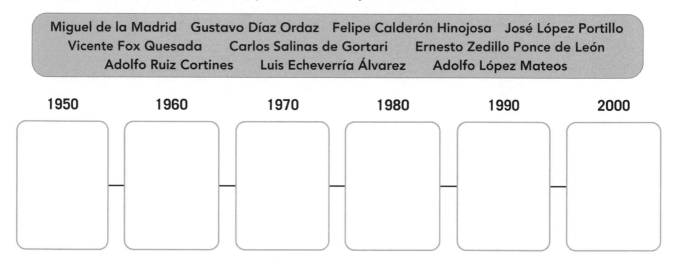

| 1950 | 1960 | 1970 | 1980 | 1990 | 2000 |

4. **De acuerdo con las actividades anteriores y la información del recuadro lateral, responde: ¿para qué sirve una línea del tiempo?**

_____

_____

5. ¿Conoces la historia de tu familia? Elabora una línea del tiempo con hechos importantes que conozcas o puedas investigar con tus abuelos, tíos, primos y papás. Incluye bodas, nacimientos, reuniones especiales y otros acontecimientos relevantes.

1950	1960	1970	1980	1990	2000

6. Observa las dos líneas del tiempo de las actividades 1 y 3. Relaciona esa información con lo que investigaste de tu familia. ¿Qué ocurría con las computadoras? ¿Quién era presidente de México? ¿Qué pasaba en tu familia? Elige dos décadas y completa los textos.

a) Mientras en mi familia _____,

las computadoras eran _____

y en México gobernaba _____.

b) En el periodo que inició en _____, cuando _____

_____ era presidente de México, en mi familia

_____.

En esa época, las computadoras _____.

7. Elabora una línea del tiempo de tu vida.

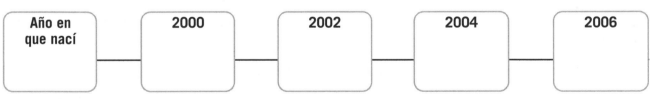

Año en que nací	2000	2002	2004	2006

8. Elabora la línea del tiempo de la vida de algún compañero.

Nombre de mi compañero(a): _____

Año en que nació	2000	2002	2004	2006

9. Intercambien sus trabajos y compárenlos. De los hechos que registraron, ¿cuáles son parecidos?

_____

Repaso

1. Escribe con letra las siguientes cantidades.

a) 6 583 228 711 _____

_____

_____

b) 5 820 671 434 _____

_____

_____

c) 9 236 117 488 _____

_____

_____

d) 10 592 779 424 _____

_____

_____

e) 2 234 498 394 _____

_____

_____

2. **Lee las siguientes cantidades de números decimales y subraya la respuesta correcta.**

a) Cincuenta y cinco enteros dieciséis milésimos.

- 55.16
- 55.016
- 55.00016

b) Ciento cuarenta enteros sesenta y cuatro décimos.

- 104.640
- 140.64
- 140.064

c) Cuatro mil veinte enteros seis décimos.

- 4 020.6
- 4 200.06
- 420.6

d) Diez enteros veinte décimos.

- 10.200
- 10.20
- 100.20

3. Se llevó a cabo una encuesta a algunos alumnos de primaria sobre las asignaturas que les gustan más y se obtuvo la siguiente gráfica:

Asignaturas

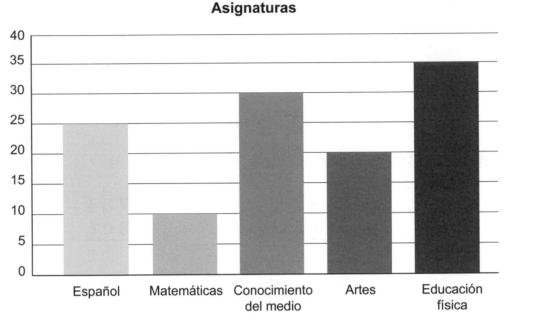

a) ¿A cuántos alumnos se les aplicó la encuesta? _____

b) ¿Cuántos alumnos prefieren Educación física? _____

c) Expresa en fracción cuantos alumnos prefieren Matemáticas. _____

4. Escribe con letra las siguientes cantidades.

a) DXI _____

b) LXXVI _____

c) XXXV _____

5. Completa las siguientes frases con las palabras del recuadro.

Los números _____ se crearon para medir

el _____ y se basan en un _____

_____, es decir, de veinte en _____.

Para su escritura usaron _____ símbolos básicos, y con las diferentes

combinaciones de éstos y su suma se obtiene la numeración del 0 al 19.

Multiplicaciones

Aprendizaje esperado. Resuelve problemas de multiplicación con fracciones y decimales, con multiplicador número natural, y de división con cociente o divisores naturales

> La **multiplicación** es la operación por la cual un mismo número se suma repetidamente, es decir, la multiplicación es una suma abreviada.

1. Realiza las siguientes multiplicaciones.

a)
$$\begin{array}{r} 640 \\ \times\ 325 \\ \hline \end{array}$$

b)
$$\begin{array}{r} 351 \\ \times\ 642 \\ \hline \end{array}$$

c)
$$\begin{array}{r} 784 \\ \times\ 306 \\ \hline \end{array}$$

d)
$$\begin{array}{r} 785 \\ \times\ 123 \\ \hline \end{array}$$

e)
$$\begin{array}{r} 315 \\ \times\ 222 \\ \hline \end{array}$$

f)
$$\begin{array}{r} 174 \\ \times\ 961 \\ \hline \end{array}$$

g)
$$\begin{array}{r} 419 \\ \times\ 742 \\ \hline \end{array}$$

h)
$$\begin{array}{r} 985 \\ \times\ 231 \\ \hline \end{array}$$

i)
$$\begin{array}{r} 384 \\ \times\ 791 \\ \hline \end{array}$$

j)
$$\begin{array}{r} 534 \\ \times\ 127 \\ \hline \end{array}$$

k)
$$\begin{array}{r} 678 \\ \times\ 249 \\ \hline \end{array}$$

l)
$$\begin{array}{r} 936 \\ \times\ 451 \\ \hline \end{array}$$

2. Resuelve las siguientes multiplicaciones, después ayuda a Rufo a encontrar el camino correcto a su casa.

a)
$$\begin{array}{r} 380 \\ \times\ 240 \\ \hline \end{array}$$

b)
$$\begin{array}{r} 642 \\ \times\ 963 \\ \hline \end{array}$$

c)
$$\begin{array}{r} 692 \\ \times\ 155 \\ \hline \end{array}$$

d)
$$\begin{array}{r} 637 \\ \times\ 648 \\ \hline \end{array}$$

e)
$$\begin{array}{r} 107 \\ \times\ 231 \\ \hline \end{array}$$

f)
$$\begin{array}{r} 605 \\ \times\ 219 \\ \hline \end{array}$$

g)
$$\begin{array}{r} 532 \\ \times\ 614 \\ \hline \end{array}$$

h)
$$\begin{array}{r} 881 \\ \times\ 347 \\ \hline \end{array}$$

i)
$$\begin{array}{r} 174 \\ \times\ 239 \\ \hline \end{array}$$

j)
$$\begin{array}{r} 567 \\ \times\ 310 \\ \hline \end{array}$$

k)
$$\begin{array}{r} 238 \\ \times\ 675 \\ \hline \end{array}$$

l)
$$\begin{array}{r} 495 \\ \times\ 327 \\ \hline \end{array}$$

m)
$$\begin{array}{r} 555 \\ \times\ 642 \\ \hline \end{array}$$

n)
$$\begin{array}{r} 102 \\ \times\ 197 \\ \hline \end{array}$$

o)
$$\begin{array}{r} 397 \\ \times\ 441 \\ \hline \end{array}$$

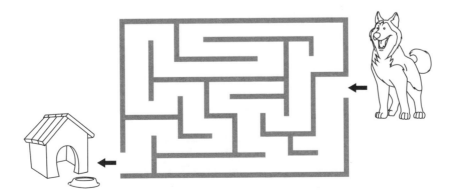

Agregar ceros

Aprendizaje esperado. Resuelve problemas de multiplicación con fracciones y decimales, con multiplicador número natural, y de división con cociente o divisores naturales.

> Para multiplicar por 10, por 100 y por 1000 de forma simplificada, sólo necesitas agregar el número de ceros que te indica la cantidad. Por ejemplo, por 10 agregas un cero, por 100 agregas 2 ceros y así sucesivamente.

1. **Encuentra el número por el que se multiplicó para obtener el resultado y colorea de rojo el cuadro si multiplicaste por 10, de azul si multiplicaste por 100 y de amarillo si multiplicaste por 1 000.**

   $365 \times \boxed{} = 3\,650$ $28 \times \boxed{} = 28\,000$ $500 \times \boxed{} = 50\,000$

2. **Expresa la primera multiplicación con una suma.**

   _____

3. **Completa esta analogía: 3 650 es a _____ , como a _____ unidades.**

4. **Resuelve los siguientes problemas.**

   a) Pedro tiene 10 veces más canicas que Gerardo. Si Gerardo tiene 78, ¿cuántas canicas tiene Pedro? _____

   b) Si la cantidad de dinero que tiene ahorrada la mamá de Daniela es 1 000 veces el número de las canicas que tiene Gerardo, ¿cuánto dinero tiene ahorrado la mamá de Daniela? _____

5. **En equipos plantea una estrategia para multiplicar de forma rápida. Escribe el proceso.**

   a) $420 \times 12 =$ _____

   _____

   b) $28 \times 15 =$ _____

   _____

Prismas y pirámides

Aprendizaje esperado. Construye prismas y pirámides rectos cuya base sea un rectángulo o un triángulo a partir de su desarrollo plano.

> Las caras laterales de los prismas son siempre paralelogramos iguales, mientras que las de las pirámides son triángulos iguales. Las caras basales tanto de prismas como de pirámides son siempre polígonos.

1. Escribe en la tabla las semejanzas y las diferencias que existen entre prismas y pirámides.

	Pirámide	Prisma
Semejanzas		
Diferencias		

2. Completa las oraciones con la palabra que corresponda.

a) Un cuerpo que tiene _____ caras cuadradas y _____ caras rectangulares se llama prisma cuadrangular.

b) El prisma triangular tiene _____ caras triangulares y _____ caras rectangulares.

c) El cuerpo geométrico que tiene _____ caras _____ se conoce como tetraedro.

d) El cuerpo geométrico que tiene _____ caras _____ se llama cubo.

> La altura del prisma es la distancia entre las bases. La altura de la pirámide es la distancia del vértice a la base.

Prismas, cilindros y pirámides

Aprendizaje esperado. Construye prismas y pirámides rectos cuya base sea un rectángulo o un triángulo a partir de su desarrollo plano.

1. Relaciona con líneas el desarrollo plano con su cuerpo geométrico correspondiente.

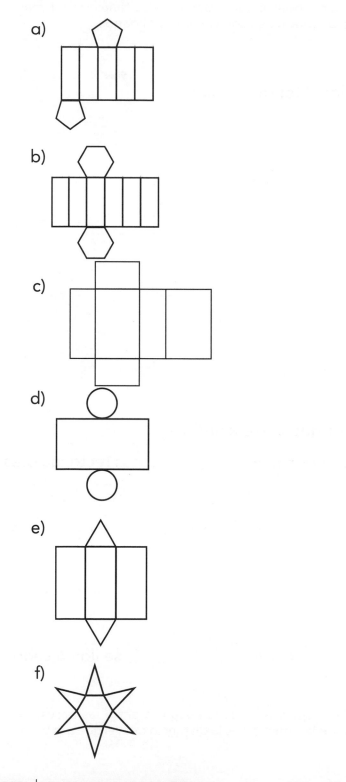

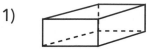

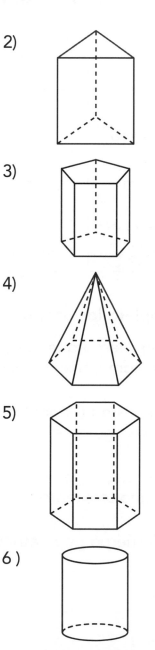

a)

b)

c)

d)

e)

f)

1)

2)

3)

4)

5)

6)

2. Identifica los siguientes cuerpos geométricos y relaciona las columnas.

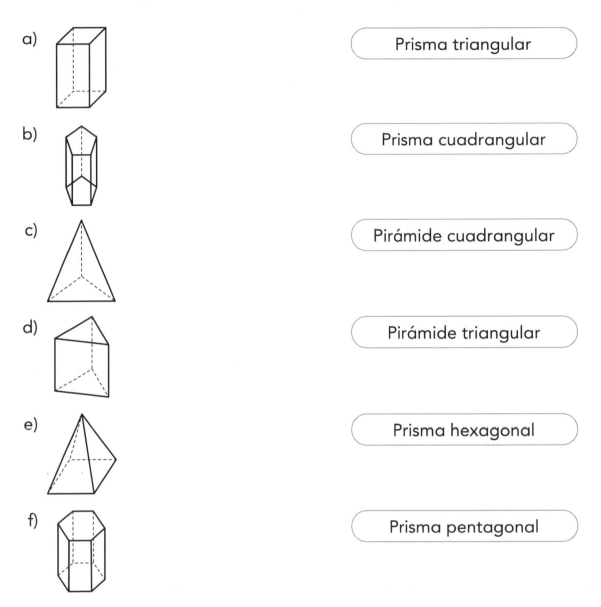

a)

Prisma triangular

b)

Prisma cuadrangular

c)

Pirámide cuadrangular

d)

Pirámide triangular

e)

Prisma hexagonal

f)

Prisma pentagonal

3. Responde las siguientes preguntas.

a) ¿Cuál es la diferencia entre un prisma y una pirámide?

_____

_____

_____

b) ¿Será lo mismo sacar el área de un polígono regular, de un prisma o de una pirámide con los mismos lados? Justifica tu respuesta.

_____

_____

4. Escribe debajo de cada uno de los desarrollos planos a cuál cuerpo geométrico corresponde. Fíjate en el ejemplo.

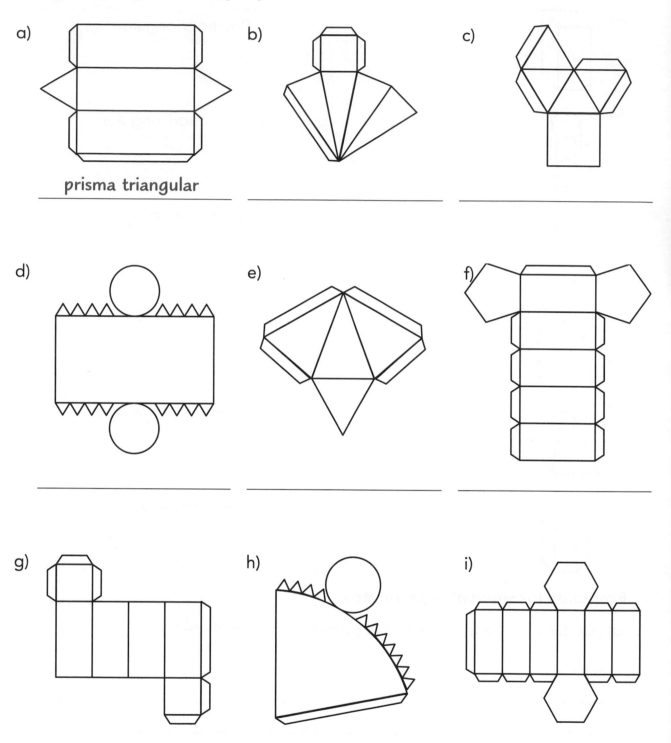

a) prisma triangular

b)

c)

d)

e)

f)

g)

h)

i)

Potencias

Aprendizaje esperado. Resuelve problemas de multiplicación con fracciones y decimales, con multiplicador número natural, y de división con cociente o divisores naturales.

> Las potencias son el producto que resulta de multiplicar una misma cantidad una o varias veces.
>
> **Ejemplo**: $5^3 = 5 \times 5 \times 5 = 125$

1. Resuelve las siguientes potencias.

a) 4^2 = _____

b) 7^2 = _____

c) 3^2 = _____

d) 9^2 = _____

e) 6^2 = _____

f) 2^2 = _____

g) 12^2 = _____

h) 10^2 = _____

i) 8^2 = _____

j) 11^2 = _____

k) 5^2 = _____

l) 2^3 = _____

m) 5^3 = _____

n) 8^3 = _____

o) 4^3 = _____

p) 7^3 = _____

q) 3^3 = _____

r) 1^3 = _____

s) 6^3 = _____

t) 10^3 = _____

u) 9^3 = _____

Multiplicaciones con números decimales

Aprendizaje esperado. Resuelve problemas de multiplicación con fracciones y decimales, con multiplicador número natural, y de división con cociente o divisores naturales.

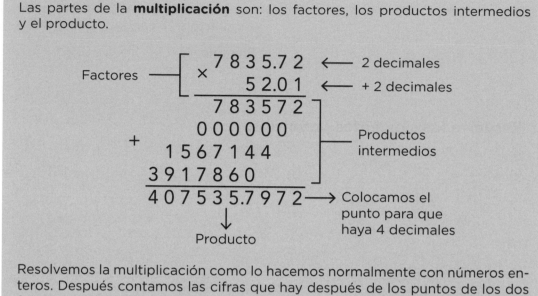

1. **Resuelve las siguientes multiplicaciones.**

a)
$$\times \begin{array}{r} 128.34 \\ 314.35 \end{array}$$

b)
$$\times \begin{array}{r} 174.83 \\ 130.14 \end{array}$$

c)
$$\times \begin{array}{r} 651.62 \\ 702.31 \end{array}$$

d)
$$\times \begin{array}{r} 381.74 \\ 253.91 \end{array}$$

e)
$$\times \begin{array}{r} 174.8 \\ 189.73 \end{array}$$

f)
$$\times \begin{array}{r} 836.52 \\ 704.39 \end{array}$$

g)
$$\times \begin{array}{r} 364.42 \\ 516.13 \end{array}$$

h)
$$\times \begin{array}{r} 719.30 \\ 537.42 \end{array}$$

i)
$$\times \begin{array}{r} 348.31 \\ 612.4 \end{array}$$

2. Realiza las siguientes multiplicaciones.

a)
$$\times \begin{array}{r} 927.87 \\ 431.3 \end{array}$$

b)
$$\times \begin{array}{r} 651.81 \\ 353.72 \end{array}$$

c)
$$\times \begin{array}{r} 714.82 \\ 278.41 \end{array}$$

d)
$$\times \begin{array}{r} 385.36 \\ 613.80 \end{array}$$

e)
$$\times \begin{array}{r} 714.63 \\ 212.13 \end{array}$$

f)
$$\times \begin{array}{r} 563.32 \\ 174.68 \end{array}$$

g)
$$\times \begin{array}{r} 455.81 \\ 312.75 \end{array}$$

h)
$$\times \begin{array}{r} 317.88 \\ 632.88 \end{array}$$

i)
$$\times \begin{array}{r} 448.30 \\ 315.27 \end{array}$$

3. Realiza las siguientes multiplicaciones.

a)
$$\times \begin{array}{r} 2\,3\,4\,5 \\ 6\,4\,5 \end{array}$$

b)
$$\times \begin{array}{r} 6\,4\,8\,8 \\ 5\,6\,6\,4 \end{array}$$

c)
$$\times \begin{array}{r} 7\,8\,9\,1 \\ 4\,3\,5 \end{array}$$

d)
$$\times \begin{array}{r} 3\,7\,1\,7 \\ 2.8\,3 \end{array}$$

e)
$$\times \begin{array}{r} 2\,6\,3\,5 \\ 1\,5\,9 \end{array}$$

f)
$$\times \begin{array}{r} 3\,5\,8\,3 \\ 5\,2\,5 \end{array}$$

g)
$$\times \begin{array}{r} 3\,4\,5.2\,7 \\ 6\,8\,2.5\,3 \end{array}$$

h)
$$\times \begin{array}{r} 7\,6\,2.7\,0 \\ 3\,5\,1.5\,4 \end{array}$$

i)
$$\times \begin{array}{r} 3\,7\,9.3\,4 \\ 5\,8\,1.2\,2 \end{array}$$

Divisiones

Aprendizaje esperado. Resuelve problemas de multiplicación con fracciones y decimales, con multiplicador número natural, y de división con cociente o divisores naturales.

> La división es la operación matemática por la cual se descompone un número. Al dividir obtenemos la cantidad de veces que aparece un número en otro.

1. Resuelve las siguientes divisiones.

a) $685 \overline{)38127}$

b) $471 \overline{)64283}$

c) $781 \overline{)38432}$

d) $349 \overline{)78253}$

e) $125 \overline{)49715}$

f) $385 \overline{)82845}$

g) $451 \overline{)72474}$

h) $228 \overline{)35992}$

i) $699 \overline{)48553}$

2. Resuelve las siguientes divisiones.

a) $24\,\overline{)1\,782}$

b) $56\,\overline{)4\,873}$

c) $70\,\overline{)2\,552}$

d) $69\,\overline{)4\,215}$

e) $44\,\overline{)9\,729}$

f) $29\,\overline{)4\,362}$

g) $80\,\overline{)5\,624}$

h) $23\,\overline{)4\,640}$

i) $66\,\overline{)9\,304}$

3. Resuelve las divisiones.

a) $702 \overline{\smash{)}53524}$

b) $481 \overline{\smash{)}72834}$

c) $805 \overline{\smash{)}2071}$

d) $349 \overline{\smash{)}97004}$

e) $742 \overline{\smash{)}83800}$

f) $177 \overline{\smash{)}31148}$

g) $735 \overline{\smash{)}39135}$

h) $814 \overline{\smash{)}54933}$

i) $881 \overline{\smash{)}92734}$

División con números decimales

Aprendizaje esperado. Resuelve problemas de multiplicación con fracciones y decimales, con multiplicador número natural, y de división con cociente o divisores naturales.

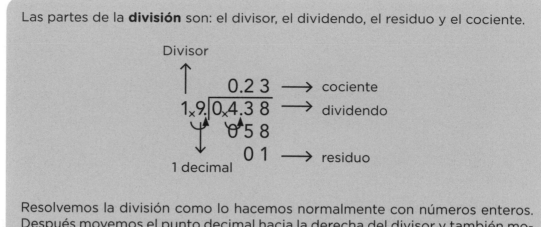

Las partes de la **división** son: el divisor, el dividendo, el residuo y el cociente.

Resolvemos la división como lo hacemos normalmente con números enteros. Después movemos el punto decimal hacia la derecha del divisor y también movemos el punto decimal del dividendo la misma cantidad de lugares.

1. Resuelve las siguientes divisiones.

a) $71.4\overline{)686.3}$

b) $3.17\overline{)711.5}$

c) $62.5\overline{)358.4}$

d) $83.8\overline{)673.6}$

e) $4.15\overline{)373.2}$

f) $52.2\overline{)453.3}$

g) $17.1\overline{)623.1}$

h) $20.8\overline{)838.4}$

i) $8.19\overline{)278.9}$

2. Resuelve las divisiones.

a) $52.4\overline{)748.3}$

b) $85.6\overline{)976.8}$

c) $33.4\overline{)703.9}$

d) $35.8\overline{)632.5}$

e) $48.9\overline{)248.7}$

f) $77.4\overline{)561.4}$

g) $91.7\overline{)186.4}$

h) $37.7\overline{)797.6}$

i) $25.9\overline{)364.3}$

3. Resuelve las divisiones, expresa el cociente agregando números decimales. Después une cada división con su cociente. Fíjate en el ejemplo.

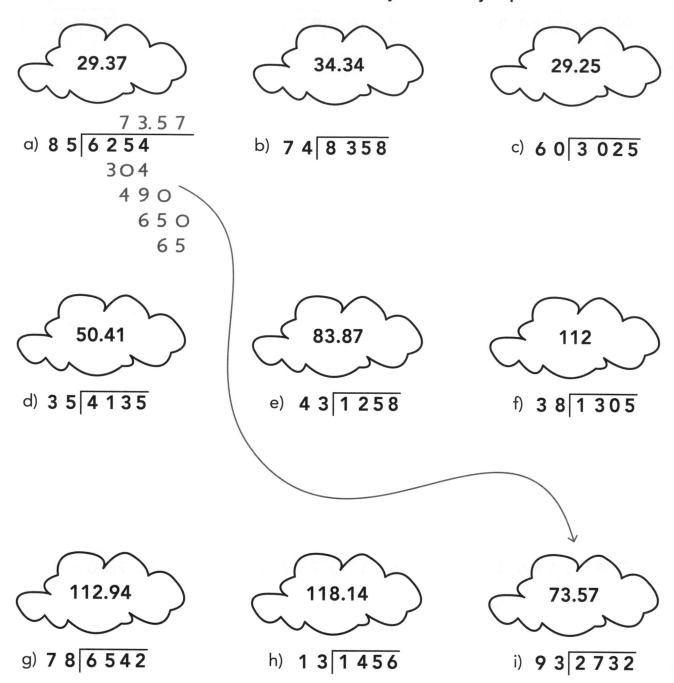

29.37

34.34

29.25

a)
```
        7 3. 5 7
  8 5 | 6 2 5 4
        3 0 4
          4 9 0
            6 5 0
              6 5
```

b) $7\,4\,|\,8\,3\,5\,8$

c) $6\,0\,|\,3\,0\,2\,5$

50.41

83.87

112

d) $3\,5\,|\,4\,1\,3\,5$

e) $4\,3\,|\,1\,2\,5\,8$

f) $3\,8\,|\,1\,3\,0\,5$

112.94

118.14

73.57

g) $7\,8\,|\,6\,5\,4\,2$

h) $1\,3\,|\,1\,4\,5\,6$

i) $9\,3\,|\,2\,7\,3\,2$

Raíz cuadrada

Aprendizaje esperado. Resuelve problemas de multiplicación con fracciones y decimales, con multiplicador número natural, y de división con cociente o divisores naturales.

> La raíz cuadrada es la operación matemática que nos permite obtener el número que al ser multiplicado por sí mismo nos da una cantidad determinada. Es lo contrario de elevar un número al cuadrado.
>
> **Ejemplo**: $\sqrt{64} = 8 \ (8^2 = 64)$

1. Resuelve las siguientes raíces cuadradas.

a) $\sqrt{64}$

b) $\sqrt{25}$

c) $\sqrt{144}$

d) $\sqrt{16}$

e) $\sqrt{36}$

f) $\sqrt{100}$

g) $\sqrt{9}$

h) $\sqrt{4}$

i) $\sqrt{81}$

j) $\sqrt{225}$

k) $\sqrt{49}$

l) $\sqrt{121}$

m) $\sqrt{196}$

n) $\sqrt{400}$

o) $\sqrt{169}$

Cálculo mental

Aprendizaje esperado. Resuelve problemas de multiplicación con fracciones y decimales, con multiplicador número natural, y de división con cociente o divisores naturales.

1. Resuelve mentalmente las siguientes operaciones lo más rápido que puedas.

a) 17×5 = _____

b) $\sqrt{9}$ = _____

c) $(8 \times 5) + 19$ = _____

d) $(56 \div 8) + 4 - 7$ = _____

e) 12×12 = _____

f) $5^3 =$ = _____

g) $(15 \div 3) + 5$ = _____

h) $\sqrt{16}$ = _____

i) 11×9 = _____

j) $(13 \times 2) + 7$ = _____

k) 7^2 = _____

l) $(6 \times 7) - 20$ = _____

Fracciones

Aprendizaje esperado. Resuelve problemas de suma y resta con números naturales, decimales y fracciones.

> Una fracción es una parte de un entero, nos indica el número de partes en que se divide un entero. Las **fracciones** y los **decimales** son simplemente dos formas diferentes de expresar el mismo valor, pero ¿cómo convertimos una fracción a decimal? Muy sencillo, solamente tenemos que dividir el numerador entre el denominador.

1. Convierte de fracción a decimal. Fíjate en el ejemplo.

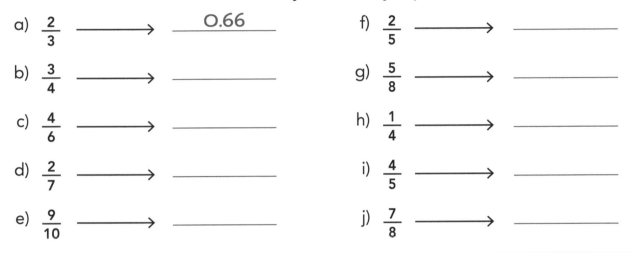

a) $\dfrac{2}{3}$ ⟶ ___0.66___

b) $\dfrac{3}{4}$ ⟶ _____

c) $\dfrac{4}{6}$ ⟶ _____

d) $\dfrac{2}{7}$ ⟶ _____

e) $\dfrac{9}{10}$ ⟶ _____

f) $\dfrac{2}{5}$ ⟶ _____

g) $\dfrac{5}{8}$ ⟶ _____

h) $\dfrac{1}{4}$ ⟶ _____

i) $\dfrac{4}{5}$ ⟶ _____

j) $\dfrac{7}{8}$ ⟶ _____

> Para convertir de **decimal** a **fracción**, simplemente tomamos la parte decimal y la colocamos como el numerador de la fracción y para nuestro denominador utilizamos 10, 100, 1000,... de acuerdo con la cantidad de dígitos que tenga nuestro decimal, es decir, si tiene 1 dígito usamos 10, dos dígitos 100, y así sucesivamente. Por tanto, la cantidad de ceros en el denominador depende de la cantidad de dígitos en el decimal.

2. Convierte de decimal a fracción y reduce a su mínima expresión. Fíjate en el ejemplo.

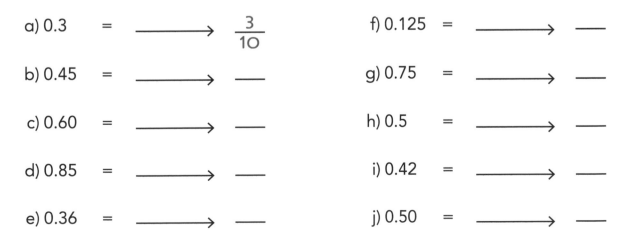

a) 0.3 = ⟶ $\dfrac{3}{10}$

b) 0.45 = ⟶ ___

c) 0.60 = ⟶ ___

d) 0.85 = ⟶ ___

e) 0.36 = ⟶ ___

f) 0.125 = ⟶ ___

g) 0.75 = ⟶ ___

h) 0.5 = ⟶ ___

i) 0.42 = ⟶ ___

j) 0.50 = ⟶ ___

Fracciones equivalentes

Aprendizaje esperado. Resuelve problemas de suma y resta con números naturales, decimales y fracciones.

> Las fracciones equivalentes tienen el mismo valor, aunque sean diferentes.
>
> **Ejemplo**: $\frac{1}{2} = \frac{2}{4}$. Debido a que su valor decimal es el mismo: $\frac{1}{2} = 0.5$, mientras que $\frac{2}{4} = 0.5$ también.

1. **Relaciona las columnas con la respuesta correspondiente. Fíjate en el ejemplo.**

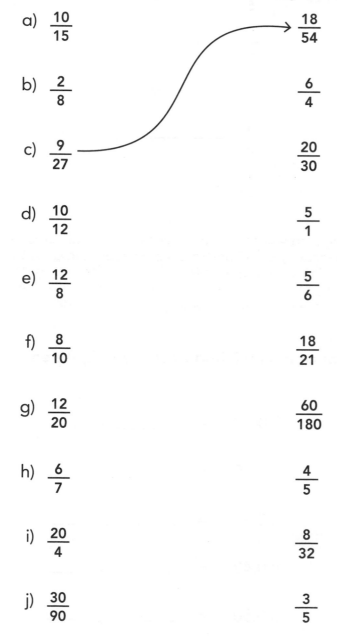

a) $\dfrac{10}{15}$ $\dfrac{18}{54}$

b) $\dfrac{2}{8}$ $\dfrac{6}{4}$

c) $\dfrac{9}{27}$ $\dfrac{20}{30}$

d) $\dfrac{10}{12}$ $\dfrac{5}{1}$

e) $\dfrac{12}{8}$ $\dfrac{5}{6}$

f) $\dfrac{8}{10}$ $\dfrac{18}{21}$

g) $\dfrac{12}{20}$ $\dfrac{60}{180}$

h) $\dfrac{6}{7}$ $\dfrac{4}{5}$

i) $\dfrac{20}{4}$ $\dfrac{8}{32}$

j) $\dfrac{30}{90}$ $\dfrac{3}{5}$

> No te dejes engañar por las apariencias, analiza bien cada una de las fracciones para relacionarlas de manera correcta.

2. Encierra en un círculo la fracción equivalente.

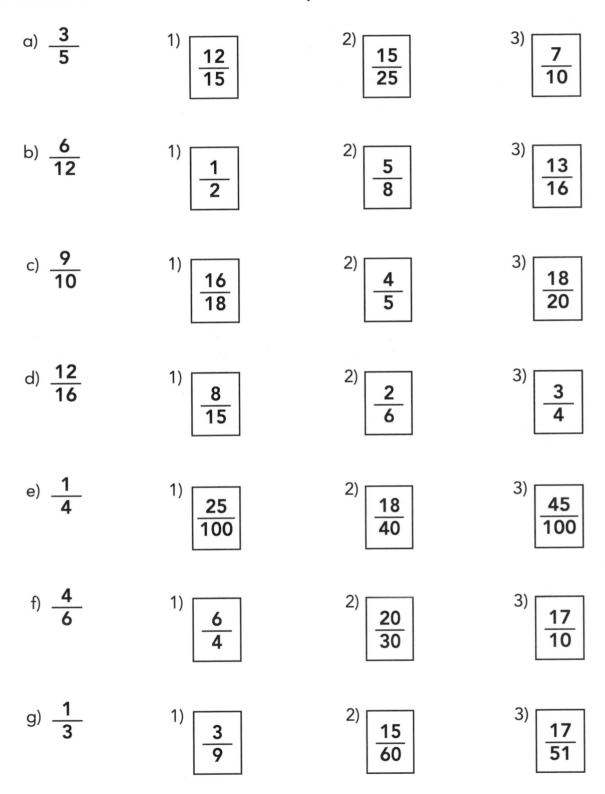

a) $\dfrac{3}{5}$ 1) $\dfrac{12}{15}$ 2) $\dfrac{15}{25}$ 3) $\dfrac{7}{10}$

b) $\dfrac{6}{12}$ 1) $\dfrac{1}{2}$ 2) $\dfrac{5}{8}$ 3) $\dfrac{13}{16}$

c) $\dfrac{9}{10}$ 1) $\dfrac{16}{18}$ 2) $\dfrac{4}{5}$ 3) $\dfrac{18}{20}$

d) $\dfrac{12}{16}$ 1) $\dfrac{8}{15}$ 2) $\dfrac{2}{6}$ 3) $\dfrac{3}{4}$

e) $\dfrac{1}{4}$ 1) $\dfrac{25}{100}$ 2) $\dfrac{18}{40}$ 3) $\dfrac{45}{100}$

f) $\dfrac{4}{6}$ 1) $\dfrac{6}{4}$ 2) $\dfrac{20}{30}$ 3) $\dfrac{17}{10}$

g) $\dfrac{1}{3}$ 1) $\dfrac{3}{9}$ 2) $\dfrac{15}{60}$ 3) $\dfrac{17}{51}$

Suma de fracciones

Aprendizaje esperado. Resuelve problemas de suma y resta con números naturales, decimales y fracciones.

Obtén el mínimo común múltiplo de los denominadores para tener denominador en el resultado.

$$
\begin{array}{cc|c}
5, & 8 & 5 \\
\hline
1 & 8 & 2 \\
& 4 & 2 \\
& 2 & 2 \\
& 1 &
\end{array}
\qquad \text{m.c.m.} = (5)(2)(2)(2) = 40
$$

Divide el denominador del resultado entre el primer denominador y multiplícalo por el numerador. Después haz lo mismo con el segundo denominador y numerador. Finalmente, se suman las fracciones y si el resultado es una fracción impropia se convierte a fracción mixta. Reduce el resultado hasta la mínima expresión.

Finalmente, se suman las fracciones y si el resultado es una fracción impropia se convierte a fracción mixta. Reduce el resultado hasta la mínima expresión.

1. **Realiza las siguientes sumas de fracciones y reduce a su mínima expresión. Guíate en el ejemplo.**

a) $\dfrac{2}{5} + \dfrac{7}{8} = \dfrac{16+35}{40} = \dfrac{51}{40} = 1\dfrac{11}{40}$

f) $\dfrac{5}{6} + \dfrac{1}{4} =$

b) $\dfrac{7}{10} + \dfrac{5}{16} =$

g) $\dfrac{2}{5} + \dfrac{3}{10} =$

c) $\dfrac{1}{2} + \dfrac{6}{7} =$

h) $\dfrac{3}{4} + \dfrac{1}{6} =$

d) $\dfrac{3}{4} + \dfrac{3}{4} =$

i) $\dfrac{2}{3} + \dfrac{5}{7} =$

e) $\dfrac{1}{4} + \dfrac{1}{8} =$

j) $\dfrac{1}{3} + \dfrac{2}{5} =$

2. Resuelve las siguientes sumas de fracciones y reduce a su mínima expresión.

a) $\dfrac{1}{2} + \dfrac{14}{4} =$

f) $\dfrac{6}{9} + \dfrac{21}{3} =$

b) $\dfrac{5}{2} + \dfrac{1}{6} =$

g) $\dfrac{4}{3} + \dfrac{8}{8} =$

c) $\dfrac{5}{3} + \dfrac{3}{5} =$

h) $\dfrac{4}{3} + \dfrac{7}{6} =$

d) $\dfrac{10}{8} + \dfrac{1}{4} =$

i) $\dfrac{2}{4} + \dfrac{9}{2} =$

e) $\dfrac{16}{3} + \dfrac{11}{4} =$

j) $\dfrac{3}{6} + \dfrac{9}{8} =$

3. Une las sumas de fracciones con su resultado. Observa el ejemplo.

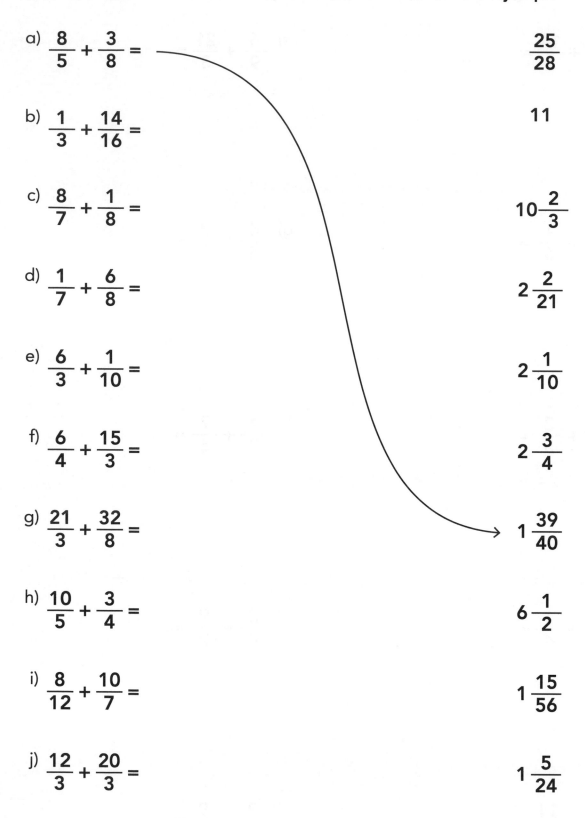

a) $\dfrac{8}{5} + \dfrac{3}{8} =$ $\dfrac{25}{28}$

b) $\dfrac{1}{3} + \dfrac{14}{16} =$ 11

c) $\dfrac{8}{7} + \dfrac{1}{8} =$ $10\dfrac{2}{3}$

d) $\dfrac{1}{7} + \dfrac{6}{8} =$ $2\dfrac{2}{21}$

e) $\dfrac{6}{3} + \dfrac{1}{10} =$ $2\dfrac{1}{10}$

f) $\dfrac{6}{4} + \dfrac{15}{3} =$ $2\dfrac{3}{4}$

g) $\dfrac{21}{3} + \dfrac{32}{8} =$ $1\dfrac{39}{40}$

h) $\dfrac{10}{5} + \dfrac{3}{4} =$ $6\dfrac{1}{2}$

i) $\dfrac{8}{12} + \dfrac{10}{7} =$ $1\dfrac{15}{56}$

j) $\dfrac{12}{3} + \dfrac{20}{3} =$ $1\dfrac{5}{24}$

Resta de fracciones

Aprendizaje esperado. Resuelve problemas de suma y resta con números naturales, decimales y fracciones.

Sacar el m.c.m. de los denominadores para tener denominador de resultado.

$$5, \ 7 \ | \ 5 \quad \text{m.c.m.} = 5 \times 7 = 35$$
$$1 \ \ 7 \ | \ 7$$
$$1 \ \ |$$

Dividir el denominador del resultado entre el primer denominador y multiplicarlo por el numerador. Después, hacer lo mismo con el segundo denominador y numerador. Finalmente, se restan las fracciones y si el resultado es una fracción impropia se convierte a fracción mixta. ¡Recuerda simplificar tus resultados!

$$\frac{4}{5} - \frac{1}{7} = \frac{28 - 5}{35} = \frac{23}{35}$$

1. **Realiza las siguientes restas de fracciones y reduce a su mínima expresión. Guíate en el ejemplo.**

a) $\dfrac{4}{5} - \dfrac{1}{8} = \dfrac{32}{40} - \dfrac{5}{40} = \dfrac{27}{40}$

f) $\dfrac{4}{3} - \dfrac{2}{5} =$

b) $\dfrac{6}{8} - \dfrac{3}{8} =$

g) $\dfrac{9}{4} - \dfrac{2}{6} =$

c) $\dfrac{2}{3} - \dfrac{4}{7} =$

h) $\dfrac{2}{3} - \dfrac{2}{5} =$

d) $\dfrac{3}{10} - \dfrac{1}{12} =$

i) $\dfrac{11}{3} - \dfrac{11}{6} =$

e) $\dfrac{9}{15} - \dfrac{3}{8} =$

j) $\dfrac{13}{6} - \dfrac{5}{4} =$

2. Resuelve las siguientes restas de fracciones y reduce a su mínima expresión

a) $\dfrac{9}{5} - \dfrac{1}{3} - \dfrac{3}{5} =$

f) $\dfrac{4}{2} - \dfrac{3}{5} - \dfrac{2}{9} =$

b) $\dfrac{7}{2} - \dfrac{7}{8} - \dfrac{1}{6} =$

g) $\dfrac{9}{6} - \dfrac{7}{9} - \dfrac{2}{3} =$

c) $\dfrac{18}{3} - \dfrac{5}{7} - \dfrac{3}{3} =$

h) $\dfrac{3}{2} - \dfrac{7}{8} - \dfrac{1}{10} =$

d) $\dfrac{4}{1} - \dfrac{2}{3} - \dfrac{6}{4} =$

i) $\dfrac{2}{1} - \dfrac{1}{5} - \dfrac{6}{7} =$

e) $\dfrac{12}{6} - \dfrac{3}{8} - \dfrac{4}{3} =$

j) $\dfrac{20}{5} - \dfrac{3}{5} - \dfrac{2}{1} =$

Repaso

1. Elabora las siguientes multiplicaciones.

a)
$$\begin{array}{r} 3\,5\,7\,4 \\ \times\ 6\,8\,4\,3 \\ \hline \end{array}$$

b)
$$\begin{array}{r} 5\,6\,7\,2 \\ \times\ 6\,2\,1\,2 \\ \hline \end{array}$$

c)
$$\begin{array}{r} 7\,6\,4\,1 \\ \times\ 3\,6\,2\,1 \\ \hline \end{array}$$

d)
$$\begin{array}{r} 5\,7\,4\,8 \\ \times\ 1\,4\,3\,2 \\ \hline \end{array}$$

e)
$$\begin{array}{r} 4\,3\,2\,1 \\ \times\ 6\,8\,8\,7 \\ \hline \end{array}$$

f)
$$\begin{array}{r} 3\,5\,0\,2 \\ \times\ 7\,6\,1\,3 \\ \hline \end{array}$$

2. Identifica los siguientes cuerpos geométricos y anota su nombre sobre la línea.

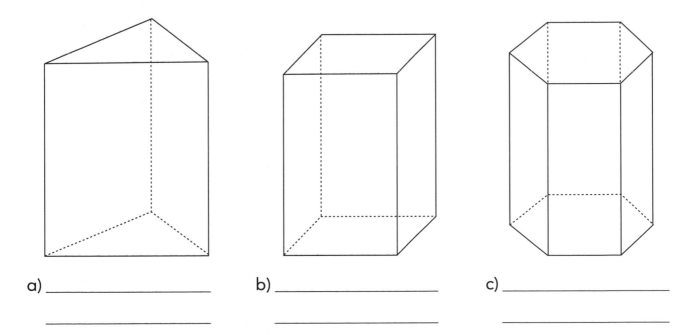

a) _____

b) _____

c) _____

3. Elabora las siguientes divisiones.

a) $4\,3.7\,\overline{)8\,3\,8.3}$

b) $8\,6.8\,\overline{)2\,5\,1.3}$

c) $4\,3.5\,\overline{)9\,3\,4.9}$

d) $5\,4.8\,\overline{)1\,3\,5.4}$

e) $1\,8.8\,\overline{)1\,7\,9.6}$

f) $7\,2.3\,\overline{)2\,8\,3.4}$

4. Completa el crucigrama.

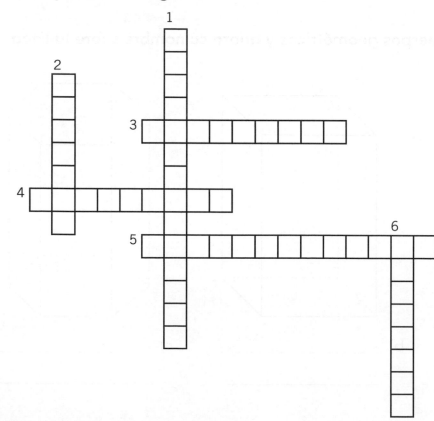

Vertical

1) Operación que consiste en sumar repetidamente una misma cantidad.
2) El número que nos indica las partes en las que se divide un número se llama:
6) Operación que consiste en encontrar la cantidad de veces que cabe un número en otro.

Horizontal

3) El número que se divide se conoce como:
4) Producto que resulta de multiplicar una misma cantidad una o varias veces.
5) Operación que nos permite obtener el número que al ser multiplicado por sí mismo nos da una cantidad determinada.

Multiplicación de fracciones

Aprendizaje esperado. Resuelve problemas de multiplicación con fracciones y decimales, con multiplicador número natural, y de división con cociente o divisores naturales.

> Recuerda que las multiplicaciones de fracciones se realizan multiplicando numerador por numerador, y denominador por denominador. Si el resultado es una fracción impropia se convierte a fracción mixta. ¡Acuérdate de simplificar tus resultados!
>
> $$\frac{5}{6} \times \frac{8}{4} = \frac{40}{24} = 1\frac{16}{24} = 1\frac{2}{3}$$

1. Realiza las siguientes multiplicaciones de fracciones. Fíjate en el ejemplo. No olvides simplificar el resultado y convertir a fracción mixta si es una fracción impropia.

a) $\dfrac{5}{6} \times \dfrac{8}{4} = \dfrac{40}{24} = 1\dfrac{16}{24} = 1\dfrac{2}{3}$

b) $\dfrac{7}{3} \times \dfrac{4}{9} =$

c) $\dfrac{1}{8} \times \dfrac{4}{3} =$

d) $\dfrac{2}{3} \times \dfrac{5}{6} =$

e) $\dfrac{3}{4} \times \dfrac{1}{5} =$

f) $\dfrac{7}{4} \times \dfrac{3}{4} =$

g) $\dfrac{3}{5} \times \dfrac{2}{3} =$

h) $\dfrac{5}{3} \times \dfrac{13}{5} =$

i) $\dfrac{8}{5} \times \dfrac{9}{2} =$

j) $\dfrac{11}{4} \times \dfrac{3}{2} =$

2. Resuelve las siguientes multiplicaciones de fracciones y reduce a su mínima expresión. Expresa el resultado en forma de fracción mixta si es posible.

a) $\dfrac{7}{2} \times \dfrac{7}{4} =$

f) $\dfrac{10}{6} \times \dfrac{7}{2} =$

b) $\dfrac{6}{2} \times \dfrac{8}{2} =$

g) $\dfrac{8}{4} \times \dfrac{2}{2} =$

c) $\dfrac{5}{2} \times \dfrac{4}{8} =$

h) $\dfrac{4}{5} \times \dfrac{8}{1} =$

d) $\dfrac{3}{2} \times \dfrac{2}{10} =$

i) $\dfrac{2}{9} \times \dfrac{9}{6} =$

e) $\dfrac{4}{2} \times \dfrac{3}{3} =$

j) $\dfrac{13}{3} \times \dfrac{3}{6} =$

División de fracciones

Aprendizaje esperado. Resuelve problemas de multiplicación con fracciones y decimales, con multiplicador número natural, y de división con cociente o divisores naturales.

> Recuerda que las divisiones de fracciones consisten en multiplicar cruzado, es decir, el primer numerador por el segundo denominador y el producto se coloca en el numerador del resultado. Y el segundo numerador por el primer denominador y el producto se coloca en el denominador del resultado. Si el resultado es una fracción impropia se convierte a fracción mixta. ¡No olvides simplificar tus resultados!
>
> $$\frac{9}{1} \times \frac{3}{4} = \frac{36}{3} = 12$$

1. **Realiza las siguientes divisiones de fracciones. Guíate en el ejemplo. Simplifica y convierte a fracción mixta si es necesario.**

a) $\dfrac{9}{1} \div \dfrac{3}{4} = \dfrac{36}{3} = 12$

f) $\dfrac{3}{5} \div \dfrac{6}{7} =$

b) $\dfrac{4}{5} \div \dfrac{16}{24} =$

g) $\dfrac{8}{13} \div \dfrac{5}{7} =$

c) $\dfrac{8}{3} \div \dfrac{1}{8} =$

h) $\dfrac{15}{12} \div \dfrac{9}{11} =$

d) $\dfrac{10}{9} \div \dfrac{1}{5} =$

i) $\dfrac{5}{4} \div \dfrac{20}{30} =$

e) $\dfrac{7}{5} \div \dfrac{2}{7} =$

j) $\dfrac{7}{3} \div \dfrac{14}{2} =$

2. Resuelve las siguientes divisiones de fracciones y reduce a su mínima expresión.

a) $\dfrac{9}{3} \div \dfrac{7}{16} =$

f) $\dfrac{25}{30} \div \dfrac{2}{4} =$

b) $\dfrac{7}{8} \div \dfrac{2}{2} =$

g) $\dfrac{3}{9} \div \dfrac{1}{4} =$

c) $\dfrac{8}{9} \div \dfrac{5}{12} =$

h) $\dfrac{15}{18} \div \dfrac{7}{8} =$

d) $\dfrac{2}{9} \div \dfrac{3}{7} =$

i) $\dfrac{8}{15} \div \dfrac{9}{3} =$

e) $\dfrac{4}{3} \div \dfrac{5}{4} =$

j) $\dfrac{12}{7} \div \dfrac{9}{13} =$

Progresiones geométricas y aritméticas

Aprendizaje esperado. Analiza sucesiones de números y de figuras con progresión aritmética y geométrica.

> Una **sucesión** o **progresión geométrica** es una sucesión en la que cada término se obtiene multiplicando al término anterior por un mismo número llamado **razón**. La razón de una progresión geométrica se calcula dividiendo dos términos consecutivos. Ejemplo: en la progresión 5, 15, 45, 135 para conocer la razón, debemos dividir el segundo término entre el primero r = $\frac{a^2}{a^1}$ = $\frac{15}{5}$ = 3
>
> Una **sucesión aritmética** es la sucesión de números consecutivos llamados términos, los cuales están separados por una misma cantidad llamada **diferencia común**. Cada término se obtiene sumando al anterior el mismo número. La diferencia común se obtiene restando el segundo término del primero. Ejemplo: En la sucesión 4, 8, 12 la diferencia se obtiene restando 8 – 4 = 4

1. **Continúa las siguientes sucesiones aritméticas con 10 números más y escribe en el recuadro la diferencia común.**

   a) 2, 5, 8… ⟶ <u>11, 14, 17, 20, 23, 26, 29, 32, 35, 38</u> $\boxed{3}$

   b) 5, 7, 9… ⟶ _____ $\boxed{}$

   c) 21, 30, 39… ⟶ _____ $\boxed{}$

   d) 34, 51, 68… ⟶ _____ $\boxed{}$

   e) 4, 9, 14… ⟶ _____ $\boxed{}$

2. **Continúa las siguientes progresiones geométricas con seis números más y escribe en el recuadro la razón de la progresión.**

   a) 4, 12, 36, 108… ⟶ _____ $\boxed{}$

   b) 4, 20, 100, 500… ⟶ _____ $\boxed{}$

   c) 5, 10, 20, 40… ⟶ _____ $\boxed{}$

   d) 2, 8, 32… ⟶ _____ $\boxed{}$

3. Continúa las siguientes sucesiones de figuras, dibujando en el cuadro la hoja que sigue en cada una. Fíjate en el ejemplo.

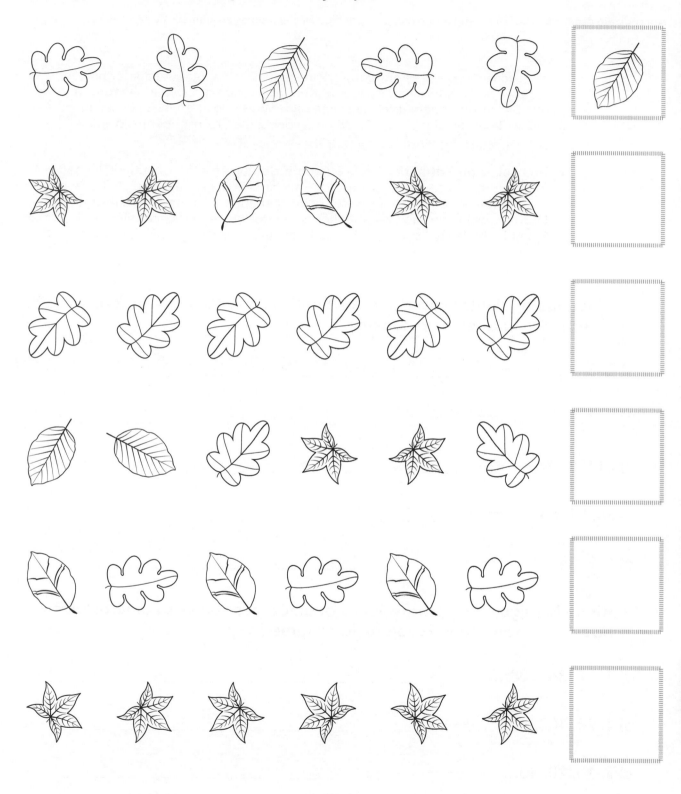

Patrones, figuras geométricas y expresiones equivalentes

Planos y mapas

Aprendizaje esperado. Lee, interpreta y diseña planos y mapas para comunicar oralmente o por escrito la ubicación de seres, objetos y trayectos.

> Un plano es un dibujo mediante el cual representamos un lugar como si lo miráramos desde arriba. Usando planos, podemos representar lugares como una colonia, un club, la escuela, un pueblo o ciudad.

1. **Observa el siguiente mapa y haz lo que se pide, fíjate en el ejemplo.**

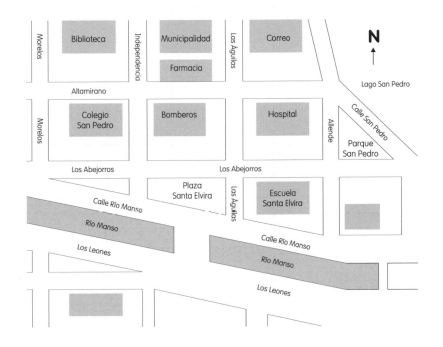

a) ¿Qué hay al norte del Hospital? _El correo_

b) ¿Qué hay al este de los bomberos? _____

c) ¿Qué hay frente a la Plaza Santa Elvira sobre la calle las Águilas? _____

_____

d) ¿Entre qué calles se encuentra la biblioteca? _____

e) Si estás en la Farmacia y quieres ir al parque San Pedro, ¿qué camino debes

seguir? Escribe las instrucciones usando los puntos cardinales y después dibuja

el camino en el mapa. _____

_____

f) Dibuja tu casa en la esquina de las calles de Allende y Río Manso.

El croquis de mi entorno

Aprendizaje esperado. Lee, interpreta y diseña planos y mapas para comunicar oralmente o por escrito la ubicación de seres, objetos y trayectos.

1. Utiliza la siguiente cuadrícula para dibujar un croquis aproximado de tu casa, en el que señales la ubicación de la sala, el comedor, la cocina y cualquier otra habitación que esté en la misma planta de tu casa. Ten en cuenta que 1 cm² de esta cuadrícula representará a 400 cm² de tu hogar.

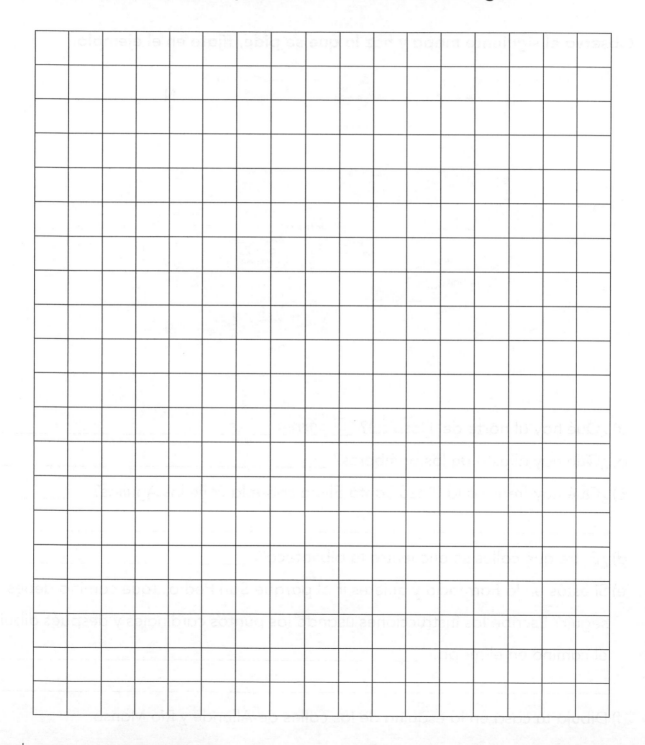

Plano cartesiano

Aprendizaje esperado. Resuelve situaciones que impliquen la ubicación de puntos en el plano cartesiano.

El plano cartesiano consiste en 2 rectas numéricas perpendiculares, una horizontal y otra vertical, que se cortan en un punto llamado origen o cero. Está formado por 4 cuadrantes o áreas y 2 ejes conocidos como: el eje de las abscisas, ubicado de manera horizontal, identificado con la letra X, y el eje de las ordenadas, situado de manera vertical y representado con la letra Y. La finalidad del plano cartesiano es ubicar parejas de puntos llamadas coordenadas, que se forman con un valor X y un valor Y representado como P(X,Y), por ejemplo: P(3,4), el 3 pertenece al eje de las abscisas y, el 4 al eje de las ordenadas.

1. Observa el plano cartesiano y ubica en el plano las coordenadas o escribe las coordenadas a las que corresponden los puntos según se te indique. Fíjate en el ejemplo.

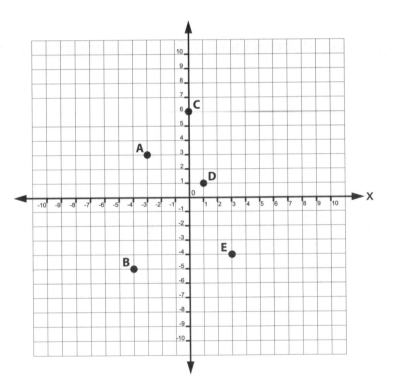

a) Escribe la letra a la que pertenecen las siguientes coordenadas.

- (3, −4) __E__   • (0, 6) _____   • (−4,−5) _____   • (1, 1) _____   • (−3, 3) _____

b) Señala con una cruz las siguientes coordenadas en el plano.

- (5, −4) _____   • (4, 5) _____   • (−6, 7) _____   • (−2, 5) _____   • (6, 8) _____

Polígonos regulares

Aprendizaje esperado. Construye triángulos con regla y compás, traza e identifica sus alturas.

> Se denomina **polígono regular** a un polígono cuyos lados y ángulos interiores son congruentes entre sí.

1. Utiliza tu regla para trazar las siguientes figuras.

a) Traza una figura con 3 lados iguales. Escribe el nombre de la figura.

Figura	Nombre
	_____

b) Traza una figura con 4 lados iguales. Escribe el nombre de la figura.

Figura	Nombre
	_____

c) Traza una figura con 5 lados iguales. Escribe el nombre de la figura.

Figura	Nombre
	_____

d) Traza una figura con 6 lados iguales. Escribe el nombre de la figura.

Figura	Nombre
	_____

e) Traza una figura de 7 lados iguales. Escribe el nombre de la figura.

Figura	Nombre
	_____

f) Traza una figura con 8 lados iguales. Escribe el nombre de la figura.

Figura	Nombre
	_____

g) Traza una figura con 9 lados iguales. Escribe el nombre de la figura.

Figura	Nombre
	_____

h) Traza una figura con 10 lados iguales. Escribe el nombre de la figura.

Figura	Nombre
	_____

i) Traza una figura con 12 lados iguales. Escribe el nombre de la figura.

Figura	Nombre
	_____

Construcciones de triángulos

Aprendizaje esperado. Construye triángulos con regla y compás, traza e identifica sus alturas.

En la construcción de triángulos con precisión se utilizan la regla y el compás. Para construir un triángulo equilátero se realizan los siguientes pasos:

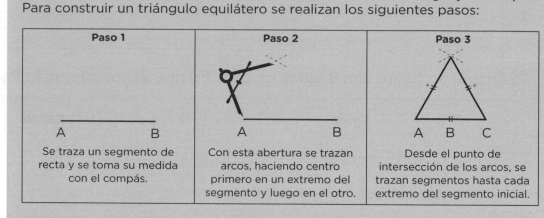

Paso 1	Paso 2	Paso 3
Se traza un segmento de recta y se toma su medida con el compás.	Con esta abertura se trazan arcos, haciendo centro primero en un extremo del segmento y luego en el otro.	Desde el punto de intersección de los arcos, se trazan segmentos hasta cada extremo del segmento inicial.

Para construir un triángulo isósceles, el paso 1 cambia y la abertura del compás se hace mayor que el segmento trazado y se continúa con el paso 2 y 3. Para trazar un triángulo escaleno, primero se traza un arco con la abertura igual al segmento y posteriormente con una abertura diferente; se sigue con el paso 3.

1. **Siguiendo los pasos anteriores, construye con ayuda de tu regla y compás los triángulos que se te piden, utiliza como base el segmento dado.**

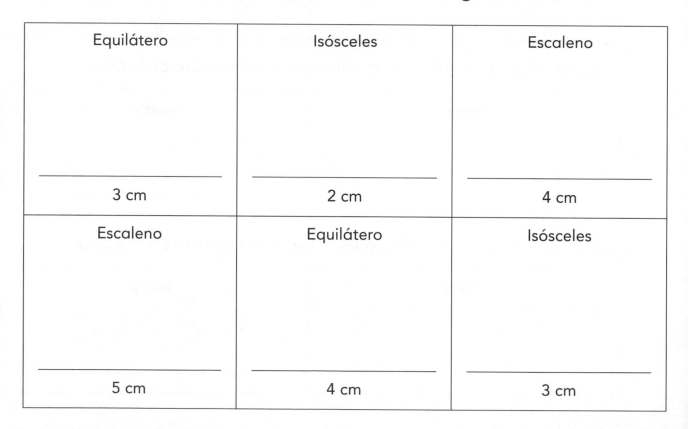

Equilátero	Isósceles	Escaleno
3 cm	2 cm	4 cm
Escaleno	Equilátero	Isósceles
5 cm	4 cm	3 cm

La altura del triángulo

Aprendizaje esperado. Construye triángulos con regla y compás, traza e identifica sus alturas.

La altura de un triángulo es el segmento perpendicular a la base que va desde el vértice opuesto a la base o su prolongación. También puede entenderse como la distancia de un lado al vértice opuesto. Por tanto, todo triángulo tiene tres alturas. Para trazar la altura del triángulo utilizamos la escuadra colocándola de forma que se forme un ángulo recto con la base, y al llegar al vértice opuesto trazamos una línea de éste a la base y así marcamos la altura del triángulo:

1. **Identifica cada triángulo, escribe su nombre y con ayuda de la escuadra traza su altura utilizando como base el lado señalado. Fíjate en el ejemplo.**

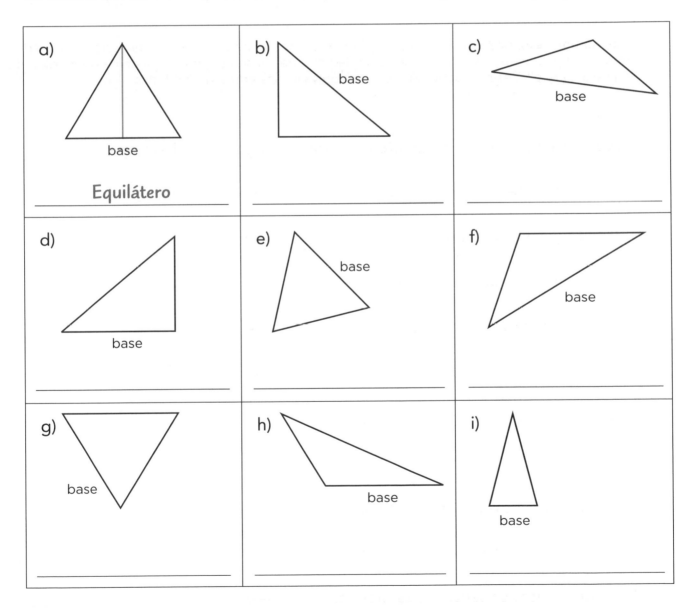

a) Equilátero

b)

c)

d)

e)

f)

g)

h)

i)

Medidas de longitud

Aprendizaje esperado. Calcula y compara el área de triángulos y cuadriláteros mediante su transformación en un rectángulo.

La unidad principal para medir la longitud es el **metro** (**m**).

Múltiplos	Unidad	Submúltiplos
km hm dam	m	dm cm mm

Un decámetro (**dam**) es igual a 10 metros.
Un hectómetro (**hm**) es igual a 100 metros.
Un kilómetro (**km**) es igual a 1000 metros.

Un decímetro (**dm**) es igual a 0.1 metros.
Un centímetro (**cm**) es igual a 0.01 metros.
Un milímetro (**mm**) es igual a 0.001 metros.

Para convertir de una unidad mayor a una menor se multiplica, y para convertir de una unidad menor a una mayor se divide.

Conversión de unidades: Una conversión de unidades consiste en expresar una cierta cantidad de magnitud que está dada en una cierta unidad en otra, ya sea del mismo sistema de medida o en otro. Para ello, es necesario conocer las equivalencias entre las unidades.

1. **Escribe con número las siguientes cantidades. Fíjate en el ejemplo.**

a) Setecientos sesenta y dos metros. $\longrightarrow$ <u>762 m</u>

b) Treinta y cinco kilómetros. $\longrightarrow$ _____

c) Seiscientos cincuenta decímetros. $\longrightarrow$ _____

d) Trescientos noventa y cuatro decámetros. $\longrightarrow$ _____

e) Quinientos treinta y tres hectómetros. $\longrightarrow$ _____

f) Doscientos veinticinco centímetros. $\longrightarrow$ _____

g) Mil milímetros. $\longrightarrow$ _____

h) Novecientos noventa decímetros. $\longrightarrow$ _____

i) Ciento quince centímetros. $\longrightarrow$ _____

j) Cuatrocientos ochenta y tres metros. $\longrightarrow$ _____

Medidas de peso

Aprendizaje esperado. Estima, compara y ordena el volumen de prismas rectos rectangulares mediante el conteo de cubos.

La unidad principal para medir el peso es el **gramo** (**g**).

Múltiplos	Unidad	Submúltiplos
kg hg dag	g	dg cg mg

Un decagramo (**dag**) es igual a 10 g.
Un hectogramo (**hg**) es igual a 100 g.
Un kilogramo (**kg**) es igual a 1000 g.

Un decigramo (**dg**) es igual 0.1 g.
Un centigramo (**cg**) es igual a 0.01 g.
Un miligramo (**mg**) es igual a 0.001 g.

Para hacer conversiones, igual que en todas las medidas del Sistema Métrico Decimal, se multiplica de mayor a menor y se divide de menor a mayor.

La unidad más usada de las medidas de peso es el **kilogramo**.

1. **Escribe con número las siguientes cantidades. Fíjate en el ejemplo.**

a) Ochocientos cuarenta gramos. $\longrightarrow$ <u>840 g</u>

b) Mil cien centigramos. $\longrightarrow$ _____

c) Setenta y nueve kilogramos. $\longrightarrow$ _____

d) Doscientos veinticinco decagramos. $\longrightarrow$ _____

e) Quinientos quince hectogramos. $\longrightarrow$ _____

f) Trescientos treinta miligramos. $\longrightarrow$ _____

g) Novecientos diecisiete decigramos. $\longrightarrow$ _____

h) Cuatrocientos ochenta y cinco decagramos. $\longrightarrow$ _____

i) Seiscientos kilogramos. $\longrightarrow$ _____

j) Tres mil quinientos miligramos. $\longrightarrow$ _____

Medidas de capacidad

Aprendizaje esperado. Estima, compara y ordena el volumen de prismas rectos rectangulares mediante el conteo de cubos.

Las **medidas de capacidad** sirven para medir los líquidos. La unidad principal para medir la capacidad es el **litro** (ℓ).

Múltiplos	Unidad	Submúltiplos
kl hl dal	ℓ	dl cl ml

Un decalitro (**dal**) es igual a 10 litros.
Un hectolitro (**hl**) es igual a 100 litros.
Un kilolitro (**kl**) es igual a 1000 litros.

Un decilitro (**dl**) es igual a 0.1 litros.
Un centilitro (**cl**) es igual a 0.01 litros.
Un mililitro (**ml**) es igual a 0.001 litros.

Para convertir de una unidad mayor a una menor se multiplica, y para convertir de una menor a una mayor se divide.

1. Escribe con número las siguientes cantidades. Fíjate en el ejemplo.

a) Ciento cincuenta litros. $\longrightarrow$ 150 ℓ

b) Ochocientos treinta y cinco mililitros. $\longrightarrow$ _____

c) Siete decilitros. $\longrightarrow$ _____

d) Cuarenta y nueve kilolitros. $\longrightarrow$ _____

e) Trescientos sesenta y tres decalitros. $\longrightarrow$ _____

f) Dieciséis hectolitros. $\longrightarrow$ _____

g) Setecientos veinticinco centilitros. $\longrightarrow$ _____

h) Quinientos setenta y cuatro decalitros. $\longrightarrow$ _____

i) Mil cien litros. $\longrightarrow$ _____

j) Doscientos cincuenta y cinco mililitros. $\longrightarrow$ _____

Medidas de tiempo

Aprendizaje esperado. Estima, compara y ordena el volumen de prismas rectos rectangulares mediante el conteo de cubos.

Las **unidades de tiempo** sirven para medir años, meses, semanas, días, etcétera. Las más comunes son:

Un milenio = 1000 años.
Un siglo = 100 años.
Una década = 10 años.
Un lustro = 5 años.
Un año = 12 meses.

Un mes = 4 semanas = 30 o 31 días.
Una semana = 7 días.
Un día = 24 horas.
Una hora = 60 minutos.
Un minuto = 60 segundos.

Para convertir de una unidad menor a una mayor se divide con base a su equivalencia, y para convertir de una unidad mayor a una menor se multiplica.

1. **Realiza las siguientes conversiones. Guíate en el ejemplo.**

a) 7 siglos = _700_ años

b) 9 meses = _____ días

c) 4 décadas = _____ años

d) 8 días = _____ horas

e) 5 lustros = _____ años

f) 12 minutos = _____ segundos

g) 20 horas = _____ minutos

h) 3 siglos = _____ lustros

i) 2 años = _____ meses

j) 38 semanas = _____ días

2. **Relaciona las columnas. Fíjate en el ejemplo.**

a) 2 milenios + 3 siglos + 5 décadas + 7 lustros.

b) 1 milenio + 4 siglos + 3 lustros + 9 años.

c) 8 milenios + 10 siglos + 1 década + 4 años.

d) 13 milenios + 9 décadas + 5 lustros + 8 años.

e) 1 milenio + 2 lustros + 17 años.

f) 5 milenios + 8 siglos + 11 décadas + 6 lustros.

g) 31 siglos + 14 décadas + 20 lustros + 13 años.

h) 4 milenios + 40 siglos + 18 décadas + 1 lustro.

i) 9 milenios + 80 décadas + 12 lustros + 27 años.

j) 87 décadas + 35 lustros + 94 años.

- 9014 años
- 3353 años
- 1027 años
- 1424 años
- 1139 años
- 2385 años
- 13123 años
- 9887 años
- 8185 años
- 5940 años

Perímetro y área

Aprendizaje esperado. Estima, compara y ordena el volumen de prismas rectos rectangulares mediante el conteo de cubos.

El **perímetro** es la suma de las longitudes de los lados de una figura geométrica.

El **área** es la cantidad de espacio dentro de los límites de un objeto.

1. Obtén el perímetro y el área de las siguientes figuras geométricas.

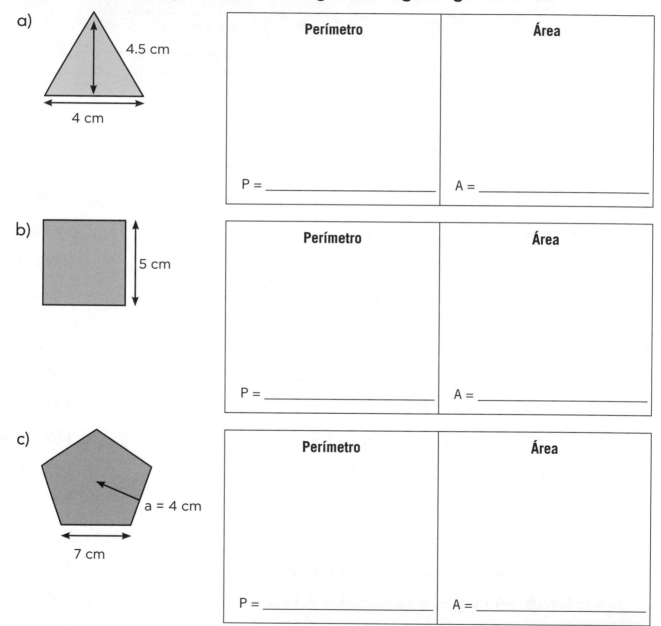

a)

4.5 cm

4 cm

Perímetro	Área
P = _____	A = _____

b)

5 cm

Perímetro	Área
P = _____	A = _____

c)

a = 4 cm

7 cm

Perímetro	Área
P = _____	A = _____

Realiza tu propio formulario, eso te ayudará a resolver los ejercicios correctamente y a memorizar las fórmulas.

Volumen

Aprendizaje esperado. Estima, compara y ordena el volumen de prismas rectos rectangulares mediante el conteo de cubos.

El volumen es el espacio que ocupa un cuerpo. Su unidad es el metro cúbico (m³).

Podemos calcular el volumen de los prismas rectangulares mediante el conteo de cubos.

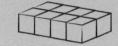 4 cubos de largo × 2 cubos de ancho = el volumen es de 8 unidades cúbicas.

1. **A continuación encontrarás una serie de prismas formados por cubos. Cuenta los cubos de cada figura y expresa el resultado en unidades cúbicas.**

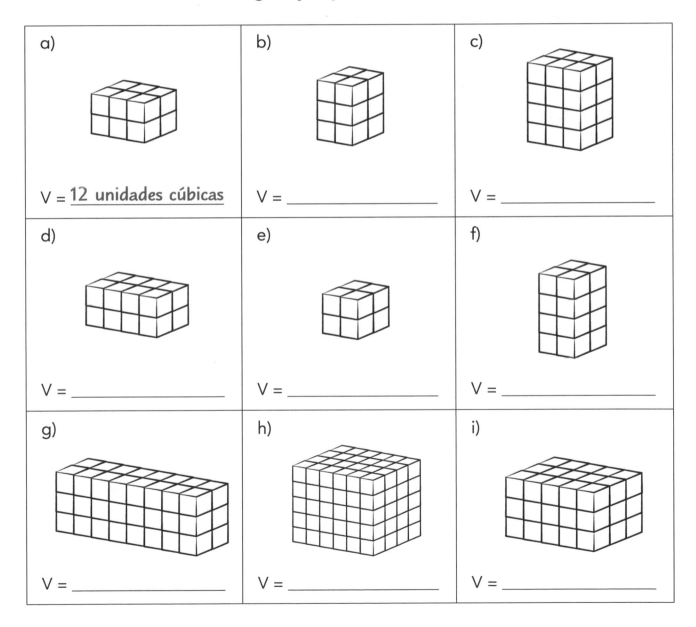

a)

V = <u>12 unidades cúbicas</u>

b)

V = _____

c)

V = _____

d)

V = _____

e)

V = _____

f)

V = _____

g)

V = _____

h)

V = _____

i)

V = _____

Construyendo objetos

Aprendizaje esperado. Estima, compara y ordena el volumen de prismas rectos rectangulares mediante el conteo de cubos.

1. **Responde.**

   a) Las 3 dimensiones de un cuerpo geométrico son: _____

   _____

   b) Si el cubo tiene 3 bloques en cada arista, ¿cuántos bloques

   tiene en total de volumen? _____

2. **A continuación está la imagen de un prisma incompleto:**

   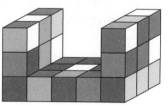

   a) ¿Cuántas piezas tiene en total su base? _____

   b) ¿Cuántas piezas tiene de altura? _____

   c) ¿Cuántas piezas le faltan? _____

   d) ¿Cuántas piezas tendrá en total el prisma? _____

> El volumen de los cuerpos geométricos también puede ser calculado mediante fórmulas, repasemos...

3. **La cisterna de mi casa tiene forma cúbica y quiero saber cuántos litros le caben, ¿me puedes ayudar? Primero calcula el volumen de la cisterna:**

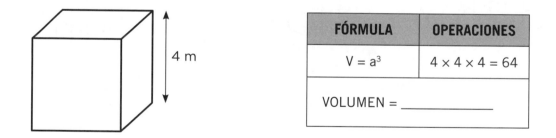

4 m

FÓRMULA	OPERACIONES
$V = a^3$	$4 \times 4 \times 4 = 64$
VOLUMEN = _____	

Entonces, el resultado será multiplicado × 1 000 para convertirlo a dm^3 = _____

Por lo tanto = _____

> La unidad de medidas de volumen es el metro cúbico. El volumen tiene equivalencias con las medidas de capacidad 1 litro = 1 dm^3.

La fórmula para encontrar el volumen de un cubo es: $V = a^3$.

La fórmula para encontrar el volumen de un prisma es: $V = $ área de la base $\times$ h.

4. **El arquitecto Martínez está construyendo un centro comercial y un hotel en la ciudad. Ayúdalo a calcular el volumen de los espacios que construirá.**

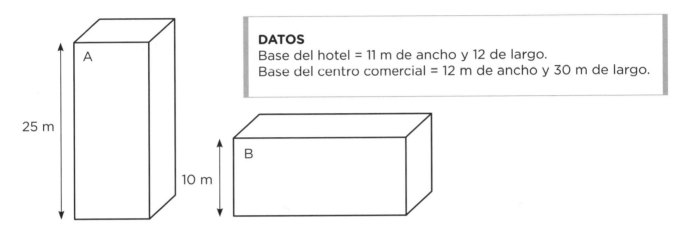

DATOS
Base del hotel = 11 m de ancho y 12 de largo.
Base del centro comercial = 12 m de ancho y 30 m de largo.

FÓRMULA	OPERACIONES	RESULTADOS
_____	_____ _____ _____ _____	Hotel A = _____ Centro comercial B = _____ Total de construcción = _____

5. **Si la alberca del hotel mide 15 metros de largo, 8 metros de ancho y 3 metros de profundidad, ¿cuántos litros de agua le caben?**

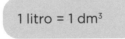

1 litro = 1 dm^3

FÓRMULA	OPERACIONES	RESULTADOS
_____	_____ _____ _____	_____ _____ _____

Ángulos

Aprendizaje esperado. Estima, compara y ordena el volumen de prismas rectos rectangulares mediante el conteo de cubos.

Un ángulo es la parte del plano comprendida entre dos semirrectas que tienen el mismo punto de origen o vértice. Los ángulos se miden con el transportador, el cual está dividido en grados. Por su abertura, un ángulo puede ser:

Ángulo recto: cuyos lados son perpendiculares entre sí, mide 90°.

Ángulo agudo: es el que tiene menor abertura que un ángulo recto, es decir, mide menos de 90°.

Ángulo obtuso: es el que tiene mayor abertura que el ángulo recto, es decir, mide más de 90°.

Ángulo llano: es el que mide 180°.

1. **Contesta si el ángulo es recto, agudo, obtuso o llano. Observa el ejemplo.**

a) 65°   Agudo

b) 90° _____

c) 112° _____

d) 25° _____

e) 63° _____

f) 99° _____

g) 180° _____

h) 150° _____

i) 80° _____

j) 135° _____

2. Con ayuda del transportador traza los siguientes ángulos agudos y obtusos.

a) Traza un ángulo de 25°.	e) Traza un ángulo de 10°.
b) Traza un ángulo de 100°.	f) Traza un ángulo de 175°.
c) Traza un ángulo de 95°.	g) Traza un ángulo de 155°.
d) Traza un ángulo de 89°.	h) Traza un ángulo de 64°.

Reto: ¿te animas a hacer algo más difícil?

Aprendizaje esperado. Desarrolla habilidades para mejorar su atención y percepción visual.

1. Encuentra y tacha las diferencias.

2. Remarca con un color diferente cada cuerpo geométrico que veas.

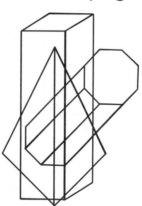

3. Copia las siguientes figuras ordenándolas de mayor a menor según sus áreas.

Magnitudes y medidas

Repaso

1. Elabora las siguientes multiplicaciones de fracciones y reduce a su mínima expresión.

a) $\dfrac{1}{8} \times \dfrac{12}{5} =$

b) $\dfrac{3}{14} \times \dfrac{6}{4} =$

c) $\dfrac{10}{24} \times \dfrac{9}{5} =$

2. Elabora las siguientes conversiones. Guíate con el ejemplo.

a) 150 hectómetros $\longrightarrow$ metros   <u>15 000 m</u>

b) 300 000 milímetros $\longrightarrow$ decámetros   _____

c) 10 kilómetros $\longrightarrow$ centímetros   _____

d) 40 decámetros $\longrightarrow$ hectómetros   _____

e) 500 000 milímetros $\longrightarrow$ decámetros   _____

f) 40 litros $\longrightarrow$ mililitros   _____

g) 60 000 centilitros $\longrightarrow$ decalitros   _____

h) 8 kilolitros $\longrightarrow$ decilitros   _____

i) 90 decalitros $\longrightarrow$ centilitros   _____

j) 7 500 000 mililitros $\longrightarrow$ hectolitros   _____

3. Escribe si el ángulo es recto, agudo, obtuso o llano.

a) 45°   _____

b) 120°   _____

c) 175°   _____

d) 10°   _____

e) 180°   _____

4. Encuentra en la siguiente sopa de letras ocho unidades de medición.

```
D E P U S U A R F G K D U P D M D P M E
O J N E N I F N I H D Y G I B R U Q O A
X E N O Q Q B T H T H Z R P N Z Q D O H
G V N K Q F E X S Z Y U F T A L O E W T
X S M A M B P J I H E L Z Y G P N C K T
T N I K E T H V K A Q G V O H J M A I H
E Z L G T A C L C D O A P Z L K S D I T
A B E V R N J Z U N R M K W R M X A M K
O A N Z O N Y Q N N U T R K O T D M W Q
H E I T A N Q T X S G Z N H N M N J R J
Z O O F P J M U F K W Q L J S O D O L F
K Z C P V X E Z F I A P I C L L J N K G
Y S Y Q P K F B Z L N N T S D S G S O M
U T G O J U Q E I O U N R I R K R O N Q
V M V D R T A L X M Y K O G F O A C I M
O N S S R X U G K E T P G L Y B M A D C
J V A E O N L U S T R O D O U N O G M L
U C E J V T C N C R J B F H H X M E F R
P H G F W E E N I O P M T V N H Y O H O
G G X F T Y C W O N M B M E P O H Y Y D
```

5. Resuelve las siguientes operaciones lo más rápido posible.

a) $465 + 85 - 50$ = _____

b) 8^2 = _____

c) $2\,741 - 780$ = _____

d) $80 + 20 \times 5$ = _____

e) $500 - 7^3$ = _____

f) $(10 + 10)\,20$ = _____

Sistema nervioso

Aprendizaje esperado. Explica la coordinación del sistema nervioso en el funcionamiento del cuerpo.

El sistema nervioso es el que coordina todos los órganos del cuerpo, se divide en **sistema nervioso central** (SNC) y **sistema nervioso periférico** (SNP). El SNC está formado por el encéfalo y la médula espinal, y el SNP por los nervios. Ambos captan y procesan rápidamente señales que controlan y coordinan los demás órganos, para lograr una oportuna y eficaz interacción con el entorno. Por ello, es importante cuidarlo y no dañarlo. Se puede empezar por tener una dieta adecuada, evitar desvelarse, no abusar del consumo de café, de bebidas alcohólicas y no consumir drogas, pues esas sustancias dañan al organismo en general.

1. **Escribe en los rectángulos la definición de los movimientos voluntarios e involuntarios que coordina el sistema nervioso.**

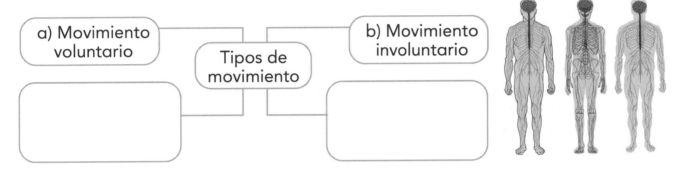

a) Movimiento voluntario

Tipos de movimiento

b) Movimiento involuntario

2. **Completa el cuadro escribiendo donde corresponda las siguientes acciones:**

a) Hablar por teléfono.   b) Los latidos del corazón.   c) Patear una pelota.

d) Leer una carta.   e) Parpadear.   f) Respirar.

Acciones voluntarias	Acciones involuntarias

3. **Comenta con dos de tus compañeros lo que saben acerca del sistema nervioso y qué actividades hacen gracias a éste. Escriban sus conclusiones en el cuaderno.**

4. **Escribe sobre las líneas lo que consideres necesario para completar el texto.**

El sistema nervioso tiene como función _____

Para su estudio se divide en _____ (SNC)

y en _____ (SNP).

El sistema nervioso central está formado por: _____

y el periférico por: _____

5. Une las dos columnas de acuerdo con las funciones de cada órgano.

a) Regula la temperatura y percibe las señales de hambre, sueño y sed. Es responsable de las manifestaciones emocionales como el amor.

1) Cerebro.

b) De ella nacen los nervios periféricos que permiten los movimientos, sensaciones y reflejos.

2) Tálamo.

c) Almacena grandes cantidades de información. Lleva a cabo varias acciones al mismo tiempo, como pensar y controlar movimientos del cuerpo.

3) Hipotálamo.

d) Controla funciones básicas como el latido del corazón, la digestión y la respiración.

4) Bulbo raquídeo.

e) Recibe las señales enviadas por los sentidos y las reenvía a distintas partes del cerebro para su procesamiento.

5) Médula espinal.

6. Anota en el esquema el nombre que corresponde.

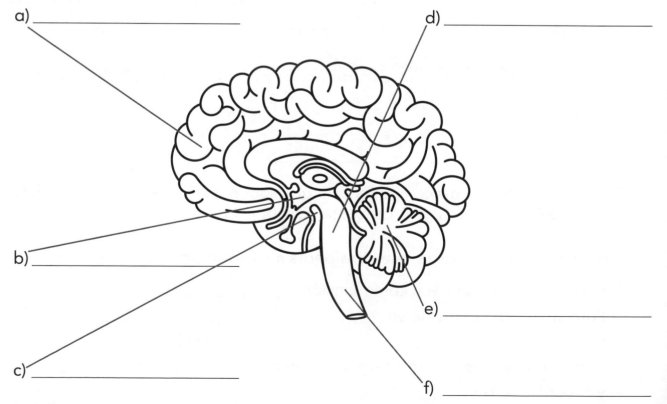

a) _____

b) _____

c) _____

d) _____

e) _____

f) _____

Sistema inmunológico

Aprendizaje esperado. Explica la función del sistema inmunológico.

El **sistema inmunológico** detecta y combate microorganismos que producen enfermedades, siempre está funcionando y de esta manera ayuda a mantener en buen estado nuestro cuerpo. Está constituido por un conjunto de células, tejidos y órganos que trabajan en conjunto para proteger al organismo.

En la sangre, los glóbulos blancos, también llamados leucocitos, forman parte de las células de defensa del sistema inmunológico.

Los **anticuerpos** son estructuras formadas por proteínas que se encargan de contrarrestar diferentes tipos de microbios (bacterias, hongos, etcétera) y virus, que cuando entran en contacto con nuestro organismo producen sustancias llamadas antígenos.

1. **Con base en el texto anterior, contesta las siguientes preguntas.**

   a) ¿Cuál es la función del sistema inmunológico?

   _____

   b) ¿Qué elementos forman parte del sistema inmunológico?

   _____

   c) ¿Qué son los anticuerpos?

   _____

   _____

2. **Coloca en los recuadros las acciones que te permiten cuidar tu sistema inmunológico.**

   a) Tener una dieta equilibrada.

   b) Comer muchos dulces.

   c) Tener buena higiene personal.

   d) Visitar al médico de manera periódica.

   e) Dormir bien.

   f) Tomar muchos antibióticos.

   g) Estar vacunado.

   h) Desahogarme llorando.

   i) Hacer ejercicio de manera regular.

   Para fortalecer mi sistema inmunológico debo:

3. Escribe el orden en que se lleva a cabo el proceso de funcionamiento de los leucocitos o glóbulos blancos cuando se introduce una bacteria en el cuerpo.

a) El glóbulo blanco atrapa a la bacteria. _____

b) El glóbulo blanco detecta una bacteria. _____

c) El glóbulo blanco aniquila a la bacteria. _____

d) El glóbulo blanco dirige una extensión hacia la bacteria. _____

4. Completa las frases con las palabras del recuadro.

> la viruela   vacunarnos   epidemias   bacterias
> lavarnos las manos antes de comer y después de ir al baño

a) Algunas vacunas están elaboradas con partes de _____

b) La primera enfermedad que se combatió mediante la vacunación fue

_____

c) Para prevenir el contagio de enfermedades debemos _____

_____, _____ y evitar

comer alimentos que no estén bien desinfectados, entre otras medidas.

d) La mezcla de población, el mestizaje, el intercambio comercial y las guerras

han sido las causas de que haya _____

5. Encierra en un círculo las enfermedades para las que existe una vacuna.

a) Tuberculosis.   b) Sarampión.   c) Miopía.

d) Malaria.   e) Cólera.   f) Sida.

g) Influenza.

¿Te nutres o sólo comes?

Aprendizaje esperado. Conoce y explica los riesgos para la salud por consumir alimentos con alto contenido de grasas.

Consumir una dieta equilibrada es fundamental para evitar trastornos en el organismo.

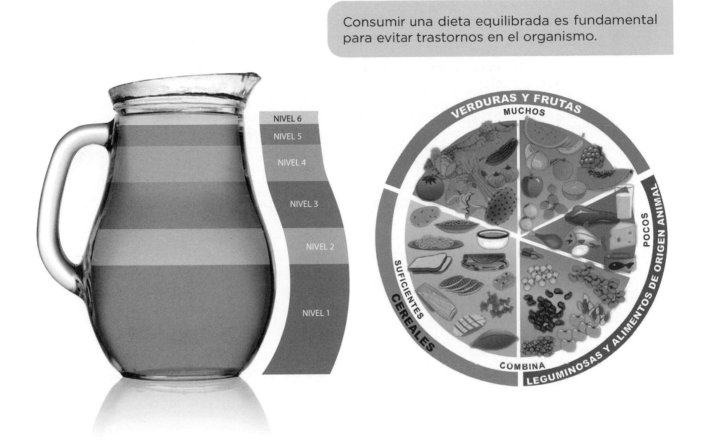

1. **Organiza a tus compañeros de grupo en cinco equipos.**

2. **Cada equipo tome el nombre de un día de la semana (sólo de lunes a viernes).**

3. **Por equipo, elaboren un menú balanceado que se base en el Plato del bien comer y en la Jarra del buen beber.**

4. **Escribe tu menú en una cartulina y coméntalo con tus compañeros, permite comentarios en relación al gusto por los alimentos, si hay alguien a quien le haga daño algún ingrediente, realicen los ajustes necesarios.**

5. **Exhiban los menús en un periódico mural con imágenes apropiadas para prevenir acerca de las consecuencias de una mala alimentación y de los riesgos de consumir alimentos con alto contenido en grasas, así como de las recompensas que se obtienen de tener una buena nutrición.**

Etapas del desarrollo humano

Los seres humanos atraviesan por diferentes etapas durante su vida, las cuales son:
- **Infancia**: abarca desde el nacimiento hasta los 10 años. Durante esta etapa se desarrollan diferentes habilidades como aprender a hablar, caminar, comunicarse y relacionarse con los demás.
- **Adolescencia**: inicia con la pubertad, la cual ocurre entre los 10 y 14 años, y finaliza entre los 19 y 21. Se experimentan varios cambios físicos y emocionales, como aparición de vello corporal, axilar y púbico, y se desarrolla la capacidad para reproducirse.
- **Adultez**: es cuando las personas alcanzan su máximo potencial en sus capacidades físicas y psicológicas.
- **Vejez**: es cuando se han rebasado los 65 años; el organismo va disminuyendo sus capacidades.

1. Dibuja algunos hechos importantes que has experimentado durante tu infancia.

2. Anota si lo que se describe a continuación ocurre durante la infancia, adolescencia, adultez o vejez.

a) Crecen los senos. _____

b) Aprendes a caminar. _____

c) Generalmente es cuando se forma una familia. _____

d) Se adquiere una gran experiencia. _____

e) Se rebasan los 65 años. _____

f) Es cuando ocurre el mayor crecimiento del cuerpo humano. _____

g) Desarrolla la capacidad para reproducirse. _____

Conductas sexuales responsables

Aprendizaje esperado. Conoce y explica los beneficios de retrasar la edad de inicio de las relaciones sexuales, de la abstinencia, así como del uso del condón específicamente en la prevención de embarazos durante la adolescencia, la transmisión del VIH y de otras infecciones de transmisión sexual.

Cuando se inicia una vida sexual hay que hacerlo de manera responsable. Es importante contar con información adecuada y oportuna para evitar **embarazos no deseados e infecciones de transmisión sexual** (ITS). Las ITS se contraen por tener relaciones sexuales sin protección.

1. **Trabaja con un compañero, lean las preguntas, comenten y anoten sus respuestas.**

   a) ¿Sabes para qué sirven los condones?

   _____

   _____

   b) Escribe el nombre de infecciones de transmisión sexual.

   _____

   _____

   c) ¿Cómo se pueden prevenir las infecciones de transmisión sexual?

   _____

   _____

   d) ¿Qué significan las siglas SIDA y qué virus lo provoca?

   _____

   _____

   e) ¿Crees que estás en edad de tener relaciones sexuales? Argumenta tu respuesta.

   _____

   _____

   _____

Fósiles

Aprendizaje esperado. Reconoce el uso de los fósiles para reconstruir cómo eran los seres vivos que habitaban la Tierra hace millones de años.

1. **Lee las preguntas de la izquierda y une con una línea cada una con la respuesta que le corresponda. Sigue el ejemplo.**

a) ¿Qué es un fósil?

b) ¿Para qué sirven los fósiles?

c) ¿Cómo se forman los fósiles?

d) ¿Cuáles son los tipos de fosilización?

e) ¿Qué es la carbonización?

f) ¿Qué es la fundición y moldes?

g) ¿Qué es la momificación?

1) Para saber qué seres vivos existieron, cómo eran los ecosistemas y el medio ambiente en el que vivieron, desde que se desarrolló la vida sobre la Tierra.

2) Mineralización, carbonización, fundición y moldes y momificación.

3) Son los restos o señales de la actividad de organismos pasados.

4) Es cuando se da una pérdida de sustancias volátiles, principalmente de oxígeno, hidrógeno y nitrógeno, dejando una película de carbono.

5) Es cuando el organismo se conserva prácticamente como en vida.

6) A través de varios tipos de fosilización.

7) Son impresiones en negativo, es decir, un molde invertido o en positivo, una representación del organismo tal cual es.

2. **Escribe en los recuadros el orden en que se da el proceso de fosilización de un organismo, colocando 1, 2 y 3.**

a) Millones de años más tarde, el fósil queda descubierto.

b) Un pez muere y cae al fondo marino.

c) Los restos óseos quedan cubiertos por sedimentos.

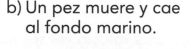

Extinción de las especies

Aprendizaje esperado. Identifica las causas y consecuencias de la extinción de los seres vivos, así como acciones para evitar la extinción de especies en la actualidad.

Los seres vivos se han transformado a través del tiempo y ante los cambios ambientales algunas especies sobreviven y otras mueren. La **extinción de las especies** es un proceso natural que ocurre durante la evolución.

1. **Anota sobre la línea la palabra** *natural* **si el evento que se describe es un proceso natural, en caso de que sea originado por el hombre, escribe la palabra** *humano* **en los enunciados que se plantean.**

   a) _____ Tala inmoderada.

   b) _____ Erupción de un volcán.

   c) _____ Pesca desmedida.

   d) _____ Terremotos y maremotos.

   e) _____ Tormentas.

   f) _____ Uso excesivo de combustibles.

2. **Contesta las siguientes cuestiones.**

   a) ¿Cuál es la causa principal de la acelerada extinción de algunas especies en la actualidad?

   _____

   _____

   b) ¿Por qué es importante preservar las diversas especies de seres vivos?

   _____

   _____

Problemas ambientales

Aprendizaje esperado. Argumenta la importancia de evitar la contaminación y el deterioro de los ecosistemas.

La solución a los **problemas ambientales** es una empresa en la que deben intervenir los gobiernos, las instituciones y las personas, de manera individual y colectiva, organizada. Es deber de todos participar en el cuidado del ambiente, los problemas ambientales no tienen fronteras.

1. Completa los siguientes párrafos. Utiliza las palabras de los recuadros.

> oxígeno   hogares   industria   plantas   fotosíntesis   atmósfera   automóviles

a) El dióxido de carbono se encuentra de forma natural en la _____.
La _____, los _____ y los _____ también
lo generan. Las _____ transforman el CO_2 en _____
mediante el proceso llamado _____

> procesarse   acumula   asimilado   fósiles   petróleo   gas

b) El consumo excesivo de combustibles _____, _____
y _____ aumenta la producción de dióxido de carbono, más del
que puede _____ y como no todo el CO_2 es _____,
se _____ en la atmósfera.

> invernadero CO_2 oxígeno   Tierra   calor   climático   convertir

c) El exceso de _____ no permite salir de la atmósfera el _____
que difunde la _____, provocándose el efecto _____,
calentando al planeta y causando el cambio _____.
La deforestación es una situación que agrava este efecto; las plantas no
pueden _____ todo el CO_2 en _____. Este
aumento de temperatura altera de manera significativa la vida en el planeta.

Actualmente nos enfrentamos a problemas ambientales que necesitan acciones urgentes para detectar y revertir el deterioro. Todos debemos participar en la recuperación ambiental; como primer paso, debemos detectar los problemas específicos de nuestra comunidad y solucionarlos.

2. **Comenta con tu grupo qué problemas ambientales perciben en su localidad.**

3. **Registra cuáles son esos problemas y busca medidas de solución.**

4. **Discute con tu compañero más cercano a qué soluciones se pueden comprometer.**

5. **Registra tus compromisos.**

6. **Subraya las acciones individuales para cuidar el ambiente, y encierra en un rectángulo las que lleva a cabo el gobierno o las instituciones.**

   a) Reducir el uso del automóvil particular.

   b) Evitar el empleo de aerosoles y fertilizantes, insecticidas y plaguicidas químicos.

   c) Establecer leyes que limiten la emisión de contaminantes de las fábricas.

   d) Emplear focos ahorradores de energía.

   e) Promover investigaciones para que las fábricas emitan menos contaminantes.

   f) Utilizar productos biodegradables y retornables.

Propiedad de los materiales y su reciclaje

Aprendizaje esperado. Relaciona las propiedades de los materiales con el uso que se les da y su reciclaje.

1. Escribe qué propiedad de los materiales (tenacidad, elasticidad, flexibilidad, maleabilidad o permeabilidad) se puntualiza.

a) Propiedad de un material para oponerse a fuerzas externas. _____

b) Cualidad de un objeto para doblarse fácilmente.

_____

c) Capacidad de un material de recuperar su forma original después de haber sido deformado.

_____

d) Cualidad de un material de ser traspasado por algún líquido. _____

e) Cualidad de un material para que mediante una fuerza externa cambie su forma sin romperse.

_____

2. Comenta con un compañero para qué sirven los siguientes objetos.

a) Mazo: _____

_____

b) Alicates de electricista: _____

_____

Reciclar contribuye a disminuir los residuos sólidos que se desechan. Muchos objetos que ya no usamos y tiramos a la basura fueron hechos de **materiales reciclables**, es decir, que se pueden volver a usar para hacer nuevos productos.

Plástico

Vidrio

Metal

Papel

3. **Reúnanse en equipos y anoten lo que se les pide.**

a) Expliquen la diferencia entre los residuos orgánicos e inorgánicos.

_____

_____

b) Expliquen en qué consiste el reúso y mencionen un ejemplo.

_____

_____

c) Expliquen en qué consiste el reciclado y mencionen un ejemplo.

_____

_____

d) Expliquen en qué consiste la reducción y mencionen un ejemplo.

_____

_____

Transformaciones temporales y permanentes en los materiales

Aprendizaje esperado. Experimenta que las fuerzas que actúan simultáneamente sobre un objeto modifican la magnitud del cambio (lo aumenta o lo disminuye).

> **Transformación** es la acción o procedimiento mediante el cual algo se modifica. Los cambios que se presentan pueden ser *permanentes*, cuando los materiales no pueden retomar su condición original, o *temporales*, los que transforman su apariencia pero no la materia: el agua o el metal.

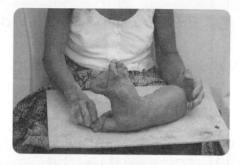

1. **Completa la siguiente tabla anotando qué tipo de transformación (permanente o temporal) experimenta cada material que se propone.**

Material	Tipo de transformación
a) Modelar barro	
b) Fundición del metal	
c) Cemento para construcción	
d) Hielo	
e) Cocinar carne cruda	

2. **Acomoda en orden cronológico los siguientes párrafos para obtener el proceso de la energía hidroeléctrica.**

a) Las turbinas están conectadas a generadores de corriente. _____

b) Se aprovecha de nuevo para obtener energía eléctrica, aguas abajo, o para consumo humano. _____

c) Se obtiene de la caída de agua desde cierta altura a un nivel inferior; alcanza gran velocidad en el nivel más bajo. _____

d) Una vez extraída la energía eléctrica, el agua se devuelve al río para su curso normal. _____

e) La caída del agua induce el movimiento de ruedas hidráulicas o turbinas, provocando un movimiento rotatorio. _____

Ciclo hidrológico

Aprendizaje esperado. Explica los beneficios y riesgos de las transformaciones temporales y permanentes en la naturaleza y en su vida diaria.

El movimiento del agua en el ciclo hidrológico se mantiene por la energía radiante del sol y por la fuerza de la gravedad. El ciclo hidrológico se define como la secuencia de fenómenos por medio de los cuales el agua pasa de la superficie terrestre, en la fase de vapor, a la atmósfera y regresa en sus fases líquida y sólida.

1. **Encierra en un círculo las palabras relacionadas con el ciclo hidrológico y úsalas para completar las siguientes frases. Guíate con el ejemplo.**

   Ameccondensaciónromescurrimientomñoppreopoprecipitación
   kloponsevaloinfiltraciónyuplomeviómhgevaporaciónmkñdfrp

2. **Escribe sobre la línea de qué fase de ciclo hidrológico se trata.**

   a) Parte de la lluvia pasa a las aguas superficiales. Es el principal agente geológico de erosión y de transporte de sedimentos. _____

   b) El aire se enfría al ascender y forma las nubes constituidas por gotitas de agua.

   _____

   c) Parte, pasa a las aguas subterráneas. La proporción de agua que se infiltra y la que circula en superficie depende de la pendiente y de la cobertura vegetal.

   _____

   d) El sol calienta el océano y el agua pasa del estado líquido al gaseoso. Los índices de evaporación del agua dependen de la radiación solar, temperatura, humedad y viento. _____

   e) El agua de las nubes cae en forma de lluvia. _____

3. **Trabaja con uno de tus compañeros. Comenta y escribe tus conclusiones.**

   a) ¿Qué beneficios ambientales aporta el ciclo del agua?

   _____

   _____

Máquinas simples y compuestas

Aprendizaje esperado. Compara los efectos de la fuerza en el funcionamiento básico de las máquinas simples y las ventajas de su uso.

> Los aparatos o mecanismos que permiten la realización de un trabajo con menos esfuerzo se llaman **máquinas**. Hay dos tipos de máquinas: **simples**, sólo tienen un punto de apoyo, y las **compuestas**, que están formadas por varias máquinas simples y tienen varios puntos de apoyo.

1. Une con una línea cada máquina simple con su función.

Función

a) Cuña.

b) Polea.

c) Rueda.

d) Tornillo.

e) Palanca.

f) Plano inclinado.

Máquina

1) Constituida por una barra rígida, un punto de apoyo y dos fuerzas: resistencia y potencia.

2) Pieza mecánica que gira alrededor de un eje. Es de gran utilidad en la elaboración de alfarería, en el transporte terrestre y como componente fundamental de diversas máquinas.

3) Pieza mecánica, forma parte del conjunto denominado elementos de máquinas.

4) Rueda que gira alrededor de su eje, tiene un canal en su borde por el que pasa una cuerda; en los extremos debe aplicarse fuerza.

5) Permite levantar una carga mediante una rampa o pendiente. El ser humano lo ha adaptado a sus necesidades haciéndolo móvil, como en el caso del hacha o del cuchillo.

6) Puede definirse como un plano inclinado enrollado sobre un cilindro, como en una escalera de caracol, un resorte, una tuerca o una rosca.

2. Escribe el tipo de máquina simple que se emplea en las imágenes de los objetos que se presentan.

a)

_____

b)

_____

c)

_____

d)

_____

e)

_____

f)

_____

Las lentes

Aprendizaje esperado. Compara la formación de imágenes en espejos y lentes, y las relaciona con el funcionamiento de algunos instrumentos ópticos.

> Las **lentes** son objetos transparentes (normalmente de vidrio), limitados por dos superficies, de las que al menos una es curva. Las lentes más comunes se basan en el distinto grado de refracción que experimentan los rayos de luz al incidir en puntos diferentes de la lente. Entre ellas están las utilizadas para corregir los problemas de visión en gafas, anteojos o lentillas.

1. **Subraya la opción que consideres correcta.**

   a) La imagen que refleja un espejo plano se observa:

   - invertida.
   - redonda.
   - más chica.

   b) Los espejos, según su forma, pueden ser:

   - inclinados, rectos y largos.
   - planos, cóncavos y convexos.
   - transparentes y brillantes.

   c) Espejo que se usa en casa para mirar cómo te queda un vestido, qué te molesta en un ojo, si tu nariz está limpia, etcétera:

   - convexo.
   - cóncavo.
   - plano.

   d) Lente que se utiliza para corregir la miopía:

   - cóncavo.
   - convexo.
   - plano.

   e) Instrumento que sirve para magnificar imágenes muy pequeñas:

   - telescopio.
   - microscopio.
   - cámara.

   f) Aparato que sirve para captar o grabar imágenes:

   - microscopio.
   - cámara fotográfica.
   - telescopio.

   g) Instrumento construido con lentes convexas que permite agrandar el tamaño de un objeto:

   - lupa.
   - lentes.
   - espejo.

El telescopio y el microscopio

Aprendizaje esperado. Reconoce que los microscopios sirven para observar seres vivos y objetos no visibles.

> Un **instrumento óptico** sirve para procesar ondas de luz con el fin de mejorar la visualización de una imagen, a fin de determinar propiedades y características que no se aprecian a simple vista en un objeto.

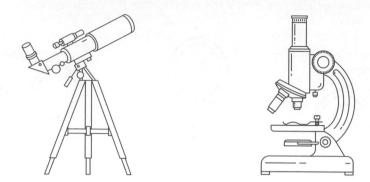

1. Completa la siguiente tabla.

	Microscopio	Telescopio
a) ¿Qué es?	Instrumento que permite observar objetos que son demasiado pequeños para ser vistos a simple vista.	
b) ¿Cuáles son sus elementos básicos?		Dos lentes, uno grande que recoge y enfoca los rayos de luz desde los objetos lejanos y uno pequeño que agranda la imagen.
c) ¿Cuál es su importancia?		Se conoce cada vez más el universo.
d) ¿Quién lo inventó?	Se inventó cerca del año 1600 por Galileo; los holandeses afirman que fue Jassen.	

La energía se transforma

Aprendizaje esperado. Identifica diferentes fuentes de energía.

Cualquier actividad o funcionamiento de algún aparato requiere energía; la energía se presenta de diferentes formas y genera cambios en los objetos. Las sustancias u objetos de los que se obtiene energía se conocen como fuentes de energía: gas, carbón, petróleo, el sol, viento y sonido.

El hombre ha podido satisfacer sus necesidades porque aprendió a utilizar lo que le ofrecía y le sigue ofreciendo la naturaleza.

1. **Encuentra la respuesta en la sopa de letras y anótala después de cada enunciado.**

a) Fuente principal de energía de la Tierra, provee luz y calor. _____

b) Fuente de energía que es transformada en calor para que funcione la estufa.

_____

c) Prueba de la energía que aumenta la temperatura de los objetos. _____

d) Fuente de energía que permite al hombre y a los animales llevar a cabo sus funciones.

_____

e) Tipo de energía que se utiliza para que funcione el televisor, radio, foco, computadora. _____

f) Vehículo que utiliza como fuente de energía gasolina que transforma en energía de movimiento. _____

g) Ser vivo que aprovecha la luz del sol para producir alimentos para sí mismo y para otros organismos. _____

Q	C	R	E	L	E	C	T	R	I	C	A
A	S	B	A	C	A	T	M	V	L	I	C
Z	O	Y	L	I	I	E	N	T	S	C	L
W	L	H	I	P	L	A	N	T	A	S	R
S	F	N	M	K	S	G	O	C	U	A	P
X	V	U	E	L	E	A	L	O	T	R	A
E	T	J	N	O	C	S	A	T	O	M	T
D	G	M	T	P	S	I	E	V	M	I	S
C	A	L	O	R	U	T	D	C	O	L	G
R	C	L	S	Ñ	M	S	O	A	V	D	A
A	M	Q	S	Z	N	O	U	O	I	I	N
T	O	L	A	X	I	Z	A	G	L	D	T

¿Cómo ahorrar energía?

Aprendizaje esperado. Identificará acciones para aprovechar responsablemente la energía en las actividades cotidianas.

1. Escribe junto a cada imagen qué acciones se pueden llevar a cabo en los hogares para usar la energía con eficiencia.

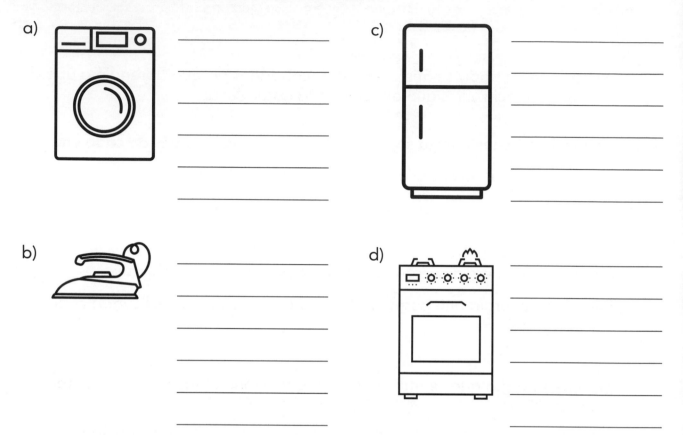

a) _____

_____

_____

_____

_____

c) _____

_____

_____

_____

_____

b) _____

_____

_____

_____

_____

d) _____

_____

_____

_____

_____

2. Elabora un cartel donde invites a las personas a llevar a cabo acciones para aprovechar responsablemente la energía en las actividades cotidianas.

Fuentes de energía

Aprendizaje esperado. Argumenta las implicaciones del aprovechamiento de fuentes alternativas de energía en las actividades humanas, y su importancia para el cuidado del ambiente.

> Las formas menos contaminantes de energía son las que proporciona la naturaleza, como el aprovechamiento del viento, de las mareas y el calentamiento solar. Sin embargo, el hombre se empeña en utilizar los combustibles fósiles.

1. Completa la tabla con las frases que se te proponen.

> plantas   los alimentos   el sol   foco   iluminación   eólica   la fotosíntesis

Consumidor de energía	Energía que utiliza	La obtiene de	La usa en
a) hombre	química		actividades
b)	solar		
c) rehilete		el viento	giro de sus hélices
d)	eléctrica	la corriente eléctrica	

2. Completa el siguiente texto con las palabras que se sugieren.

ENERGÍA EÓLICA

El aprovechamiento de la energía eólica data de

las _____ más remotas de la _____.
　　(épocas – epocas)　　　　　　　　(umanidad – humanidad)

A partir de los siglos XII-XIII empieza a _____ el
　　　　　　　　　　　　　　(generalisarse – generalizarse)

uso de los molinos de _____ para la
　　　　　　　　　　(viento – biento)

elevación de agua y la molienda de grano, los más

_____ aparecieron en _____, Irán
(antijuos – antiguos)　　　　　(Turquía – turquía)

y Afganistán a principios del siglo XII.

_____ se llenó de molinos, sobre todo en Bélgica
(Europa – europa)

y los Países Bajos.

El desarrollo de los molinos de viento se interrumpe

con la revolución industrial y el uso masivo de

_____, electricidad, combustibles fósiles como
　(vapor – vapór)

fuentes de _____ _____.
　　　　　(henergía – energía)　(motriz – motrís)

El universo

Aprendizaje esperado. Describe los componentes básicos del universo y argumenta la importancia de las aportaciones del desarrollo técnico en su conocimiento.

> El **universo** es todo lo que existe: materia, energía, espacio y tiempo.

1. **Relaciona las dos columnas anotando la letra que corresponde a la definición de cada elemento.**

a) Cuerpo celeste, sólido, no tiene luz propia, gira alrededor de una estrella, iluminado por ella.

Universo ( )

b) Agrupación de miles de millones de estrellas, gas y polvo interestelar; presenta forma elíptica, espiral e irregular.

Galaxia ( )

Estrella ( )

c) Astro formado por un núcleo poco denso que se evapora al acercarse al Sol formando una atmósfera luminosa que le seguirá.

Planeta ( )

d) Es todo: materia, energía, espacio y tiempo.

e) Cuerpo celeste que brilla por la luz que refleja el Sol y gira alrededor de un planeta.

Satélite ( )

f) Masa de gases, principalmente hidrógeno y helio, que emiten luz y calor.

Cometa ( )

2. **Ordena de mayor a menor, según su tamaño, los componentes del universo.**

> satélite natural   estrella   planeta   cúmulo   cometa   galaxia

_____

3. **¿De qué otra manera se llama al universo?**

_____

Vivimos en un planeta llamado Tierra

Aprendizaje esperado. Representa el movimiento regular de los planetas y algunas de sus características.

Nuestro mundo, la **Tierra**, es minúsculo comparado con el universo. Forma parte del Sistema Solar, perdido en un brazo de una galaxia que tiene 100 000 millones de estrellas, pero que sólo es una entre los centenares de miles de millones de galaxias que forman el universo.

1. **De las siguientes palabras, escribe sobre la línea la que sirva para completar el texto que sigue.**

> Tierra   Venus   Saturno   enano   Plutón   planetas   Neptuno
> sistema planetario   Vía Láctea   Sol   estrella

El Sistema Solar es un _____ de la _____, que es una galaxia. Está formado por una única _____ llamada _____, que da nombre a este sistema; ocho _____ orbitan alrededor de la estrella: Mercurio, _____, _____, Marte, Júpiter, _____, Urano y _____

En agosto de 2006 _____ fue considerado planeta _____ por no cumplir con el tamaño y evolución.

2. **Completa la siguiente ficha de datos.**

a) Planeta en el que vives: _____

b) Planetas más cercanos: _____

c) Nombre del satélite natural de la Tierra: _____

d) Duración del movimiento de rotación de la Tierra: _____

e) Duración del movimiento de traslación de la Tierra: _____

Satélites artificiales

Aprendizaje esperado. Reconoce algunos avances tecnológicos para la exploración y conocimiento del Sistema Solar.

> Los **satélites artificiales** son objetos construidos para orbitar alrededor de un planeta. Hay satélites de observación: recolectan, procesan y transmiten datos de y hacia la Tierra; satélites de comunicación: transmiten, distribuyen y diseminan la información desde diversas ubicaciones en la Tierra a otros lugares.

1. **Subraya las oraciones verdaderas.**

a) Los satélites naturales son cuerpos construidos por el hombre.

b) La Luna es un satélite natural de la Tierra.

c) La Tierra tiene un satélite artificial mexicano llamado "Solidaridad".

d) Los satélites artificiales son astros con un núcleo poco denso.

e) Júpiter es un planeta que no tiene satélites naturales.

f) Los satélites naturales de Marte son: Fobos y Deimos.

g) Los satélites artificiales son aparatos construidos por el hombre.

2. **Comenta con tu compañero más próximo y escribe tus conclusiones.**

¿Qué beneficios proporcionan a la ciencia los satélites artificiales?

_____

_____

_____

_____

_____

_____

Conocer el universo

Aprendizaje esperado. Reconoce algunos avances tecnológicos para la exploración y conocimiento del Sistema Solar.

Los seres humanos han inventado **instrumentos** y **aparatos** para comprender un poco más del universo. Mediante los avances científicos y tecnológicos se ha logrado observar y distinguir algunos elementos y características del universo.

1. Escribe en los recuadros el nombre del aparato al que se refiere la descripción del cuadro de abajo. Utiliza las opciones que se te presentan.

> Transbordador espacial   Satélites de observación
> Satélites de comunicación   Explorador espacial   Telescopio

a)

Transporta seres humanos y satélites artificiales al espacio exterior.

d)

Recolectan, procesan y transmiten datos de y hacia la Tierra.

b)

Se usa para conocer de manera indirecta los astros a los que el ser humano no ha logrado llegar.

e)

Transmiten, distribuyen y esparcen información desde diversas ubicaciones en la Tierra a otras posiciones distintas.

c)

Permite ver, desde la superficie de nuestro planeta, distintos astros del universo.

Repaso

1. **Escribe V si la afirmación es verdadera, o F si es falsa.**

   a) El sistema nervioso coordina todos los órganos del cuerpo. _____

   b) El sistema nervioso central está formado por los nervios. _____

   c) Una forma de cuidar el sistema nervioso es desvelarse. _____

   d) Lanzar una pelota es un movimiento voluntario.

   e) El hipotálamo percibe las señales de sueño, hambre y sed. _____

   f) El sistema inmunológico detecta y combate
   los organismos que producen enfermedades. _____

   g) Los glóbulos rojos también se llaman leucocitos. _____

   h) Tener una buena higiene personal permite
   cuidar al sistema inmunológico. _____

2. **Escribe dos ejemplos de cada enunciado.**

   a) Enfermedades de transmisión
   sexual.

   _____

   _____

   b) Formas de prevenir infecciones
   de transmisión sexual.

   _____

   _____

3. **Elige la respuesta correcta y anótala.**

   a) La _____ es el proceso mediante el cual se forman las
   distintas capas del suelo de la Tierra, el cual da la posibilidad de ubicar fósiles.

   • estratificación   • radiación   • coprolito

   b) El libro que escribió Darwin se titula _____

   _____

   • *Selección natural.*   • *El origen de las especies.*   • *La extinción de las especies.*

   c) Un ejemplo de la extinción de las especies causada por procesos naturales es

   _____

   • tala inmoderada.   • erupción de un volcán.   • caza desmedida.

   d) Cuando se extingue una especie _____

   • no pasa nada.   • se altera el ecosistema.   • llega otra a sustituirla.

4. Completa la tabla con la información que falta.

Material	Propiedades	Ejemplos de uso
a) Vidrio		
b)	Elasticidad	
c)		Tabla para hacer libreros
d) Tela de algodón		

5. Une cada imagen con la descripción y anota su nombre.

a) Sirve para ver objetos o seres muy pequeños como células.

b) Aparato óptico que permite observar cuerpos muy lejanos.

c) Instrumento óptico que sirve para ver bien los objetos.

d) Superficie que refleja la luz y las imágenes de los objetos.

1) _____

2) _____

3) _____

4) _____

6. Completa los enunciados con las palabras del recuadro.

> estrellas   constelaciones   Sol   Vía Láctea   Luna   galaxias
> el conjunto de todo lo que existe   planetas   traslación

a) El Universo es _____

b) El Sistema Solar está formado por el _____ y ocho _____

c) Grupo de estrellas que presentan una figura imaginaria _____

d) El nombre de la galaxia de nuestro Sistema Solar es _____

e) El movimiento que llevan a cabo los planetas alrededor del Sol se llama

_____

f) La Tierra tiene un satélite natural llamado _____

g) Las _____ son grandes concentraciones de estrellas, planetas, polvo y gases.

h) Las _____ son cuerpos que emiten luz propia.

Poblamiento del mundo

Aprendizaje esperado. Identifica la duración del periodo y la secuencia del origen del ser humano, del poblamiento de los continentes y de la sedentarización aplicando términos como siglo, milenio y a. C.

La **glaciación** o **Era del Hielo** es un período muy largo en el que baja drásticamente la temperatura del clima de la Tierra. Esto provoca que el hielo de los casquetes polares se extienda por un territorio muy amplio y que surjan gruesas capas de hielo sobre mares, ríos y superficie terrestre.

1. Observa el siguiente mapa y dibuja un hombre y una mujer en miniatura en el continente donde se piensa que tuvieron su origen los primeros seres humanos hace cinco _____ de años. (Escribe la palabra correcta que debe ir en la línea: siglos, millones).

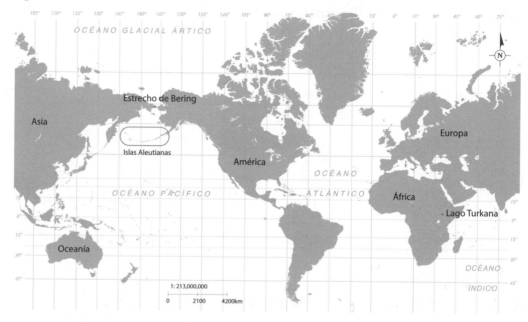

2. Dibuja con flechas las posibles rutas que siguieron los primeros seres humanos para poblar los distintos continentes.

3. ¿Cuáles fueron las principales actividades a las que se dedicó el ser humano de la prehistoria hasta el año 4500 a. C. (antes de Cristo)?

_____

_____

_____

_____

_____

Nómadas y vida sedentaria

Aprendizajes esperados. Compara las actividades y las formas de vida nómada y sedentaria. Reconoce la importancia de la invención de la escritura y las características de las primeras ciudades.

Se dice que un grupo humano es **nómada** cuando no tiene un territorio fijo donde desarrollar sus actividades. Sin embargo el andar de un lado a otro, le permitió al primitivo ser humano poblar todo el planeta y una vez que el clima mejoró sus condiciones de vida, entonces se quedó en un solo sitio y empezó su **vida sedentaria**.

1. Complementa la información de la tabla.

	¿Dónde vivían?	¿A qué se dedicaban?	¿Qué comían?
a) Nómada			
b) Sedentario			

2. Explica cómo surgieron las ciudades.

_____

_____

_____

_____

_____

Se llama **prehistoria** al período anterior a la aparición de la escritura porque antes no se podían llevar registros de los eventos. Sólo hasta que el hombre desarrolló la escritura fue posible documentar o describir los acontecimientos humanos.

Civilizaciones a lo largo de los ríos: Mesopotamia, Egipto, China e India

Aprendizaje esperado. Identifica las áreas en donde surgió la civilización en el mundo.

> Cuando en la Tierra comenzó el deshielo, empezó a formarse una gran franja de tierra donde el clima y el suelo favorecieron el surgimiento de la agricultura, a esta región se le conoce como *Creciente Fértil*. Este hecho dio inicio a las **grandes civilizaciones** agrícolas del pasado, entre otras, las del Medio Oriente y del Mediterráneo.

1. La Creciente Fértil es una zona geográfica donde los ríos son caudalosos y las condiciones propicias del clima favorecen todo tipo de cultivo. A continuación te presentamos el orden cronológico en que aparecieron estas grandes civilizaciones, en la columna central escribe los ríos que favorecieron su desarrollo. Para complementar la tabla debes averiguar en qué siglo aproximado surgieron; no olvides anotar a. C. que significa antes de Cristo, o bien, a. n. e. que significa antes de nuestra era.

Nombre de la civilización	Ríos que la favorecieron	Siglo aproximado en que surgió
a) Sumeria en Mesopotamia		
b) Egipcia		
c) China		
d) India		

2. Guíate por los ríos del mapa para localizar la civilización que floreció ahí. Luego anota su nombre y el siglo aproximado en que surgió.

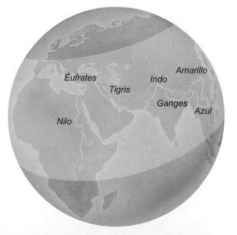

> Las **grandes civilizaciones** florecieron en valles muy cerca de ríos caudalosos que no sólo hacían la tierra fértil, sino que servían como vías para el intercambio de productos (comercio) y, posteriormente, para el transporte de materiales utilizados en la creación de enormes construcciones. El tipo de agricultura que se desarrolla junto a grandes ríos es considerado de *alto rendimiento* por su capacidad productiva.

Si bien, las grandes civilizaciones agrícolas no surgieron al mismo tiempo y algunas de ellas están separadas por varios miles de años, presentan rasgos **comunes**, ya que al contar todas ellas con cultivos de alto rendimiento podían controlar el suministro de alimentos y contar con más tiempo libre, que dedicaron después a la creación de sistemas propiamente civilizados.

3. **Complementa la siguiente tabla con una breve explicación.**

Rasgos comunes de las civilizaciones surgidas en Mesopotamia, Egipto, China e India	
a) División social	
b) Tipo de gobierno	
c) Religión: politeísta	
d) Ciencia y tecnología	

4. **Averigua qué características geográficas tiene el mar Mediterráneo y describe qué condiciones geográficas favorecieron el desarrollo de las civilizaciones que ahí surgieron.**

_____

_____

_____

Los griegos

Aprendizaje esperado. Reconoce la cultura griega como la base de la civilización clásica.

> A la antigua Grecia se le considera la cuna de la civilización occidental por su enorme influencia en el mundo acerca de la lengua, la política, la filosofía, la ciencia, el arte y el sistema educativo.

1. Escribe una *V* si la información es verdadera, o una *F* si es falsa.

   a) La civilización griega se desarrolló en el extremo noreste del Mediterráneo. _____

   b) Los griegos fueron notables navegantes y guerreros. _____

   c) Muchos de sus conocimientos en filosofía, matemáticas, literatura y arquitectura se han retomado a lo largo de la historia, por lo que se considera que son el origen de la civilización moderna. _____

   d) Las poblaciones (polis) eran iguales entre sí. _____

   e) La democracia griega se basaba en la participación de todos los ciudadanos en la toma de decisiones. _____

   f) El rey macedonio Alejandro Magno encabezó la formación del Imperio helénico. _____

   g) El Imperio helénico se extendió hasta América. _____

   h) El Imperio helénico terminó con la muerte de Alejandro Magno. _____

2. Los Juegos Olímpicos eran eventos deportivos y religiosos que se celebraban en la ciudad de Olimpia en honor a los dioses griegos. Elabora un dibujo de alguna competencia que se desarrollara en dicha época.

Las raíces de la civilización occidental: el arte clásico y conocimiento de la Grecia antigua

Los romanos

Aprendizaje esperado. Identifica el legado jurídico, político y cultural de la civilización romana al mundo occidental.

1. **La historia de Roma se divide en tres períodos: monarquía, república e imperio. Une cada información al período que le corresponde.**

   a) Había un senado compuesto por 300 integrantes quienes elegían a dos jueces superiores que dirigían el gobierno.

   b) Fue el último período de la civilización romana.

   Monarquía

   c) Era gobernado por un rey que tomaba todas las decisiones.

   República

   d) Conquistaron varios pueblos y obtuvieron el control del mar Mediterráneo.

   Imperio

   e) El gobierno era encabezado por un emperador quien tenía toda la autoridad.

   f) Duró de los años 753 a 509 a. C.

2. **Ordena las sílabas para encontrar las palabras relacionadas con el nacimiento del cristianismo. Escríbelas con la ortografía correcta.**

   a) súsje _____

   b) tiacrisnos _____

   c) tanconsnoti _____

   d) toedic ed lánmi _____

   e) liregión _____

Herencia del mundo antiguo

Aprendizaje esperado. Valora el patrimonio cultural que ha dejado el mundo antiguo.

1. El mundo antiguo nos ha heredado importantes descubrimientos en el campo de las ideas, la sociedad, cultura, ciencia, arquitectura y tecnología. Colorea los cuadros como se indica de acuerdo con el aporte que brindó cada civilización.

China Amarillo	Hindú Rojo	Griega Azul	Romana Café	Mesopotámica Verde	Egipcia Morado

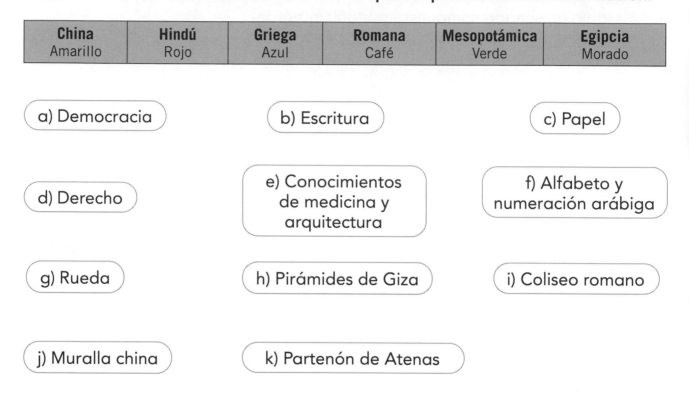

- a) Democracia
- b) Escritura
- c) Papel
- d) Derecho
- e) Conocimientos de medicina y arquitectura
- f) Alfabeto y numeración arábiga
- g) Rueda
- h) Pirámides de Giza
- i) Coliseo romano
- j) Muralla china
- k) Partenón de Atenas

2. Coloca el nombre a cada figura.

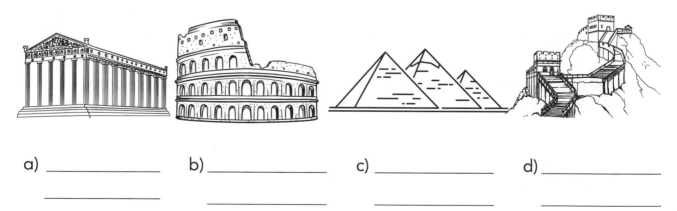

a) _____

_____

b) _____

_____

c) _____

_____

d) _____

_____

¿Quiénes fueron los mesoamericanos?

Aprendizaje esperado. Identifica la formación de civilizaciones en diferentes partes del mundo.

La agricultura fue descubierta desde muy temprano en América, sin embargo la sedentarización de sus primeros pobladores fue lenta y sólo comenzó a fortalecerse en el siglo XXVI a. C. Para comprender la historia de Mesoamérica su estudio se ha dividido en tres periodos: preclásico, clásico y posclásico.

1. Completa la siguiente tabla.

Cultura	Cuándo floreció y sus características principales
Período preclásico 2 500 a. n. e. (a. C.) a 200 d. n. e. (d. C.)	
a) Olmeca	
Período clásico 200 a 900 d. n. e. (d. C.)	
b) Teotihuacana	
c) Maya	
Período posclásico 900 a 1 500 d. n. e. (d. C.)	
d) Tolteca	
e) Mexica	

Las civilizaciones de los Andes

Aprendizaje esperado. Identifica la formación de civilizaciones en diferentes partes del mundo.

Se consideran **civilizaciones andinas** aquellas que surgieron en la región del antiguo Perú, lo que hoy se conoce como Perú, Bolivia y parte de Argentina y de Chile. Cada cultura preincaica tenía sus propias costumbres, sin embargo tenían como elementos comunes la vestimenta, la agricultura y pastoreo de camélidos, utilización de complejos sistemas de irrigación y uso intensivo del suelo de montaña.

1. Relaciona las dos columnas uniendo cada cultura preinca con sus características generales.

Cultura preincaica	Características generales

a) Chavín
1 200 a 400 a. n. e.

- Se ubicó en lo que actualmente es Ecuador y el norte de Perú. Sus dioses se relacionaban con el mar, la agricultura y la tierra.

b) Nazca
100 a 800 d. n. e.

- Se estableció en la zona central donde actualmente es Perú. Sus ciudades estaban amuralladas y tenían una gran arquitectura. Su actividad principal era militar.

c) Moche
100 a 700 d. n. e.

- Elaboraron geoglifos que representaban animales, humanos y figuras geométricas.

d) Tiahuanaco
1580 a. n. e. a 1200 d. n. e.

- Se organizaba en grupos jerárquicos. Regaban sus cultivos mediante canales. Se dedicaban a la cría de llamas y alpacas.

e) Húari
550 a 900 d. n. e.

- Ocupó lo que actualmente es el sur de Perú, Bolivia y el norte de Chile. Crearon el monumento "Puerta del Sol".

Mexica e inca

Aprendizaje esperado. Señala semejanzas y diferencias entre las culturas mexica e inca.

> Las culturas antiguas más grandiosas de América son sin duda la mexica, la maya y la inca ya que todas ellas alcanzaron un nivel de conocimiento y organización política y social muy alta, además del desarrollo cultural y social. En las **civilizaciones mexica e inca** se pueden encontrar varias similitudes.

1. **Complementa la información de la tabla acerca de las semejanzas entre las culturas mexica e inca.**

	Mexica	Inca
a) Actividad económica principal		
b) Comercio		
c) Tipo de gobierno		
d) Organización social		
e) Religión		
f) Educación		
g) Conocimientos astronómicos		

El feudalismo

Aprendizaje esperado. Analiza los rasgos de la organización social, forma de gobierno, economía y religión en las sociedades feudales.

> El **feudalismo** fue una organización social, política y económica basada en la propiedad de la tierra adquirida, inicialmente por la lealtad manifestada a las más altas autoridades en la Europa occidental de los siglos IX al XIII. El dueño de la tierra o feudo era el señor feudal; la tierra la trabajaban siervos que debían dar una buena parte de la producción al señor feudal por concepto de arriendo.

1. En la sociedad feudal estaban muy marcadas las diferencias sociales. En la pirámide acomoda los siguientes estratos según corresponda a su jerarquía social. Anota en la línea de la derecha su participación en las actividades económicas.

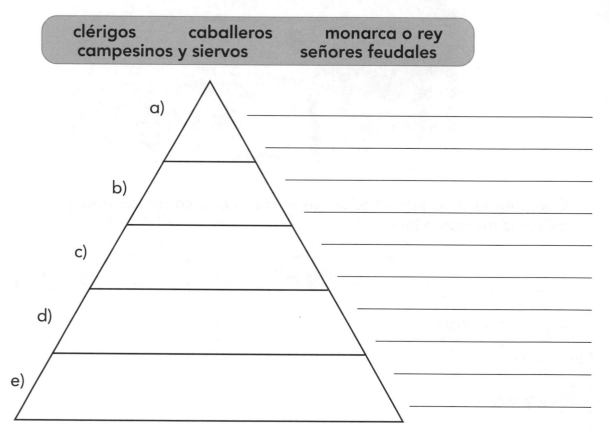

clérigos   caballeros   monarca o rey
campesinos y siervos   señores feudales

a) _____

b) _____

c) _____

d) _____

e) _____

2. Describe la importancia de la Iglesia en la Europa medieval de Occidente.

_____

_____

_____

_____

Importancia del Imperio bizantino

Aprendizajes esperados. Identifica las características económicas y políticas del Imperio bizantino y su importancia para la difusión de la cultura entre Oriente y Occidente. Distingue la importancia de las Cruzadas para el desarrollo del comercio y el intercambio cultural entre Europa y Asia.

> Recordarás que en el siglo II el Imperio romano fue dividido en dos: el imperio de Occidente y el de Oriente. El **Imperio romano de Oriente** de la Edad Media es conocido también como Imperio bizantino, llamado así por su capital, Bizancio, que luego fue llamada Constantinopla, la cual llegó a convertirse en una de las más importantes de Europa, tanto por su actividad comercial como por el desarrollo de la cultura.

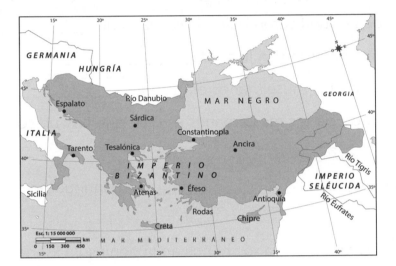

1. Observa en el mapa la extensión del Imperio romano de Oriente y comenta con un compañero cuál fue la importancia de su ubicación geográfica.

_____

_____

2. Explica la importancia de Constantinopla.

_____

_____

3. ¿Cuál fue la importancia de la Iglesia en el Imperio bizantino?

_____

_____

4. Explica qué fueron las Cruzadas.

_____

_____

El islam

Aprendizaje esperado. Comprende el origen y las principales características del islam.

> El **islam** es una religión que sostiene que el único dios verdadero es Alá, y Mahoma su profeta, quien escribió el libro sagrado. Esta religión fue adoptada por la totalidad del pueblo árabe y de muchos que éstos conquistaron. A los seguidores del islam se les llama musulmanes. A partir del siglo X el islam ha sido la bandera de varios grupos árabes para expandirse por amplias zonas geográficas.

1. Elige la opción correcta para completar los enunciados.

a) Las tribus árabes se unificaron bajo el liderazgo de _____

Mahoma / Buda

b) Mahoma predicó una religión llamada _____

budismo / islam

c) El libro sagrado de los musulmanes es _____

la Biblia / el Corán

d) En el libro sagrado de los musulmanes se dice que hay un solo dios verdadero llamado _____

Alá / Hércules.

e) Al morir Mahoma, los _____ continuaron con la expansión de su doctrina.

califas / apóstoles

f) Los musulmanes fundaron varios reinos en la península ibérica hasta el año _____

1692 / 1492

2. Encierra en un círculo los principales preceptos del islam.

a) Aceptar que no hay más dios que Alá, y Mahoma es su profeta.

b) Amar a Dios sobre todas las cosas.

c) Orar cinco veces al día mirando a La Meca.

d) Ir a la iglesia todos los domingos.

Cinco pilares del islam

e) Hacer obras de caridad y dar limosna.

f) Ayunar durante el Ramadán.

g) Ir a La Meca al menos una vez en la vida.

India, China y Japón durante la Edad Media

Aprendizaje esperado. Identifica algunos rasgos de las culturas de Asia de los siglos V al XV y sus aportaciones al mundo.

Durante la Edad Media en el continente asiático brillaron grandes civilizaciones de origen histórico esplendoroso, tal es el caso de India, China y Japón. Todas ellas hicieron grandes aportes a la cultura, la religión y, en algunos casos, a la ciencia y la tecnología.

1. **Completa los enunciados que describen las características de las distintas civilizaciones con las palabras de los cuadros.**

a) India

| castas | budismo | numeración digital | Pakistán |

Abarcaba lo que hoy es la India, Bangladesh y _____.
La sociedad se dividió en _____ que es una forma de organización determinada por la posición social. Surgió el _____ que es una de las religiones más importantes del mundo. Inventaron la _____ que hoy usamos, incluyendo el 0.

b) China

| poblada | economía | Muralla | pólvora | emperador |

Era uno de los territorios más avanzados del mundo y de mayor desarrollo. Era la región más _____. El campo era la base de su _____. Fue gobernada por varias dinastías y el _____ era la autoridad máxima. Inventaron el papel, la _____ y las primeras imprentas. Construyeron la Gran _____ para protección.

c) Japón

| feudalismo | acero | islas | samuráis |

Su territorio son cuatro grandes _____. Tenían sistema parecido al _____. Los señores feudales (daimyo) recibían tributos de los campesinos y contaban con ejércitos de _____. Desarrollaron tecnología para trabajar el _____ para fabricar espadas.

Enfermedades de la Edad Media

Aprendizaje esperado. Investiga aspectos de la cultura y la vida cotidiana del pasado y valora su importancia.

La **peste negra** o **bubónica** se origina por una bacteria llamada *yersinia pestis* que se contagia por las pulgas de la rata. Durante las actividades de guerra y comercio entre Asia y Europa el contagio de peste se hizo tan extenso en la población que se convirtió en una **pandemia**, que en el siglo XIV acabó con una importante cantidad de población.

1. Menciona qué factores favorecieron el contagio de la peste durante la Edad Media.

_____

_____

_____

2. ¿Cuáles fueron las consecuencias de esta pandemia?

_____

_____

3. ¿Qué otras enfermedades importantes surgieron durante la Edad Media?

_____

Los musulmanes

Aprendizaje esperado. Reflexiona sobre la relación entre los cristianos y musulmanes durante la Edad Media.

La expansión musulmana no sólo representó invasión para otros pueblos, sino también el enriquecimiento de la cultura y la ampliación de diversos conocimientos, mismos que no sólo se transmitieron oralmente, sino que fueron plasmados en grandes textos.

Las mezquitas (lugares para el culto del islam) son un ejemplo de los conocimientos arquitectónicos aplicados al arte.

1. ¿En qué lugar hubo más fusión cultural con la civilización musulmana y por qué?

_____

_____

2. ¿Qué eran los centros de "copistas" en España y cuál fue su importancia?

_____

_____

_____

_____

3. ¿Qué inventos difundieron los musulmanes en Europa?

_____

El crecimiento de las ciudades y la formación de monarquías

Aprendizaje esperado. Describe las causas que favorecieron el crecimiento de las ciudades.

1. Algunas ciudades de Italia fueron muy importantes para el desarrollo de la economía en Europa. Completa la siguiente tabla.

Ciudades de Italia con actividad comercial importante	Actividad económica principal
a)	
b)	
c)	

2. ¿Cómo se formaron los países europeos?

_____

_____

3. ¿Qué países nacieron de esta manera?

_____

_____

4. ¿Por qué los territorios italianos no pudieron unificarse?

_____

_____

5. Une el nombre de cada rey con el país que le corresponde.

a) Enrique el Navegante

b) Enrique VIII

c) Reyes católicos

d) Luis XV

España

Francia

Portugal

Inglaterra

El Renacimiento y el arte

Aprendizaje esperado. Reconoce algunas de las principales características del Renacimiento.

1. Resuelve el crucigrama respondiendo las pistas que se dan acerca del Renacimiento.

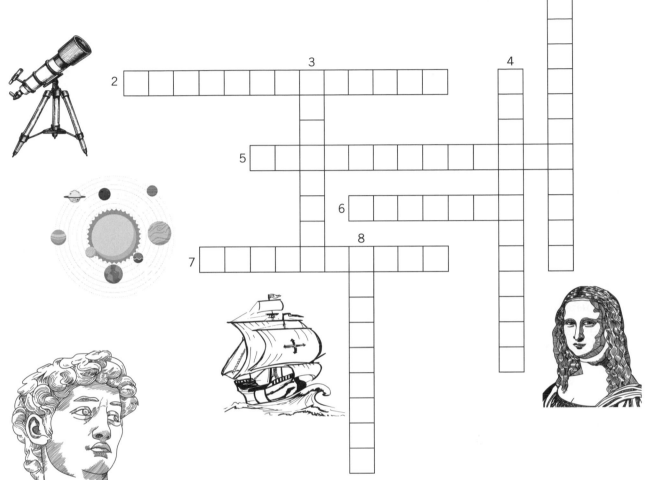

Horizontal

2) La _____ y reflexión se reinvidicaron como los mejores medios para conocer el mundo.

5) Fueron las culturas que inspiraron las artes durante el Renacimiento.

6) Pintor de la *Mona Lisa*.

7) La _____ fue una de las actividades que más se desarrolló gracias a los adelantos tecnológicos de la época.

Vertical

1) Pintor, escultor y arquitecto creador del *David*.

3) Es considerado el fundador de la astronomía y la física moderna.

4) Período del esplendor en las artes y el pensamiento que significaba volver a nacer.

8) Demostró que los planetas giran sobre sí mismos y alrededor del sol.

El encuentro de América y Europa

Aprendizaje esperado. Explica el encuentro entre América y Europa.

1. **Enumera los acontecimientos de acuerdo con el orden en que ocurrieron.**

a) La reina empeñó sus joyas y buscó el apoyo de banqueros y mercaderes. _____

b) Cristóbal Colón quería encontrar nuevas rutas para ir a la India, y pidió ayuda económica a los reyes católicos. _____

c) El 12 de octubre de 1492 llegaron a la isla de Guanahani. _____

d) Con el dinero consiguió tres barcos. Sus nombres eran: La Niña, La Pinta y La Santa María. _____

e) Colón partió del puerto de Palos en agosto de 1492. _____

2. **Explica en qué benefició a los europeos las diferentes exploraciones al continente americano.**

_____

_____

_____

3. **Explica los efectos desfavorables del encuentro entre Europa y América para las poblaciones de África y América.**

_____

_____

_____

La imprenta y la globalización económica del siglo XVI

Aprendizaje esperado. Investiga aspectos de la cultura y la vida cotidiana del pasado y valora su importancia.

El impresor alemán Johannes Gutenberg retomó y perfeccionó el invento chino de la **imprenta** así como la utilización aislada de tipos móviles para crear una innovación que en el siglo XV permitió la reproducción mecánica de textos escritos. Con ello se hizo más accesible el precio de un libro y la información que contenía pudo difundirse así a muchas más personas.

El trabajo de Gutenberg fue tan importante que permaneció casi sin cambios hasta los albores del siglo XX.

1. Con un compañero o compañera de clase comenta acerca de la importancia de la imprenta. Identifiquen al menos tres beneficios de su uso.

_____

_____

_____

_____

_____

La globalización es el proceso mediante el cual hay interrelación entre países de todo el mundo en los aspectos económico, tecnológico, social y cultural.

2. Describe brevemente cómo se llevó a cabo la globalización durante el Renacimiento.

_____

_____

3. Explica por qué fue positiva la globalización que ocurrió entre Europa, América, Asia y África.

_____

_____

Repaso

1. Resuelve el crucigrama sobre los legados del mundo respondiendo las pistas que se te dan.

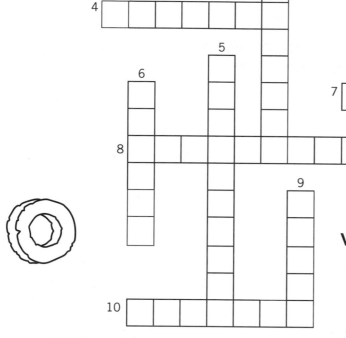

Horizontal

3) Lugar donde se construyó el famoso Partenón griego.

4) Es el legado jurídico de la civilización romana.

7) Dejó como legado las pirámides de Giza.

8) Civilización que legó la rueda y la escritura.

10) Grandiosa construcción creada por los chinos.

Vertical

1) Civilización donde se originó el papel, la pólvora y la imprenta.

2) Lugar donde se celebraban batallas, juegos y espectáculos durante el Imperio romano.

3) Numeración que los árabes llevaron por todo el mundo y que surgió en India.

5) Forma de gobierno del pueblo griego que es legado para el mundo.

6) Civilización donde se originó la base del idioma español.

9) Aportó productos como el té, el algodón y el azúcar de caña.

2. Encuentra en la sopa de letras el nombre de siete civilizaciones de Mesoamérica, y escribe junto a su nombre una característica que la distinga de las demás.

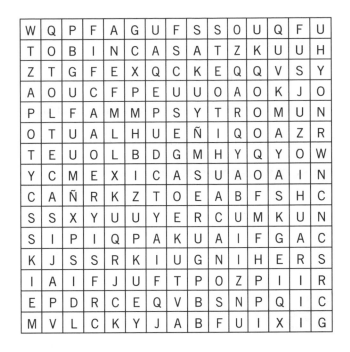

W	Q	P	F	A	G	U	F	S	S	O	U	Q	F	U
T	O	B	I	N	C	A	S	A	T	Z	K	U	U	H
Z	T	G	F	E	X	Q	C	K	E	Q	Q	V	S	Y
A	O	U	C	F	P	E	U	U	O	A	O	K	J	O
P	L	F	A	M	M	P	S	Y	T	R	O	M	U	N
O	T	U	A	L	H	U	E	Ñ	I	Q	O	A	Z	R
T	E	U	O	L	B	D	G	M	H	Y	Q	Y	O	W
Y	C	M	E	X	I	C	A	S	U	A	O	A	I	N
C	A	Ñ	R	K	Z	T	O	E	A	B	F	S	H	C
S	S	X	Y	U	U	Y	E	R	C	U	M	K	U	N
S	I	P	I	Q	P	A	K	U	A	I	F	G	A	C
K	J	S	S	R	K	I	U	G	N	I	H	E	R	S
I	A	I	F	J	U	F	T	P	O	Z	P	I	I	R
E	P	D	R	C	E	Q	V	B	S	N	P	Q	I	C
M	V	L	C	K	Y	J	A	B	F	U	I	X	I	G

Civilización	Característica
a)	
b)	
c)	
d)	
e)	
f)	
g)	

3. Escribe una *V* si la afirmación es verdadera, o una *F* si es falsa.

a) Los señores feudales eran dueños de las tierras y tenían muchos privilegios. _____

b) El rey era la máxima autoridad. _____

c) Los siervos tenían sus propias tierras. _____

d) Los soldados tenían los mismos derechos que los señores feudales. _____

e) La religión católica fue adoptada en casi toda Europa occidental. _____

4. Une las dos columnas según corresponda

a)

• Johannes Gutenberg

b)

• Miguel Ángel Buonarroti

c)

• Leonardo da Vinci

d)

• Nicolás Copérnico

e)

• Galileo Galilei

Proyecciones cartográficas: aplanando la Tierra

Aprendizaje esperado. Reconoce el espacio geográfico como resultado de las relaciones entre sus componentes.

> Los cartógrafos han elaborado distintos tipos de mapas para representar en una superficie plana la forma esférica de la Tierra. Para ello han recurrido a proyecciones cilíndricas, cónicas o planas, mediante las cuales se obtienen escalas y proporciones diferentes que, aunque deforman en mayor o menor medida ciertas zonas, permiten representar distintos aspectos o detalles de nuestro planeta.

1. Observa las imágenes. Como puedes ver, la primera es una representación gráfica de nuestro planeta, y las siguientes son modelos que representan la forma en que se llevan a cabo las proyecciones para elaborar los mapas.

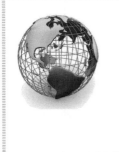 

Cilíndrica   Cónica   Plana

2. En cada uno de los mapas remarca de color naranja uno de los meridianos, y con azul uno de los paralelos.

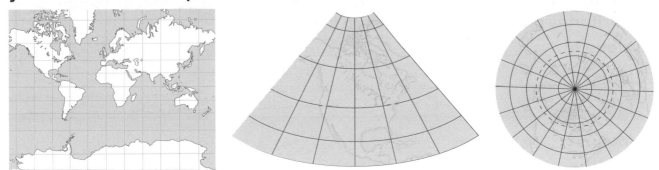

3. Anota las semejanzas y diferencias que percibes entre los mapas anteriores.

_____

_____

_____

_____

_____

Mapas a escala

Aprendizaje esperado. Reconoce diferentes escalas de representación de información geográfica con el uso de mapas.

> Los **mapas** permiten representar e identificar la ubicación de un territorio en el mundo, el continente, el país, el estado, municipio, ciudad o localidad al que pertenece. Mediante una escala numérica o gráfica, se indica cuántas veces se ha reducido la imagen de la superficie representada. Los **mapas de escala pequeña** permiten representar grandes territorios.

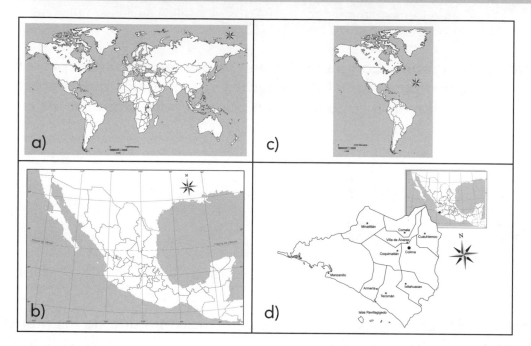

1. **Observa los mapas a, b, c y d, y anota en la línea respectiva el nombre de los territorios que identifiques en cada mapa.**

   Mapa a: _____

   Mapa b: _____

   Mapa c: _____

   Mapa d: _____

2. **En los mapas: a, b y c trata de señalar con un ✗ el segundo estado más pequeño de la República Mexicana.**

3. **¿En cuál mapa te es más fácil reconocer el estado donde se localiza tu escuela?**
   _____

4. **Anota en cada línea los datos que permiten ubicar tu domicilio.**

   a) Continente: _____   c) Estado: _____

   b) País: _____   d) Municipio
   o alcaldía: _____

Los mapas informan

Aprendizaje esperado. Reconoce el espacio geográfico como resultado de las relaciones entre sus componentes.

Los **mapas de escala grande** nos brindan información acerca de las características naturales, culturales y económicas del territorio que representan: ríos, montañas, vegetación, clima; capitales y principales ciudades; vías de comunicación, distancia de un lugar a otro; sitios de interés por su valor histórico o cultural como las zonas arqueológicas, museos, mercados o parques recreativos, entre otros.

1. **Observa el siguiente mapa donde se representa la ubicación de importantes rutas turísticas, así como algunos de los principales destinos ecoturísticos de nuestro país.**

Rutas turísticas

1) La cultura del vino y el acuario del mundo.
2) Los tarahumaras milenarios.
3) La magia de las tradiciones y la naturaleza.
4) La cuna de la historia y experiencia virreinal.
5) El arte del tequila y la música bajo el sol.
6) Las bellezas huastecas.
7) Los mil sabores del mole.
8) El misterio y el origen de los mayas.
9) La historia y la modernidad.

Destinos ecoturísticos

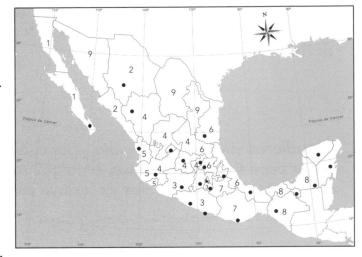

- Barrancas del Cobre, Biosfera de Calakmul, Cañón del Sumidero, Catemaco, Chichen Itzá, Ixtapa Zihuatanejo, Los Cabos, Morelia, Parque Barranca de Oblatos-Huentitán, Playa del Carmen, Prismas Basálticos, Parque Nacional la Malinche, Puerto Escondido, Reserva de la Biosfera Sierra Gorda, San Blas, Laguna del Carpintero, Tepoztlán, Valle de Bravo, Valle de los Alisos, Valle de Santiago, Parque Ecológico Olmeca, Xochimilco, Zona del Silencio.

2. **Para completar la siguiente tabla escribe el nombre de tres rutas turísticas y las entidades que la integran.**

Ruta turística	Entidades

3. **Si tuvieras la oportunidad de hacer un viaje turístico por la ruta de "Las bellezas huastecas":**

a) ¿Qué entidades tendrías oportunidad de visitar? _____

_____

b) ¿Qué destinos ecoturísticos se encuentran en dichas entidades?

_____

_____

Interpretación de mapas

Aprendizaje esperado. Emplea coordenadas geográficas para localizar lugares del mundo en mapas.

> Mediante los **planos** se representan detalles más precisos de la ubicación de un lugar como el nombre de las colonias, el trazado de las calles, el sentido de la circulación de los automóviles en las principales avenidas, así como parques, carreteras, comercios, oficinas públicas, entre otros.

1. Observa la siguiente imagen, ¿la reconoces? Se trata del estadio de futbol Miguel Hidalgo que se localiza en la colonia Felipe Ángeles de la ciudad de Pachuca en el estado de Hidalgo. ¿Está cerca del lugar donde vives?

_____

2. Si pudieras visitar este estadio, ¿por cuáles entidades de nuestro país tendrías que viajar para llegar a Pachuca, Hidalgo? Anota el nombre de cada una iniciando por la entidad donde vives y concluye con el estado de Hidalgo.

_____

_____

3. Observa el mapa y el plano. Anota debajo de cada uno la utilidad que te ofrece para llegar al estadio de futbol Miguel Hidalgo.

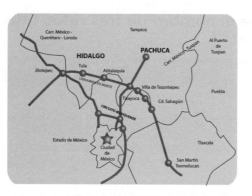

http://www.turismopachuca.com.mx/index.
php?option=com_content&view=article&id=82&Itemid=11,
9 de diciembre, 2010.

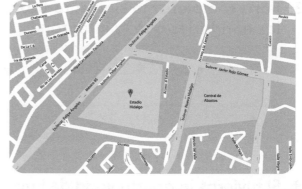

http://maps.google.es/, 9 de diciembre, 2010.

a) _____

_____

_____

b) _____

_____

_____

Tecnología aplicada al manejo de la información geográfica

Aprendizaje esperado. Reconoce la importancia de las tecnologías aplicadas al manejo de información geográfica.

Los avances tecnológicos como los satélites, las cámaras digitales, el equipo de cómputo, el internet, el sistema de posicionamiento global (GPS, por sus siglas en inglés) permiten contar con imágenes en tercera dimensión de la Tierra, y son tan reales que permiten imaginar que estás parado junto a determinados lugares o que estás volando por encima de ellos. Gracias a esa tecnología puedes ver cualquier parte del mundo, o bien al planeta entero.

1. **¿Cuál de las siguientes imágenes te parece más real? ¿Cuál te gusta más? ¿Por qué?**

La imagen de la vista nocturna de los continentes (a la izquierda) no es del todo real porque no fue tomada por una sola cámara, ni desde un solo satélite, ni en un solo momento; realmente se trata de una composición de varias fotografías digitales. En contraste, la fotografía de la derecha fue tomada por una sola cámara, desde un satélite, en un momento determinado.

Las tecnologías de información geográfica permiten conocer la localización exacta de diversas características de la Tierra como vegetación, cauce de ríos, asentamientos humanos y fenómenos climatológicos.

2. **Desde los satélites artificiales que la humanidad ha lanzado al espacio es posible tomar imágenes como la siguiente. Obsérvala. ¿De qué fenómeno meteorológico se trata?**

_____

_____

_____

3. **¿Qué utilidad tiene el poder obtener una imagen como ésta en el momento en que se registra el fenómeno meteorológico?**

_____

_____

Paisajes diversos, climas diversos

Aprendizaje esperado. Relaciona los climas con la distribución de la vegetación y la fauna en la Tierra.

> Las características físicas de la Tierra como su relieve (montañas, llanuras y hendiduras o depresiones), la presencia de cuerpos de agua (océanos, mares, lagos, lagunas, ríos superficiales o subterráneos) y el clima característico de un lugar (cantidad de lluvia, intensidad del viento y variación en la temperatura) influyen en el tipo de vegetación y fauna de cada región natural.

1. **Anota en las líneas el clima que predomina en cada lugar representado en el siguiente dibujo.**

a) _____ b) _____

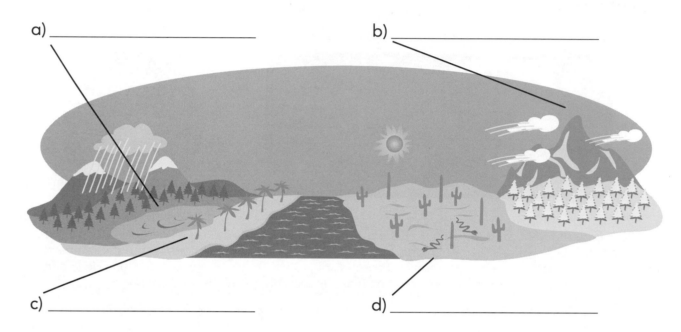

c) _____ d) _____

2. **Describe algunas de las características de las zonas en las que predominan el clima tropical y el templado.**

_____

_____

_____

_____

_____

_____

_____

_____

_____

3. **Anota el clima predominante (polar, templado, tropical) en cada una de las zonas que se delimitan por el ecuador, los trópicos y los círculos polares.**

El **clima** característico de cada región natural: frío, polar (tundra, alta montaña, hielos perpetuos), lluvioso, templado, tropical o seco (estepario, desértico) depende tanto de la latitud en la que se localiza la región, es decir, su cercanía o lejanía del ecuador y de los polos, como de la altitud del suelo con respecto al nivel del mar.

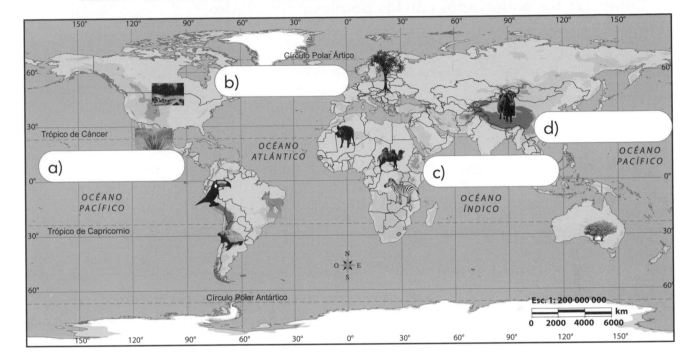

4. **Localiza este yak en el mapa y enciérralo en un círculo.**

a) ¿En qué clima vive? _____

b) ¿Crees que su cuerpo esté adaptado para ese clima? _____
   ¿Por qué? _____

   _____

El **yak** habita en la región del Himalaya, la cordillera más alta de la Tierra, por lo que sin estar localizada en el ártico, su clima es muy frío, similar al polar, por eso se le conoce como clima de alta montaña o bien de hielos perpetuos, ya que las cimas permanecen congeladas durante todo el año.

Los recursos naturales

Aprendizaje esperado. Reconoce la importancia de la producción de alimentos y materias primas en el mundo.

> **Los recursos naturales** son aquellos productos que se obtienen de la naturaleza y que el ser humano utiliza para satisfacer sus necesidades.

1. **Completa los enunciados con las palabras del cuadro.**

> regar los cultivos   Amazonas   materias primas   suelo   gas y petróleo

a) Son los productos que deben ser transformados para poderse consumir:

_____

b) El agua es un recurso natural que se usa en la agricultura para:

_____

c) Una manera de obtener agua es a través de ríos caudalosos como el:

_____

d) El _____ es otro recurso natural que, de acuerdo con sus características, se convierte en sustento de diversos tipos de vegetación como los bosques.

e) Son ejemplos de recursos energéticos: _____

2. **Une el recurso natural con el producto que podemos obtener de él.**

Recurso natural

a) petróleo

b) árbol

c) algodón

Producto

1)

2)

3)

Desarrollo sustentable

Aprendizaje esperado. Reconoce la importancia de cuidar los recursos naturales.

El **desarrollo sustentable** se refiere a utilizar responsablemente los recursos naturales para que no se agoten y se puedan seguir aprovechando.

1. Colorea las medidas para tener un desarrollo sustentable.

a) Ecoturismo

b) Uso de energía solar

c) Reciclar productos

d) Usar insecticidas

e) Usar el automóvil

f) Utilizar abonos orgánicos

2. Elabora un cartel para promover alguna de las medidas que favorezca un desarrollo sustentable.

Países y ciudades con mayor densidad de población

Aprendizaje esperado. Analiza tendencias y retos del crecimiento, de la composición y la distribución de la población mundial.

Los seres humanos habitamos en todas partes del mundo, sin embargo la densidad de población varía de un lugar a otro. La **densidad de población** indica el número de personas que vive en un kilómetro cuadrado de territorio, y se obtiene dividiendo el número total de habitantes entre el número de kilómetros que tiene la superficie del país, estado, ciudad o lugar del que se trate.

1. **México es uno de los países más poblados del mundo. Identifica en el mapa otros países con gran población y anótalos.**

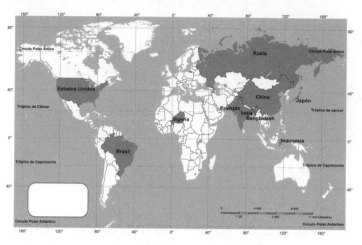

_____   _____

_____   _____

_____   _____

_____   _____

2. **Escribe el nombre de tres ciudades con alta densidad de población.**

_____

3. **La siguiente tabla compara la densidad de población de siete ciudades con la del país al que pertenecen. Localiza y subraya en la tabla el nombre del país con menor densidad de población; el de mayor, subráyalo doble.**

Ciudad	Densidad*	País	Densidad
Beijing	34 177	China	122
Ciudad de México	13 925	México	45
Tokio	13 925	Japón	328
Dhaka	11 019	Bangladesh	825
Londres	7 299	Reino Unido	235
Toronto	6 391	Canadá	3
Los Ángeles	2 878	Estados Unidos	26

* Densidad de Población: población por kilómetros cuadrados calculada para el centro de la ciudad (Naciones Unidas).

4. **¿Cuál de los dos países que señalaste tiene un territorio más pequeño?**

_____

5. **¿Por qué razón crees que vivan tantas personas en un territorio pequeño?**

_____

_____

Dinámica de la población y sus implicaciones

El campo y la ciudad: productos y servicios

Aprendizaje esperado. Explica factores naturales, sociales y económicos que influyen en la distribución de la población del mundo.

Servicios de salud, educación, recreativos y culturales, transporte, comunicación, energía eléctrica, servicio de limpia, drenaje, entre otros, son necesarios para el bienestar tanto de quienes habitan en las **grandes ciudades** como en los **pequeños poblados**. En ambos tipos de comunidades se requiere de productos para alimentación, vestido, protección y cuidado personal.

1. **Observa las siguientes imágenes y anota debajo de cada una los problemas que enfrentan sus habitantes.**

a) Problemas en las grandes ciudades:

_____

_____

_____

_____

_____

b) Problemas en los pequeños poblados:

_____

_____

_____

_____

_____

2. **Anota en cada columna las ventajas que tiene vivir en una gran ciudad y las ventajas de vivir en un pequeño poblado.**

Ventajas de la vida en una ciudad	Ventajas de la vida en un poblado
a)	b)

Movimientos migratorios

Aprendizaje esperado. Analiza los principales flujos de migración en el mundo.

La **migración humana** consiste en el cambio de domicilio ya sea porque se deja o se llega a vivir a un lugar distinto de donde se nació. Cuando las personas se van de su lugar de origen se dice que emigran, y cuando llegan a un nuevo lugar se les conoce como inmigrantes. Las causas de la migración son diversas, entre ellas la búsqueda de empleo y un mejor bienestar de vida, o bien la necesidad de refugio originado por conflictos sociales o políticos.

1. **Escribe una *V* si la afirmación es verdadera, o una *F* si es falsa con respecto a las causas de la migración.**

   a) Hay gente que migra a otro país porque en el suyo hay guerra. _____

   b) La migración es causada porque las familias se aburren de estar en el mismo lugar. _____

   c) La falta de oportunidades de trabajo ocasionan que se busquen oportunidades en otros países. _____

   d) Hay migración porque el gobierno le dice a la población que se vaya a otro país. _____

   e) Las personas deciden mudarse porque consiguieron una oportunidad de estudio o trabajo. _____

2. **La migración tiene consecuencias para las personas que emigran y para los países que los reciben (receptores), y también para los países donde la población se va (expulsores). Une con una línea cada consecuencia según corresponda.**

   a) Las familias se separan.

   b) El país recibe dinero del extranjero y esto ayuda a la economía.

   c) Efectos psicológicos y mentales.

   d) Hay menos gente trabajando en el campo.

   e) Los migrantes hacen trabajos que los locales no desean y esto ayuda a la economía.

   f) Se producen problemas de discriminación.

   1) Consecuencias para los países expulsores de migrantes.

   2) Consecuencias para los migrantes.

   3) Consecuencias para los países receptores de migrantes.

Dinámica de la población y sus implicaciones

Las minorías culturales

Aprendizaje esperado. Valora la diversidad de grupos étnicos, lenguas, religiones y patrimonio cultural en el mundo.

> Las **minorías culturales** son grupos de personas que comparten características en común como religión, idioma o raza y que se diferencian de la mayoría de personas del lugar donde viven.

1. **Escribe el número que corresponda a cada frase para completarla.**

1) los grupos mestizos
2) minoría religiosa
3) minorías nacionales

4) menonitas
5) México
6) La discriminación

a) Se llama _____ a las minorías originarias del país donde viven.

b) Es común que _____ discriminen a las minorías étnicas.

c) En _____ existen 62 grupos étnicos indígenas que hablan su propia lengua.

d) Se llama _____ al grupo de personas que se identifican principalmente por una creencia.

e) Los _____ son un ejemplo de minoría en México.

f) _____ de las minorías es causada por prejuicios de las personas hacia los que tienen características o creencias diferentes a las de ellos.

2. **Escribe un texto dirigido a una persona que trata mal a los indígenas explicándole por qué eso no es correcto.**

_____

_____

_____

_____

_____

_____

_____

_____

Países con diferente desarrollo económico

Aprendizaje esperado. Analiza causas de las diferencias en la calidad de vida de la población en países del mundo.

El **producto interno bruto** (PIB) es un indicador de riqueza que se obtiene al sumar el valor monetario de los bienes y servicios que produce una nación durante un año. Al dividir el PIB entre el número de personas que integran el país se obtiene un promedio al que se le conoce como PIB per cápita o por persona. Junto con el PIB, la esperanza de vida y el nivel educativo promedio de la población, forman parte de los indicadores con los que se mide el nivel de desarrollo de un país.

1. A partir de la información de la siguiente tabla, describe cuáles son las diferencias entre los países de muy alto, alto, medio y bajo desarrollo.

Países	PIB anual por persona (dólares)	Esperanza de vida al nacer (años)	% de personas mayores de 15 años alfabetizados
Muy alto			
Noruega (Europa)	53 433	80.5	No se especifica
Australia (Oceanía)	39 923	81.4	No se especifica
Alto			
México (América)	14 101	76.0	92.8
Medio			
Armenia (Asia)	5 693	73.6	99.5
Bajo			
Etiopía (África)	779	54.1	35.9
República del Congo (África)	298	47.6	67.2

http://hdr.undp.org/en/media/HDR_2009_ES_Indicators.pdf

2. Colorea de azul las características de los países con alto nivel de desarrollo económico, y de amarillo las de bajo nivel.

a) Existen altos niveles de pobreza.

c) Toda su población tiene acceso a sistemas de salud.

b) Poseen alto desarrollo tecnológico.

d) No toda la población sabe leer y escribir.

Fabricación e intercambio internacional

Aprendizaje esperado. Compara la producción y la comercialización de productos en diferentes países del mundo.

La globalización económica tiene que ver con las facilidades que se acuerdan entre países para intercambiar y participar en los procesos de producción, transformación y comercialización de productos y en la prestación de servicios. Ese intercambio se facilita por las ventajas que ofrecen las tecnologías de la información y la comunicación, pues permiten estar al tanto de los avances que logran investigadores, científicos y técnicos de distintos países, sin necesidad de que se trasladen de un lugar a otro.

1. **Revisa la etiqueta de especificaciones de los aparatos eléctricos o electrónicos que hay en tu casa, como licuadora, plancha, televisor, computadora, aparato telefónico; en ocasiones se encuentra en su parte trasera o en sus empaques. En caso necesario, acude a alguna tienda comercial y pide que te permitan tomar los siguientes datos de dos aparatos eléctricos o electrónicos.**

	Aparato 1	Aparato 2
Nombre del producto		
Marca		
País de fabricación*		
País de distribución*		

*En caso de que únicamente esté anotada la ciudad o entidad, deberás indagar el nombre del país en que se ubican.

2. **Numera según corresponda la cadena productiva para la elaboración de la gasolina.**

a) En las refinerías, el petróleo
se convierte en gasolina. _____

b) En la gasolinera se cargan
los coches con gasolina. _____

c) El petróleo se extrae del subsuelo. _____

d) La gasolina se transporta
en camiones-tanque. _____

e) El petróleo viaja por tubos
llamados oleoductos. _____

Indispensable, básico o superfluo

Aprendizaje esperado. Distingue diferencias entre el consumo responsable y el consumismo en diferentes países del mundo.

El **consumo de bienes y servicios** es necesario, y en algunos casos indispensable, para satisfacer las necesidades humanas. Un consumo responsable da lugar a la producción y crecimiento económico de la sociedad, no deteriora el equilibrio económico del consumidor ni perjudica al medio ambiente. El consumo irresponsable, o consumismo, da lugar a deudas innecesarias al adquirir una serie de objetos que resultan superfluos y que al desecharlos frecuentemente se convierten en basura que daña el ambiente.

1. **Anota delante de cada producto si consideras que es indispensable, necesario o superfluo y explica brevemente por qué.**

   a) Agua potable _____

   b) Auto particular _____

   c) Bebida refrescante embotellada _____

   d) Calzado _____

   e) Frituras empaquetadas _____

   f) Fruta fresca _____

   g) Guisado con carne y verduras _____

   h) Jabón y detergente _____

   i) Medicamentos _____

   j) Pastelillo o postre _____

   k) Teléfono celular con cámara, radio y juegos _____

   l) Transporte público _____

2. **La vivienda es un bien que atiende la necesidad de protección ante las inclemencias del medio, ¿qué instalaciones y servicios indispensables, básicos o superfluos debe o puede tener?**

   a) Instalaciones y servicios indispensables:

   _____

   b) Instalaciones y servicios básicos:

   _____

   c) Instalaciones y servicios superfluos:

   _____

Cuidado con la publicidad

Aprendizajes esperados. Distingue diferencias entre el consumo responsable y el consumismo. Distingue diferencias entre el consumo responsable y el consumismo en diferentes países del mundo

> Los **medios de comunicación masiva** como la radio, la televisión, los grandes espectaculares e Internet difunden una serie de anuncios promoviendo el consumo de una amplia variedad de productos que influyen en los gustos y hábitos de las personas de cualquier edad.

1. Observa los siguientes anuncios publicitarios y contesta las preguntas.

1) ¡Súper bicis!

- Gran remate de bicicletas para toda la familia
- Podrás encontrarlas hasta con un 50% de descuento
- Hechas con la más alta calidad
- Facilidades de pago

¡Ven por la tuya antes de que se acaben!

2) Enersoda

Gran bebida energizante
Te mantendrá alerta y
aprenderás todo con mayor rapidez
Hecho con sustancias naturales

¡Si alerta quieres estar,
enersoda tendrás que tomar!

	Primer producto	Segundo producto
a) ¿De qué producto se trata?		
b) ¿A qué tipo de consumidores se dirige?		
c) ¿Qué frases o imágenes utiliza para llamar la atención?		
d) ¿Es creíble la información que proporciona? ¿Por qué?		

2. Explica qué acciones puedes llevar a cabo para verificar la información que proporciona cada anuncio.

_____

_____

_____

_____

Calidad de vida

Aprendizaje esperado. Analiza causas de las diferencias en la calidad de vida de la población en países del mundo.

> Una buena **calidad de vida** permite a las personas ser productivas, creativas y convivir en armonía no sólo con los demás, sino también con el ambiente.

1. Subraya los indicadores de calidad de vida.

   a) Alimentación.

   b) Tener pozos petroleros.

   c) Educación.

   d) Salud.

   e) Número de hijos.

   f) Vivienda.

   g) Contar con bosques.

   h) Calidad del ambiente.

2. Enlista algunos indicadores de tu vida diaria que señalen si existe una buena calidad en tu vida y la de tu familia.

   _____

   _____

3. En el mapa colorea de color rojo tres países donde los habitantes gocen de menor calidad de vida que en México, y de verde tres países que tengan mejor calidad de vida que en México.

Cuidar nuestra casa, la Tierra

Aprendizaje esperado. Analiza efectos de los problemas globales en el medio ambiente.

El dióxido de carbono y el vapor de agua causantes del efecto invernadero no son perjudiciales en su ciclo natural, pues regulan y equilibran la temperatura terrestre; sin embargo, el incremento de dichos gases por la generación de electricidad, la combustión de gasolina, los desechos industriales y los incendios forestales, entre otros factores, deterioran el ambiente y dan lugar a un acelerado calentamiento global, desequilibrio en los ciclos de lluvia, alteración de la temperatura en selvas, bosques y polos que afecta los ciclos de producción agrícola de temporal, riesgo mayor de inundaciones en las zonas costeras, así como deforestación y desertificación en montes y llanuras. De igual manera, se afecta la salud de las personas por la falta de agua potable.

1. En las siguientes ilustraciones señala con color verde las acciones que para proteger el ambiente se aplican en el lugar en que habitas, y señala con color rojo aquellas que no se practiquen o que no sea posible practicar en el lugar en que vives.

El próximo despertador que compres que sea solar, no eléctrico.

Reutiliza las hojas de papel para elaborar el borrador de tus trabajos.

Recicla la basura de tu casa, de tu escuela o de tu trabajo.

Al cocinar utiliza un recipiente con tapa y cuida que el tamaño de la flama no sea mayor a la base del recipiente.

BASURA ORGÁNICA

BASURA INORGÁNICA

Ahorra energía eléctrica.

Utiliza lo menos posible el automóvil; camina, usa bicicleta y transporte público.

2. Elige dos de las imágenes anteriores y explica por qué es importante llevar a cabo lo que indica el mensaje para mejorar y proteger el ambiente.

_____

_____

_____

_____

3. Escribe otras opciones que contribuyan a contrarrestar el calentamiento global de la Tierra.

_____

_____

¿Qué hacer en caso de...?

Aprendizaje esperado. Distingue factores que inciden en situaciones de riesgo para la población en diferentes países del mundo.

> Los **desastres** alteran o interrumpen el funcionamiento regular de la vida en sociedad debido a que provocan graves daños a la salud, la integridad física y la vida de las personas; a sus viviendas, construcciones y bienes materiales, así como a su entorno natural. Los desastres naturales se presentan cuando no se identifican oportunamente los riesgos ni se valoran las pérdidas que se pueden generar por la presencia de algún fenómeno de origen geológico, meteorológico, hidrológico, o bien por la actividad humana que da lugar a desastres tecnológicos, como fugas de sustancias tóxicas o explosiones nucleares y a desastres ambientales.

1. En el lugar en que habitas puede haber algún o algunos riesgos de desastres, ya sea naturales o producidos por la actividad humana. De la siguiente lista señala con una ✗ qué tipo de desastres han ocurrido o pueden ocurrir en la zona donde vives.

   a) De origen geológico: Avalanchas _____ Sismos _____ Erupciones volcánicas _____ Aludes_____

   b) De origen meteorológico: Trombas _____ Tornados _____ Granizadas _____ Nevadas _____ Sequías _____

   c) De origen hidrológico: Tsunamis _____ Maremotos _____

   d) Desastres tecnológicos: Fugas de sustancias tóxicas _____ Explosiones nucleares _____

   e) Desastres ambientales: Contaminación del agua _____ Deterioro del suelo _____ Extinción de flora y fauna _____

2. De los desastres que señalaste, selecciona dos y elabora una lista de los riesgos presentes en tu comunidad y los daños que pueden provocar. Puedes consultar el sitio web del Centro Nacional para la Prevención de Desastres (Cenapred).

   a) _____

   _____

   b) _____

   _____

Más vale prevenir que lamentar

Aprendizaje esperado. Distingue factores que inciden en las situaciones de riesgo para la población en diferentes países del mundo.

Los seres humanos no podemos evitar que ocurran los fenómenos naturales, pero sí podemos influir para que sus efectos sean menos dañinos. Para ello es importante llevar a cabo **acciones de prevención** que permitan identificar los riesgos, así como diseñar y llevar a cabo acciones que eviten o aminoren las posibles adversidades. A nivel internacional, la ONU cuenta con una secretaría encargada de aplicar la Estrategia Internacional para la Reducción de Desastres (EIRD) y, al igual que otros países, México creó el Centro Nacional para la Prevención de Desastres (Cenapred). Ambas instituciones promueven en la población la cultura de prevención y autoprotección.

1. De acuerdo con los tipos de desastres más probables que se presentan o pueden presentarse en el lugar en que vives, elabora una lista de las acciones que se podrían llevar a cabo para reducir la magnitud de los daños o preferentemente evitarlos en su totalidad.

   Desastre 1. _____

   _____

   _____

   Desastre 2. _____

   _____

   _____

2. Elabora un listado con los nombres y teléfonos de los sitios y organismos públicos de tu comunidad a los que puedes acudir en caso de un desastre natural o de una emergencia.

Nombre	Teléfono	Apoyo que brinda

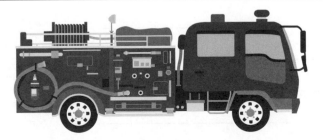

Repaso

1. Explica para qué nos sirven los mapas.

_____

_____

2. Colorea el mapa como se indica y escribe el nombre del Océano Pacífico, Índico y Atlántico donde corresponda.

a) Asia: amarillo.

b) Europa: rojo.

c) África: morado.

d) Oceanía: verde.

e) América: naranja.

f) Antártica: gris.

3. Menciona un avance tecnológico que nos permita conocer mejor el planeta, y explica su utilidad.

_____

_____

_____

4. Observa la imagen y escribe el clima, el tipo de animales que viven ahí y en qué zona se localiza.

_____

_____

_____

_____

5. Encuentra en la sopa de letras, nueve factores que influyen en la distribución de la población, y anótalos en las líneas.

O	E	L	E	C	T	R	I	C	I	D	A	D
E	P	E	I	M	A	A	U	C	R	E	O	D
D	A	O	E	R	E	D	O	E	L	O	E	E
U	M	U	R	E	E	J	D	B	A	I	E	V
C	I	A	E	T	A	C	A	U	O	A	I	E
A	L	O	O	B	U	T	U	N	D	E	R	I
C	C	S	A	D	O	N	U	R	S	L	I	L
I	E	R	C	P	P	O	I	E	S	D	O	E
O	T	A	A	L	N	T	S	D	A	O	N	R
N	T	U	Z	D	I	L	E	L	A	A	S	A
R	G	U	T	M	A	A	O	M	F	D	T	D
A	I	D	R	E	N	A	J	E	E	E	E	O
E	A	T	C	S	C	D	R	C	O	A	I	S

a) _____

b) _____

c) _____

d) _____

e) _____

f) _____

g) _____

h) _____

i) _____

6. Completa la tabla con lo que se te pide.

a) Dos países con alta calidad de vida:	
b) Dos países con baja calidad vida:	
c) Dos países expulsores de migrantes:	
d) Dos países receptores de migrantes:	
e) Dos países con mucha población:	
f) Dos acciones para preservar el ambiente:	

7. Resuelve el crucigrama completando o respondiendo las pistas acerca de desastres naturales.

Horizontal

3) La falta de _____ es uno de los mayores problemas al enfrentar un desastre.

4) Para prevenir los efectos de los desastres debes _____ las zonas de seguridad y los peligros del lugar en el que vives.

5) Para reducir la vulnerabilidad es necesario conocer las características _____ del lugar en que vivimos.

7) Facilidad con la que la población puede sufrir daños en su infraestructura o bienes materiales por su localización o pobreza.

10) Fenómeno natural o acción social que puede provocar daños en una zona determinada.

11) Para atenuar los efectos de los fenómenos naturales es indispensable _____ por qué suceden.

Vertical

1) Las _____ vulnerables son las que tienen mayor población y mala planeación en su desarrollo territorial.

2) Una manera de evitar las amenazas humanas es dar _____

6) Por su origen las amenazas pueden ser naturales o _____

8) Daños o pérdidas que una comunidad puede sufrir debido a una amenaza por su vulnerabilidad.

9) Situación en la que la población vulnerable sufre graves daños por efecto de una amenaza o peligro.

12) Siglas de la secretaría creada por la ONU para reducir los efectos de los desastres.

Viviendo cambios

Aprendizaje esperado. Analiza la importancia de la sexualidad y sus diversas manifestaciones en la vida de los seres humanos.

Según informes de la UNICEF: "la adolescencia es esencial-mente una época de cambios. Trae consigo enormes variaciones físicas y emocionales, transformando al niño en adulto". Estás en una etapa de muchos **cambios**, es por eso que debes tenerte mucha paciencia y comprender que los demás te quieren ayudar.

1. **Pega una fotografía tuya o dibuja tu cara en el marco. En el cuadro, escribe algunas características de tu forma de ser y de tu aspecto físico, como carácter, gustos, estatura, peso, color de piel, etc.**

2. **Escribe algunos cambios que estés experimentando.**

Cambios físicos	

Relación con mi familia	

Relación con personas del otro sexo	

Sentimientos y emociones	

Cuido mi salud física y mental

Aprendizaje esperado. Analiza situaciones de riesgo para protegerse ante aquello que afecta su salud e integridad o la de otras personas.

> Cuidar y respetar tu cuerpo es la base para una **buena salud** tanto física como mental.

1. Unos amigos decidieron cambiar sus hábitos para tener una buena salud física y mental. Escribe algunos consejos que les darías incluyendo alimentación, actividades deportivas, descanso y revisión médica.

Actividades	Alimentación

2. Escribe algunos consejos para cuidar tu salud, por ejemplo, *no consumir chatarra*.

a) _____

b) _____

c) _____

d) _____

e) _____

3. Busca en la sopa de letras las palabras: *respeto, adolescencia, dignidad, integridad, prevención, sexualidad, identidad.*

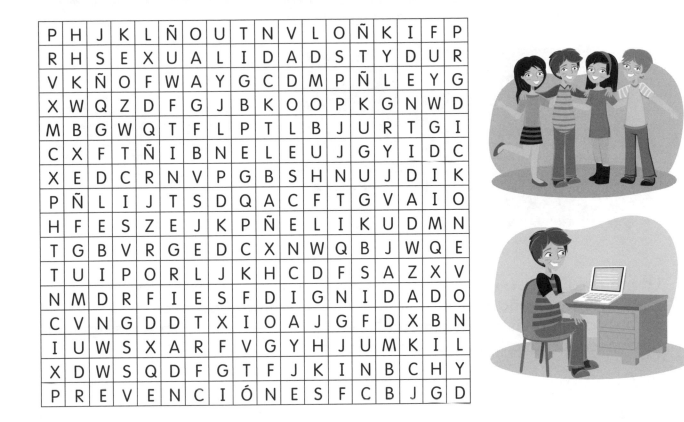

P	H	J	K	L	Ñ	O	U	T	N	V	L	O	Ñ	K	I	F	P
R	H	S	E	X	U	A	L	I	D	A	D	S	T	Y	D	U	R
V	K	Ñ	O	F	W	A	Y	G	C	D	M	P	Ñ	L	E	Y	G
X	W	Q	Z	D	F	G	J	B	K	O	O	P	K	G	N	W	D
M	B	G	W	Q	T	F	L	P	T	L	B	J	U	R	T	G	I
C	X	F	T	Ñ	I	B	N	E	L	E	U	J	G	Y	I	D	C
X	E	D	C	R	N	V	P	G	B	S	H	N	U	J	D	I	K
P	Ñ	L	I	J	T	S	D	Q	A	C	F	T	G	V	A	I	O
H	F	E	S	Z	E	J	K	P	Ñ	E	L	I	K	U	D	M	N
T	G	B	V	R	G	E	D	C	X	N	W	Q	B	J	W	Q	E
T	U	I	P	O	R	L	J	K	H	C	D	F	S	A	Z	X	V
N	M	D	R	F	I	E	S	F	D	I	G	N	I	D	A	D	O
C	V	N	G	D	D	T	X	I	O	A	J	G	F	D	X	B	N
I	U	W	S	X	A	R	F	V	G	Y	H	J	U	M	K	I	L
X	D	W	S	Q	D	F	G	T	F	J	K	I	N	B	C	H	Y
P	R	E	V	E	N	C	I	Ó	N	E	S	F	C	B	J	G	D

4. Completa las siguientes frases con algunas de las palabras que encontraste en la sopa de letras.

a) La _____ es un conjunto de condiciones anatómicas y fisiológicas que caracterizan a cada sexo.

b) Con mis compañeros el trato siempre debe estar basado en el _____.

c) Al navegar por internet se corre el riesgo de revelar mi _____ a desconocidos que pueden hacer mal uso de ésta.

d) Una acción de _____ es bloquear a los desconocidos.

e) La etapa de _____ que estoy viviendo merece respeto y también debo tener buen trato con los demás como adultos mayores, compañeros, niños menores, personas con alguna discapacidad, familiares, amigos.

Tomamos decisiones compartiendo cada quien sus ideas

Aprendizaje esperado. Reconoce sus responsabilidades y pone en práctica su libertad aportando ideas para enfrentar un proyecto colectivo o mejorar algún aspecto de la vida escolar.

Cuando propongo algo, es importante documentarme bien para poder dar razones justificadas de que mi propuesta traerá buenos resultados.

1. La maestra pidió a sus alumnos que hicieran una propuesta para mejorar como grupo y como escuela. Luego de recabar información en diversas fuentes como revistas, documentales e internet, se presentaron las siguientes opciones. Subraya la que consideres mejor.

   a) Ángeles propuso entrenar más para tener un buen equipo que los represente.

   b) Daniela propuso hacer una campaña en toda la escuela para reciclar el papel.

   c) Pedro propuso hacer círculos de estudio, entre otras más.

2. Completa la frase para que veas qué pasó:

> El ____u__o de __ua____o año se organizó en e__ui__o__ y e__i__ie__o__ cuatro de las ____o__ue____a__ para realizarlas y __e__o__a__, al ____i____i__io fue difícil __o____ue todos __ue__ía__ hablar al __i____o tiempo y __i____u__ía__ que la suya era la mejor, __o____a__o__ ponerse de a__ue____o ya que se e____u____a__o__ y vieron qué era lo __e__o__ para todo el ____u__o, incluso __a__a la e____ue__a.

Criterios para el ejercicio responsable de la libertad:
la dignidad, los derechos y el bien común

Vivir en igualdad de género

Aprendizaje esperado. Distingue características naturales y sociales entre hombres y mujeres y sus implicaciones en el trato que reciben.

> Sé **incluyente**, integra en tus actividades a personas del sexo opuesto.

1. Observa las siguientes actividades e identifica cuáles son propias de los hombres y cuáles de las mujeres. Une con una línea las actividades que correspondan a las del niño; con otra línea, a las de la niña y, si es necesario, a ambos.

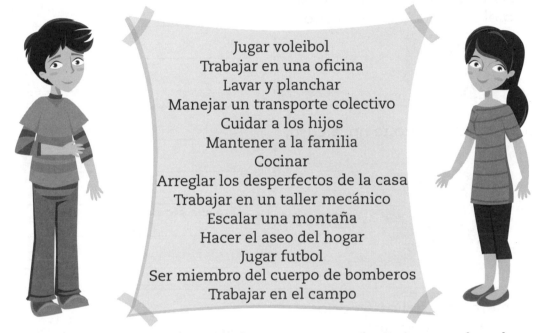

Jugar voleibol
Trabajar en una oficina
Lavar y planchar
Manejar un transporte colectivo
Cuidar a los hijos
Mantener a la familia
Cocinar
Arreglar los desperfectos de la casa
Trabajar en un taller mecánico
Escalar una montaña
Hacer el aseo del hogar
Jugar futbol
Ser miembro del cuerpo de bomberos
Trabajar en el campo

2. Escribe las actividades que señalaste como exclusivas para hombres y para mujeres. Compara tus respuestas con las de un compañero.

Hombres: _____

Mujeres: _____

3. ¿Crees que en México vivimos en igualdad de género?

4. ¿Qué puedes hacer para promover la igualdad de género?

_____

_____

_____

_____

Identifico y regulo mis emociones

Aprendizaje esperado. Identifica sus emociones y busca la manera de regularlas.

1. Escribe cómo te sentirías si te sucedieran las siguientes situaciones y por qué te sentirías así.

Situación	¿Cómo te sentirías? / ¿Por qué?
a) La maestra te felicita frente a todos tus compañeros por el examen de Matemáticas que presentaste la semana pasada, para el cual estudiaste mucho.	
b) Tu mejor amigo no te hace caso.	
c) Te enfermaste del estómago y no podrás ir a la fiesta de cumpleaños de tu amiga.	
d) Tus papás te dan la sorpresa de que en verano irán de vacaciones.	

Las **emociones** se producen en nuestra parte afectiva y actúan como señales de alerta para salir bien librados de algunas situaciones: el miedo nos lleva a protegernos, la alegría a repetir la situación que la produjo, la sorpresa nos permite reevaluar las nuevas circunstancias, y la aversión a rechazar lo que nos puede dañar. Sin embargo, cuando se desbordan, las emociones pueden dañarnos o lastimar a los demás. Es importante aprender a controlarlas.

2. **Lee con cuidado cada uno de los siguientes recuadros, que tienen una sugerencia de cómo reaccionar positivamente ante una emoción. Ordena los pasos y numéralos del 1 al 4.**

a)		Después, evalúo la intensidad o grado de mi emoción completando la frase: me siento… (muy / bastante / poco) + (emoción que identifiqué antes).
b)		Primero identifico la emoción que me domina: en este momento siento… (emoción).
c)		Finalmente, busco la forma de canalizar mi emoción. me retiro del lugar del peligro, le explico a otro que me están molestando, etcétera.
d)		Después hago cosas que me ayuden a controlarme: respiro hondo, cuento hasta diez, tomo agua, trueno los dedos, aprieto las manos.

3. **Completa las oraciones con las siguientes frases.**

> **comerme las uñas   aislarme   encerrarme en mi cuarto**
> **tratar de hablar con ellos   respirar profundo para relajarme**
> **buscar a mis amigos**

a) La próxima vez que me enoje con mis hermanos, en lugar de _____ voy a

_____

b) La próxima vez que me ponga muy triste, en lugar de _____ voy a

_____

c) La próxima vez que sienta miedo, en lugar de _____ voy a

_____

El valor de la responsabilidad

Aprendizaje esperado. Reconoce sus responsabilidades y pone en práctica su libertad para la toma de decisiones responsables.

Los **deberes** son las obligaciones y responsabilidades que deben cumplirse para el beneficio propio y de los demás.

1. Observa la ilustración y responde. ¿Por qué el niño debe mantener ordenada su habitación? ¿Qué pasa si no lo hace? ¿De qué manera lo perjudica el desorden que tiene?

_____

_____

_____

_____

2. Elabora un listado de tus deberes. Escribe cada uno en la columna correspondiente.

En el hogar	En la escuela	Conmigo mismo
a)	a)	a)
b)	b)	b)
c)	c)	c)
d)	d)	d)

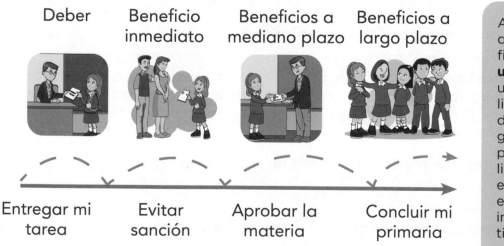

Deber	Beneficio inmediato	Beneficios a mediano plazo	Beneficios a largo plazo
Entregar mi tarea	Evitar sanción	Aprobar la materia	Concluir mi primaria

A veces pensamos que el único beneficio de **cumplir con un deber** es evitar un castigo. En realidad, cumplir un deber trae consigo un beneficio para quien lo realiza. Por ejemplo, entregar una tarea evita, en primera instancia, un castigo, pero a largo plazo el beneficio es aprender y dominar un conocimiento.

3. Con base en el esquema anterior, explica en qué te beneficiará cumplir con el siguiente deber.

Deber	Beneficio inmediato	Beneficios a mediano plazo	Beneficios a largo plazo

Ayudar en los quehaceres del hogar

Evitar sanción

_____
_____
_____
_____

_____
_____
_____
_____

4. Elige alguno de tus deberes y escribe qué pasaría si no lo hicieras. Piensa en las consecuencias a corto y a largo plazos.

Si no lo hiciera: _____

Consecuencias a corto plazo: _____

Consecuencias a largo plazo: _____

5. Completa las siguientes expresiones.

Cuando me dicen que termine mi tarea antes de jugar o de salir con mis amigos,

lo que pienso es que… _____

Lo que me disgusta hacer es _____. Yo prefiero

_____

Puedo cumplir de mejor modo mis deberes si _____

_____

6. Escribe en el recuadro uno o más propósitos que te ayuden a mostrar una mejor actitud frente a tus deberes.

Me propongo: _____

_____

_____

_____

_____

Aprender a vivir en justicia y equidad

Aprendizaje esperado. Reconoce en la convivencia cotidiana la presencia o ausencia de los principios de interdependencia, equidad y reciprocidad.

1. **Encuentra los pares y únelos con una línea. Lo que es justo con una línea de color rojo, y lo que es injusto con una línea de color azul.**

> **Equidad** es dar a cada uno lo que le corresponde, pero muchas veces no se vive la equidad, revisa en tu vida cómo puedes promoverla.

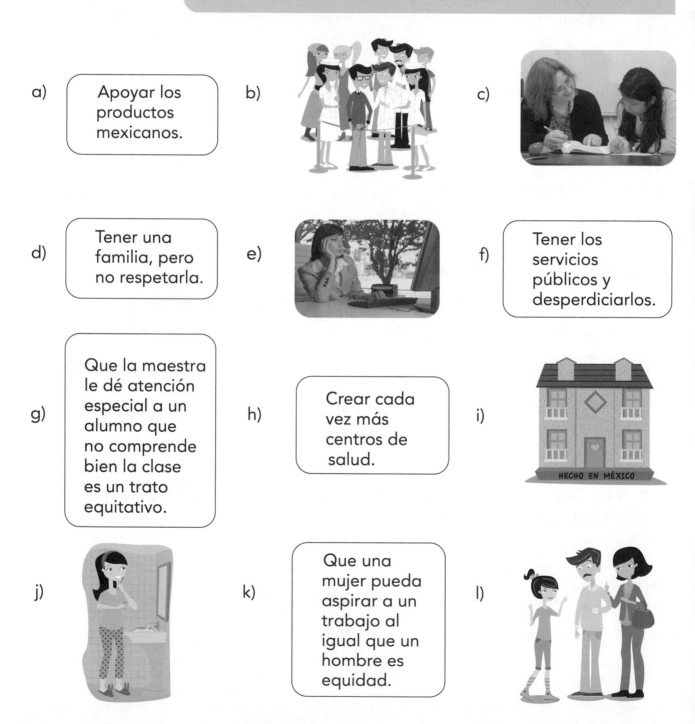

a) Apoyar los productos mexicanos.

b)

c)

d) Tener una familia, pero no respetarla.

e)

f) Tener los servicios públicos y desperdiciarlos.

g) Que la maestra le dé atención especial a un alumno que no comprende bien la clase es un trato equitativo.

h) Crear cada vez más centros de salud.

i)

j)

k) Que una mujer pueda aspirar a un trabajo al igual que un hombre es equidad.

l)

2. Escribe un ejemplo de inequidad que se viva en la escuela.

_____

_____

_____

_____

3. Escribe un ejemplo de inequidad en casa.

_____

_____

_____

4. Escribe un ejemplo de injusticia en la escuela.

_____

_____

_____

5. Escribe un ejemplo de injusticia en casa.

_____

_____

_____

6. Escribe una acción que vivas con equidad y una con justicia.

_____

_____

_____

_____

_____

7. Resuelve el siguiente crucigrama.

Al reconocer situaciones de injusticia es importante que adoptes una postura. El trato con las personas que te rodea debe ser con **justicia**. Así se empezará a formar en ti una actitud solidaria.

Horizontal

1) La _____ significa que todos los miembros de la sociedad aceptan las leyes y las obedecen.

2) La _____ es dar a las personas lo que necesitan tomando en cuenta sus diferencias para compensarlas.

3) La _____ Política establece en su artículo 123 que los menores de 14 años no pueden ser contratados en ningún establecimiento.

4) Los papás de niños y niñas son _____ de cuidar el desarrollo de sus hijos y de enviarlos a la escuela.

5) La justicia _____ procura que todas las personas puedan disfrutar de los bienes que son imprescindibles.

Vertical

1) _____ es la voluntad constante y permanente de dar a cada persona lo que le corresponde según sus derechos.

2) Las leyes establecen los _____ de lo que pueden hacer las personas, e indican la forma de resolver las diferencias cuando se presenta un conflicto.

3) Los _____ cuidan que la vida de todas las personas sea digna.

4) La justicia _____ cuida que, si alguien daña un bien, se le sancione de tal manera que repare el daño provocado.

5) Estado de _____ es la manera en que los seres humanos nos organizamos para asegurar que las leyes sean imparciales y justas, y para garantizar que el gobierno no usará su poder en contra de los ciudadanos.

Tengo cuidado para no discriminar a los demás

Aprendizaje esperado. Distingue creencias, tradiciones culturales y prácticas que generan intolerancia o distintas formas de exclusión.

1. De las personas que aparecen en las ilustraciones de arriba y abajo, ¿cuáles crees que pueden ser discriminadas? Enciérralas en un círculo.

2. ¿Qué características consideras que tienen en común las personas que elegiste en la actividad anterior?

_____

_____

_____

3. Elige a tres y escribe por qué crees que pueden ser discriminadas.

_____

_____

_____

_____

4. ¿Crees que se pueda dar la discriminación en un salón de clases? Escribe un ejemplo.

_____

_____

Cumplo las reglas para evitar conflictos

Aprendizaje esperado. Aplica sus habilidades sociales y comunicativas para dialogar y alcanzar acuerdos.

1. Lee la siguiente historieta.

2. Como te habrás dado cuenta, la historieta no tiene final. En los dos cuadritos restantes, inventa un desenlace.

3. De acuerdo con el cómic, responde las siguientes preguntas.

a) ¿Actuaron rectamente Marcela y Ceci? ¿Por qué?

_____

_____

b) ¿Qué pasó con las responsabilidades que tenía Marcela en su casa?

_____

_____

c) ¿Qué hubiera pasado si Marcela y Ceci hubieran dicho la verdad?

_____

_____

d) ¿Cómo crees que les haya ido en el examen?

_____

_____

_____

e) ¿Es fácil decir siempre la verdad? ¿Por qué?

_____

_____

f) ¿Qué pudieron haber hecho para evitar un conflicto con sus mamás?

_____

_____

Las normas y reglas en una sociedad se establecen para que haya una mejor convivencia. El cumplimiento o incumplimiento de estas normas trae siempre una consecuencia que debes asumir y no afectar a los demás con tus actos.

Perseverancia

Aprendizaje esperado. Reflexiona sobre el valor de perseverancia.

1. **Observa con mucha atención las figuras del primer recuadro. Después, reprodúcelas en los siguientes tres recuadros, partiendo de los puntos. Toma en cuenta que sólo puedes utilizar una vez cada punto y que las figuras pueden cambiar de posición.**

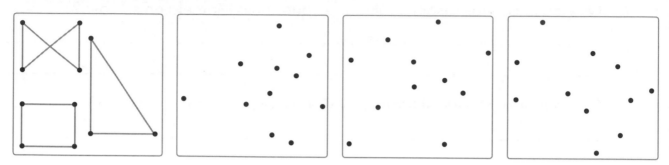

2. **¿Te resultó difícil resolver el ejercicio anterior? ¿Cómo superaste las dificultades para resolverlo? Escríbelo a continuación.**

_____

_____

En general, ¿qué haces cuando se te dificulta hacer alguna actividad escolar o de otro tipo?

_____

_____

3. **Lee los textos y dibuja una carita sonriente ☺ si la actitud que indican es de perseverancia, o una carita triste ☹ si lo que muestran es inconstancia.**

	Acción	Perseverancia	Inconstancia
a)	Si tengo alguna duda en clase, prefiero no preguntar.		
b)	Puedo "vencer a la cama" y levantarme a hacer mis tareas.		
c)	Si no encuentro algo, prefiero dejar de buscar; sin duda aparecerá después.		
d)	No me doy por vencido cuando encuentro dificultades.		
e)	Si me cuesta trabajo hacer algo, dejo de hacerlo; tal vez pueda continuar más tarde.		

La **perseverancia** es el esfuerzo continuo por alcanzar algún objetivo. Lo contrario es la inconstancia, es decir, dejar las tareas a medias y no esforzarse por cumplirlas o terminarlas.

4. Completa las siguientes frases.

a) Me doy cuenta de que soy perseverante cuando…

_____

b) Mi mayor logro en la escuela ha sido…

_____

c) En casa soy perseverante cuando…

_____

d) Mi mayor satisfacción es haber logrado…

_____

e) Puedo ser más perseverante si…

_____

f) Puedo ser menos inconstante si…

_____

5. Elige una frase de las que completaste en la actividad 4. Escribe qué te llevó a seleccionarla y, si es el caso, por qué consideras importante esa forma de perseverar. Comenta tus respuestas con el grupo.

_____

_____

> Me está costando mucho hacer la tarea de Historia. Voy a estudiar más.

6. Lee los siguientes dichos y proverbios. Elige uno y explícalo con tus propias palabras. Escribe una situación en la que puedas aplicarlo.

a) "El que la sigue, la consigue".

_____

b) "Es duro caer, pero es peor no haber intentado nunca subir".

_____

c) "Si te caes siete veces, levántate ocho".

_____

d) "La perseverancia es convertir en posible lo imposible".

_____

Vivir en democracia

Aprendizaje esperado. Aplica procedimientos y principios democráticos para organizarse en situaciones escolares y familiares.

1. En los siguientes dibujos encontrarás elementos de una monarquía y de una república. Escribe una *M* a los que correspondan a la monarquía, y una *R* a los de la república.

a) (   )   b) (   )   c) (   )   d) (   )   e) (   )

2. En los siguientes enunciados escribe una *V* si la frase es verdadera, o una *F* si es falsa.

a) _____ Los tres poderes en los que se divide el gobierno son: Ejecutivo, Legislativo y Judicial.

b) _____ El más importante de los tres poderes es el Ejecutivo.

c) _____ En mi grupo cada uno de nosotros somos importantes.

d) _____ El Poder Judicial tiene dos cámaras: la de diputados y la de senadores.

e) _____ El representante del Poder Ejecutivo es el presidente de la República.

f) _____ El Poder Legislativo elabora las leyes.

La democracia como forma de organización social y política: principios, mecanismos, procedimientos e instituciones

Respuestas de sección: **Español**

Pág.	Ejer.	Respuestas
9	1	**a)** Preguntas abiertas **b)** Preguntas de opción múltiple **c)** Preguntas de falso o verdadero **d)** Preguntas de completar **e)** Preguntas de relacionar **f)** Preguntas cerradas
	2	rojo: **c)** **e)** **f)** azul: **a)** **b)** **d)**
	3	Respuesta libre
10	1	**a)** 5 **b)** 7 **c)** 1 **d)** 3 **e)** 4 **f)** 2 **g)** 6
	2	**a)** Información del examen **b)** Datos del examinado **c)** Instrucciones **d)** Reactivo
11	1	**a)** conocimientos **b)** explicativas **c)** habilidades **d)** descriptivas
	2	**a)** habilidades **b)** conocimientos **c)** conocimientos **d)** habilidades **e)** habilidades
	3	**a)** interrogación **b)** cuestionario **c)** preguntas **d)** examen
12	2	**a) - e)** Respuestas libres
13	1	Respuesta libre
	2	**b)**
	3	**a)**
14	2	**a)** Sí **b)** Porque unen ideas expresadas en el texto.
	3	**a)** igualmente, asimismo **b)** pero, aunque **c)** ahora, entonces **d)** por lo tanto, pues
15	4	**a)** pero **b)** mejor dicho **c)** entonces
	5	**b)** así **c)** también, por ejemplo **d)** además, en otras palabras
	6	Respuesta libre
16	1 y 2	Respuestas libres
	3	**a)** mito **b)** mito **c)** realidad
17	1	**a)** Promover las Bahamas. **b)** A los turistas y buzos.
	2	**a)** niños **b)** adultos **c)** dentistas
18	2	**b)** Sola –mente, Oración libre **c)** real –mente Oración libre **d)** infeliz –mente Oración libre
	3	**a)** fácilmente **b)** cortésmente **c)** difícilmente **d)** rápidamente **e)** lentamente
19	4	

Pág.	Ejer.	Respuestas
19	5	**a)** cortésmente **b)** continuamente **c)** cálidamente **d)** cínicamente **e)** mutuamente **f)** realmente **g)** útilmente **h)** sólidamente **i)** nítidamente **j)** difícilmente **k)** hábilmente **l)** noblemente **m)** ingenuamente **n)** dócilmente **o)** malamente **p)** ricamente **q)** súbitamente **r)** fríamente **s)** neciamente **t)** oblicuamente
20	2	3 2 1
21	3	**a)** De la ciudad de Constantinopla y la caída del Imperio romano. **b)** En la Edad Media. **c)** En la ciudad de Constantinopla. **d)** En tercera persona. **e)** En pasado.
	4	**b)** **c)** **e)** **f)**
	5	**a)** era, era **b)** invadieron, invadían **c)** destruyeron, destruían **d)** permaneció, permanecía **e)** ocupó, ocupaba **f)** eran, eran **g)** fueron, eran
22	1	**a)** Rojo: La caída del Imperio Romano de Oriente, fin… La caída del Imperio romano de Occidente, inicio… Primero se dio la edad temprana… después…. finalmente… Pasó a llamarse Constantinopla, fue sede… Verde: había guerras para ganar territorios, al mismo tiempo, guerras… En Asia y América surgieron… mientras que en Europa… En Europa los monasterios eran los… mientras que Asia y China… Naranja: Eran muy pocos los que… por lo que los…. **b)** Azul: mientras, al mismo tiempo, por lo que primero, después, finalmente **c)** Ganeri, A., Martel, H. Wiliams B., *Historia del Mundo*, Ed: Parragón, Barcelona 2004
	2	Respuestas libres
23	3	**a)** debido **b)** mismo **c)** tanto **d)** pronto **e)** dado **f)** antes
	4	**b), c)** Respuestas libres como: **b)** En la prehistoria, las mujeres recolectaban comida en tanto que los hombres iban de cacería. **c)** El hombre se volvió sedentario una vez que descubrió la agricultura.

Pág.	Ejer.	Respuestas
23	5	**a)** sucesión **b)** simultaneidad **c)** causa y efecto
24	1	**a)** Los grandes conquistadores **b)** La gran Tenochtitlan **c)** un gran valle **d)** El imponente fuerte de Veracruz **e)** Los niños héroes **f)** Aquella hermosa ciudad **g)** El último emperador de México
	2	Referencia personal: Los grandes conquistadores, El último emperador de México, Los niños héroes Referencia espacial: La gran Tenochtitlan, un gran valle, El imponente fuerte de Veracruz, Aquella hermosa ciudad
	3	Respuestas libres
25	2	Causas: La revolución Americana. La Ilustración y la Revolución francesa. Brechas sociales internas. La desidia de la Corona española. Efectos: Crisis política interna y lucha de poder. Crisis económica. Eliminación de castas reales. Abolición de la esclavitud. Párrafos respuesta libre.
26	1	Primarias: **a) d) f)** Secundarias: **b) c) e)**
27	1	**a) c) d)**
	2	**a)** Lengua informal **b)** Lengua formal **c)** Lengua formal **d)** Lengua informal **e)** Lengua formal **f)** Lengua informal
28	2	comillas, punto final, coma, paréntesis y corchetes
	3	punto
	4	Respuesta libre
29	5	Cachalotes caliente extinción cocodrilarios.
30	3	Respuesta libre
31	1	Naranja: **c) d) f)** Verde: **a) b) e)**
32	2	Indirecto
	3	Respuesta libre
33	4	**a) c) d) e) f) i)**
	5	Respuesta libre
	6	**a) b) e)**
34	2	**a) c) d)**
	3	Respuesta libre
	4	Respuesta libre

Pág.	Ejer.	Respuestas
35	5	**a)** Tenochtitlan **b)** Matos M. Eduardo, "Tenochtitlan: centro del mundo", En *Artes de México*, núm. 1, Nueva Época, 2001, p. 16. **c) – e)** Respuestas libres
	6	**a)** 3 **b)** 2 **c)** 4 **d)** 5 **e)** 7 **f)** 1 **g)** 6 **h)** 8 **i)** 9
	7	Respuesta libre, por ejemplo: **a)** alcaldía **b)** biblioteca pública **c)** casa de la cultura, centro social
36	1	**a) - c)** Respuestas libres. Ejemplo: **a)** Invención **b)** Funcionamiento **c)** Origen del nombre
	2	brújula, orientación, norte, inventada, funciona, campo magnético, nombre
	3	Respuesta libre
37	4	Respuestas libres
	5	**c) f) g) i)**
38	1	**a)** examen, tema **b)** cuestionario, conocimiento **c)** Respuesta libre. Ejemplo: opción múltiple, falso verdadero, de relacionar **d)** guía de autoestudio, estudiar, examen
	2	**a)** Conocimiento popular **b)** Conocimiento científico **c)** Conocimiento científico **d)** Conocimiento popular
	3	**a) – e)** Respuestas libres, como: **a)** hoy **b)** también **c)** a diferencia **d)** porque **e)** mientras que
39	4	Respuesta libre
	5	**a)** 2 **b)** 1 **c)** 3 **d)** 2
	6	**a)** tema **b)** sucedió **c)** cuándo **d)** estuvieron **e)** dónde
	7	**a)** fácilmente **b)** cruelmente **c)** hábilmente **d)** rápidamente **e)** lentamente **f)** cálidamente
	8	**a)** punto, cierre, paréntesis, cierre, punto
	9	**a) – c)** Respuestas libres, ejemplo: **a)** La siguiente exposición, Para empezar **b)** Primero, El siguiente punto trata de, En primer lugar, En segundo lugar, Finalmente **c)** En conclusión, Para finalizar, Podemos concluir
40	1	**b)**
	2	**a) c) e) h)**
41	4	Respuesta libre
	5	Sí, porque se usan palabras como mayordomo, carruaje, sombrero, cochero, mi señor, etc.
	6	Respuesta libre

Pág.	Ejer.	Respuestas
42	1	**a)** Rojo: párrafo 1 Azul: párrafos 2 y 3 Verde: párrafo 4 **b)** Cuatro o más **c)** Omar
43	1	Naranja: temporaria, opresiva, pequeña, húmeda. Amarillo: desprovista de toda fuente de luz, la fúnebre carga, región de horror **a)** Respuesta libre. Ejemplo: Pálido, flaco, sin brillo, triste (como su hermana muerta) **b)** A la hermana gemela del joven Usher **c)** Respuestas como: horror, miedo, espanto, sorpresa, incertidumbre **d)** Era pequeña, húmeda y desprovista de toda luz
44	1	**b)** caminé, caminó **c)** confronté, confronté, confrontó **d)** toqué, tocó **e)** escuché, escuchó **f)** bebí, bebió **g)** manejé, manejó **h)** observé, observó **i)** suspiré, suspiró **j)** exhalé, exhaló **k)** sentí, sintió **l)** espanté, espantó **m)** sepulté, sepultó **n)** cubrí, cubrió
44	2	**a)** preguntó **b)** tomó **c)** ordenó **d)** suspiré **e)** comprendí
44	3	Respuesta libre
45	2	Respuesta libre
45	4	Respuesta libre
46	1	**a)** en ese momento **b)** sin esperarlo **c)** entonces **d)** Por si acaso **e)** cuando salió **f)** de repente
46	2 a 4	Respuestas libres
47	1	**a)** intrepidez **b)** limpieza **c)** bajeza **d)** ligereza **e)** brillantez
47	2 y 3	Respuestas libres
48	2	2, 4, 3, -, -, -, 1, -, -, -.
48	3	En cuatro
48	4	Charles Dickens nació en Portsea, Inglaterra, el 7 de febrero de 1812
48	5	**b) c)**
49	7	estoy firmemente convencido de que nací, nací, mi familia pertenecía, puedo decir, me convertí.
49	8	**a)** él o ella generalmente **b)** yo
49	9	Dos líneas: **b) c) e) h)** Una línea: **a) d) f) g)**
50	1	**b)** Es posible pero no es probable. **c)** El papá come verduras y la hija toma leche. **d)** En invierno anochece más temprano; al menos eso creo. **e)** La escuela está tan cerca que vas a pie.
50	2	**b)** cuando lo rebajen **c)** Que faltes **d)** Quién duda ser aprobado **e)** ya que estudia **f)** porque tenía que trabajar **g)** aunque sea despacito **h)** por tanto no ayudó

Pág.	Ejer.	Respuestas
51	3	**a)** Yuxtapuesta **b)** Coordinada **c)** Subordinada **d)** Subordinada **e)** Yuxtapuesta **f)** Coordinada
51	4	**a) – e)** Respuestas libres como: **a)** y comer palomitas **b)** se escribió en varios idiomas **c)** por lo que no vivió carencias **d)** murió antes de ser famoso **e)** por eso sus poemas eran de amor
51	5	**a)** adverbios **b)** pronombres **c)** conjunciones **d)** locuciones conjuntivas **e)** signos de puntuación
52	1	**a)** Al principio, al poco tiempo **b)** poco después **c)** un gran genio **d)** estaba muy interesado, bastante competitivo **e)** fueron los que más descripciones hicieron **f)** El sueño no era ser un pintor conocido, sino ser parte de la realeza **g)** inventar cosas útiles, eran vistas con malos ojos o demasiado innecesarias.
52	2	**a) - h)** Respuestas libres
53	1	**a) c) d) e)**
53	2 a 4	Respuestas libres
54	2	Respuesta como: Trata de un año que termina y de la amistad que ha unido a dos personas.
54	3	**b)**
54	4	Respuesta libre
55	5	**a)** 4 **b)** 5 **c)** 3 **d)** 2 **e)** 1
55	6	Respuestas sugeridas: **a)** Símil, la noche era familiar **b)** Hipérbole, lloró mucho **c)** Metáfora, tiene pelo rubio y ojos luminosos **d)** Reiteración, el mar es de color azul **e)** Personificación, el auto no funciona bien porque es viejo
55	7	Respuesta libre
56	1	**a)** 14 **b)** 4 estrofas, 2 de 4 versos y 3 de tres versos **c)** 11 sílabas **d)** Consonante **e)** Libre **f)** Cuartetos **g)** Tercetos
56	2	14, 11, consonante, cuartetos, misma, tercetos, versos
57	3	**a)** lira **b)** momento **c)** ira **d)** viento **e)** movimiento
57	4	**a)** De un hombre con una gran nariz. **b)** Del sufrimiento al perder el amor.
57	5	**a) d)**
58	1	**a)** cuento, poema **b)** poema, cuento **c)** cuento, poema **d)** cuento **e)** poema, cuento
58	2	Azul: La Princesa Naranja: La princesa de fuego
58	3	Dibujo libre
59	1	flores, montes, México, indígenas
59	2	Respuesta libre

Pág.	Ejer.	Respuestas
60	2	Respuestas libres
	3	**b)** sensibilidad, sensible **c)** posibilidad, posible **d)** responsabilidad, responsable
	4	**b)** contabilidad **c)** corresponsabilidad **d)** flexibilidad **e)** adaptabilidad **f)** irritabilidad
61	5	**a)** irritabilidad, contabilidad **b)** flexibilidad, amabilidad **c)** corresponsabilidad **d)** adaptabilidad **e)** irritabilidad
	6	**a)** Infalibilidad: cualidad de infalible **b)** Maleabilidad: cualidad de maleable **c)** Morbilidad: proporción de seres vivos que enferman en un sitio y tiempo determinado
	7	Respuesta libre
62	1	**b) c) e)**
	2	Respuestas como: **a)** Sigue siendo indeciso. **b)** No puedes prohibir. **c)** Si eres supersticioso tendrás mala suerte.
	3	**b) c)**
63	4	Marcar con una X: **a) e) c)** Encerrar en un círculo: **b) d) f)**
	5	**a)** suecos, Suecia, suecos, Suiza **b)** Eugenio, genio, ingenuo **c)** ledo, lodo, dado **d)** digo, Diego
	6	**a)** La zapatería **b)** El Huevo **c)** La calle **d)** La letra *s*
64	1	**a)** Pasatiempos que utilizan palabras y/o letras de manera tal que producen cierto efecto lúdico. **b)** Juego oral a base de palabras muy parecidas, colocadas de una manera difícil de pronunciar. **c)** Preguntas ingeniosas que usan juegos de palabras para hacer más difícil responderlas. **d)** Unir las sílabas de dos o más palabras, variando el lugar habitual de separación entre ellas, con el fin de obtener un significado distinto al que tienen en su posición normal. **e)** Palabras que sólo se diferencian por la vocal acentuada. **f)** Dos palabras que tienen la misma escritura o pronunciación pero tienen distinto significado.
	2	Respuesta libre
65	3 y 4	Respuestas libres

Pág.	Ejer.	Respuestas
67	2	**b)** Cuento y obra de teatro **c)** Obra de teatro **d)** Obra de teatro **e)** Cuento
	3	Cuento: Tiene personajes; su estructura tiene introducción, desarrollo y final. Obra de teatro: Hay personajes y tiene una estructura con introducción, desarrollo y final. Hay diálogos y acotaciones que indican cómo debe ser el escenario, los movimientos y énfasis de los personajes.
68	2	**a)**
	3	Respuesta libre
69	4	En vez de narrador habrá acotaciones para introducir diálogos y se indica la intervención de los personajes con un guion.
	6	Respuesta libre
70	1	**a)** ¿, ?, feliz, ¡, hermoso, ! **b)** ¡,! **c)** ¡,!, exclamaba
	2	**a)** 1: Alegre 2: Indiferente 3: Irónico **b)** 1: ¡! 2: ¿? 3: ¡!
71	3	Subrayar: (El interior… mostrador), (dirigiéndose al Pecas) , (Muestra… mano), (Enojado), (Colocan el cartel entre todos)
	4	**a)** El interior de la tienda con todos los estantes vacíos y costales grandes llenos de escombros. Un grupo de personas limpiando y colocando cosas en los estantes y el mostrador. **b)** Cualquiera de las acotaciones menos la que dice *enojado* y la primera. **c)** Enojado.
72	1	**a)** antagónico **b)** aludido **c)** protagónico **d)** ambiental **e)** secundario
	2	Respuesta libre
	3	**a)** coordinada **b)** subordinada **c)** yuxtapuesta
	4	**a)**
	5	**a)** antología **b)** apoyar **c)** índice, contenido, fuentes
73	6	**a)**
	7	
73	8	**a)** haremos, aremos **b)** baya, valla **c)** asta, hasta **d)** arrollo, arroyo

Pág.	Ejer.	Respuestas
75	2	**a)** Al editor / A los lectores de *El Diario* **b)** Soy lector atento de su revista / Quiero y…desde niña **c)** Comentar la visión… / Expresar molestia… selva" **d)** Felicitaciones por comentar la visita de extranjeros para los festejos de la Revolución mexicana / Expresar disgusto por el maltrato a los animales en un programa de televisión **e)** Roberto Martínez / Teresa Santos García
	3	Respuestas libres
	4	**a)** valorativos, objetivo, personal, información, repeticiones, formal
76	1	**a)** Querida abuelita: / Estimado profesor Roberto: **b)** La 2 **c)** Adriana **d)** Lugar y fecha
	2	Verde: Margarita Fuentes… Naranja: Pablo Fuentes Sánchez
77	1	**a)** rogelio2001@mailcito.com **b)** maestrasofi@primariasorjuana.edu **c)** mariana-peque@supermail.com **d)** maestrosergio@escuelaniñosheroes.edu
	2	Respuesta libre
	3	Ejemplos de respuestas: Correo Postal Ventajas: Es más personal. Desventajas: Tarda en llegar. Correo electrónico Ventajas: llegan de manera inmediata y se pueden adjuntar documentos. Desventajas: No se puede escribir con la propia letra.
78	1	Rojo: yo, ti, mí, ellos Azul: ayer Amarillo: acá, allá **a)** 2 de febrero de 2021 **b)** Gerardo **c)** Mis papás **d)** Va a meter un gol por Jorge **e)** Ciudad de México **f)** Guadalajara
	2	Ella, allá, pasado mañana, él, me
79	2	**a)** Convocatoria para becas **b)** Gran torneo de futbol **c)** La de la gaceta **d)** Gran torneo de futbol **e)** Estudiar en el extranjero con una beca **f)** 24 noviembre 2019 **g)** En la gaceta
80	1	deberán ser, podrá elegir, deberán llevar, serán contados, darán a conocer
	2	Respuesta libre
81	1	**a)** ci **b)** za **c)** ci **d)** zu **e)** ce **f)** zo **g)** ci **h)** za **i)** ci **j)** zú **k)** ce **l)** za **m)** ci **n)** za **o)** ce **p)** zu **q)** cí **r)** zo
	2	Respuestas libres

Pág.	Ejer.	Respuestas
81	3	**a)** pobresa, riquesa **b)** Pansa **c)** dansas, presiosas **d)** confiansa, consiensia **1)** (Oración libre con) pobreza, riqueza **2)** (Oración libre con) panza, **3)** (Oración libre con) danzas, preciosas **4)** (Oración libre con) confianza, conciencia
82	1	Respuesta libre
	2	7 3 1 6 4 5 2
83	3	Respuesta libre
	5	**a) – d)** Respuestas libres
84	1	**a)** Salir **b)** Formar **c)** Corregir **d)** Responder
	2	**b)** Reunir **c)** Ordenar **d)** Repartir
	3	**a) – d)** Respuestas libres
	4	Respuesta libre
85	2, 3 y 4	Respuestas libres
86	1	**b) c) d) f)**
	2	**a)** Título **b)** Capítulo **c)** Artículo **d)** Orden Numérico **e)** Sanciones
	3	Rojo: **A:** 1, 2, 3 **B:** 2, 3 Azul: **A:** 4, 5 **B:** 1
	4	Verde: deben, deberán, podrán, serán Amarillo: portar, mantener, tener, presentar, entregar, expulsar
87	5 a 7	Respuestas libres
88	2	**a)** buitres, **b)** holgazanes, **c)** elefantes, **d)** leona, **e)** lagarto, **f)** hoy,
89	3 a 5	Respuestas libres
90	1	**a)** rúbrica **b)** cápsula **c)** operador **d)** fondo musical **e)** cortinilla
	2	**a)** 4 **b)** 2 **c)** 1 **d)** 3
	3	**a)** V **b)** V **c)** F **d)** V **e)** F
91	1	**a) c) d)**
	2	**a)** Adolescentes **b)** Adultos **c)** Niños **d)** Científicos
	3	entrevista, locutor, cortinilla, *voz off*, entradilla, sonoro
93	2	**a)** Título y número del programa, duración, nombres de los locutores y fecha de transmisión. **b)** En dos. **c)** Lo que los locutores dicen. **d)** Información para el operador como tiempos, sonidos, número de locutores, etc.
	3 y 4	Respuestas libres
94	1	**a)** Periódico **b)** Internet **c)** Televisión **d)** Radio **e)** Periódico **f)** Radio
	2	**a)** Indirecto **b)** Indirecto **c)** Directo **d)** Directo
95	3 y 4	Respuestas libres

Pág.	Ejer.	Respuestas
96	3	Núm. = número Col. = colonia hrs = horas SEP = Secretaría de Educación Pública INAPAM = Instituto Nacional de las Personas Adultas Mayores
	4	**a)** hrs., IMSS, Col. **b)** IMSS = Instituto Mexicano del Seguro Social
	5	SHCP = Secretaría de Hacienda y Crédito Público UNAM = Universidad Nacional Autónoma de México IPN = Instituto Politécnico Nacional ISSSTE = Instituto de Seguridad y Servicios Sociales de los Trabajadores del Estado INBA = Instituto Nacional de Bellas Artes
97	6	**a)** Para abreviar los nombres de organismos, instituciones, empresas, objetos o cosas que son muy largos para escribir. **b)** Con las letras iniciales de cada palabra que forma el nombre o las primeras letras de la palabra si es una sola. **c)** Sí, en palabras como grupo, grado o el nombre de mi escuela.
	7	Respuesta libre
	8	Permiten utilizar menos palabras y ahorrar impresión, las siglas sirven en los periódicos porque llaman la atención del lector más fácilmente al estar escritas con mayúsculas.
	9 a 11	Respuestas libres
98	1	**a)** exposiciones **b)** paseo escolar **c)** paseo escolar **d)** celebraciones **e)** festivales **f)** celebraciones
	2	Subrayar con rojo: lejos, temprano, cercano, primero, después, arriba, finalmente, tranquilamente Verde: muy, rico, ligero, nutritivo, imponentes, emocionante, aterrador, terrible. Azul: fue, despertamos, ir, desayunar, comimos, llegamos, subimos, cae, pensamos, suceder. Encerrar en un círculo: piramides y ponerle acento en la a, falta la coma después de naranja y ponerla, falta el punto después del paréntesis de cierre y ponerlo, emosionante y cambiar la s por c, piramide, poner acento en la a y llego y poner acento en la o.
99	1	Respuestas libres
100	2 a 4	Respuestas libres

Pág.	Ejer.	Respuestas
101	5	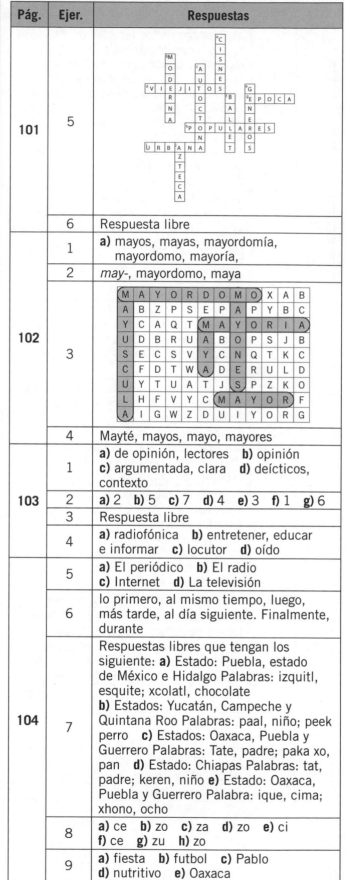
	6	Respuesta libre
102	1	**a)** mayos, mayas, mayordomía, mayordomo, mayoría,
	2	*may-*, mayordomo, maya
	3	
	4	Mayté, mayos, mayo, mayores
103	1	**a)** de opinión, lectores **b)** opinión **c)** argumentada, clara **d)** deícticos, contexto
	2	**a)** 2 **b)** 5 **c)** 7 **d)** 4 **e)** 3 **f)** 1 **g)** 6
	3	Respuesta libre
	4	**a)** radiofónica **b)** entretener, educar e informar **c)** locutor **d)** oído
104	5	**a)** El periódico **b)** El radio **c)** Internet **d)** La televisión
	6	lo primero, al mismo tiempo, luego, más tarde, al día siguiente. Finalmente, durante
	7	Respuestas libres que tengan los siguiente: **a)** Estado: Puebla, estado de México e Hidalgo Palabras: izquitl, esquite; xcolatl, chocolate **b)** Estados: Yucatán, Campeche y Quintana Roo Palabras: paal, niño; peek perro **c)** Estados: Oaxaca, Puebla y Guerrero Palabras: Tate, padre; paka xo, pan **d)** Estado: Chiapas Palabras: tat, padre; keren, niño **e)** Estado: Oaxaca, Puebla y Guerrero Palabra: ique, cima; xhono, ocho
	8	**a)** ce **b)** zo **c)** za **d)** zo **e)** ci **f)** ce **g)** zu **h)** zo
	9	**a)** fiesta **b)** futbol **c)** Pablo **d)** nutritivo **e)** Oaxaca

Respuestas de sección: **Matemáticas**

Pág.	Ejer.	Respuestas
105	1	**a)** 123 092 548 062 **b)** 108 243 638 141 **c)** 300 000 000 000 **d)** 114 094 804 021 **e)** 411 411 411 411 **f)** 800 333 000 800 **g)** 130 000 000 000 **h)** 574 971 362 810
106	2	7,597,238,738 8,259,167,105 8,819,679,806 9,284,107,424
106	3	**a)** 2020: siete mil quinientos noventa y siete millones doscientos treinta y ocho mil setecientos treinta y ocho habitantes **b)** 2040: ocho mil ochocientos diecinueve millones seiscientos setenta y nueve mil ochocientos seis habitantes **c)** 2050: nueve mil doscientos ochenta y cuatro millones ciento siete mil cuatrocientos veinticuatro habitantes
107	4	**a)** En 2050 **b)** En 2030
107	5	**a)** 4/9 cuatro novenos **b)** 7/10 siete décimos **c)** 12/15 doce quinceavos
107	6	
107	7	**a)** 0.45981 > 0.4598 **b)** 1.8273 < 18.4598 **c)** 0.32 > 0.094 **d)** 0.75112 < 0.7801 **e)** 0.15 < 0.481 **f)** 0.8 < 8.4 **g)** 0.105 < 0.4 **h)** 1.731 > 1.73 **i)** 2.04 < 2.45 **j)** 182.03 > 180.23
108	1	**a)** 45.010 **b)** 190.52 **c)** 3012.8 **d)** 7.40 **e)** 24.130
109	1	**a)** 13 552.546 **b)** 1 746 816.706 **c)** 1 581 345.605 **d)** 850 899.847 **e)** 1 060 224.885 **f)** 1 791 173.671 **g)** 2 280 551.148 **h)** 801 652.279 **i)** 1 496 840.286 **j)** 1 864 124.782 **k)** 1 972 238.378 **l)** 797 299.76

Pág.	Ejer.	Respuestas
110	1	Le faltan 3/20 que equivalen a $450
110	2	**a)** 31/35 **b)** 10/12 = 5/6 **c)** 74/72 = 37/36 **d)** 17/18 **e)** 11/35 **f)** 2/12 = 1/6 **g)** 38/72 = 19/36 **h)** 1/18
110	3	**a)** El primero **b)** Por 0.04
110	4	**a)** 2.32 **b)** 6.2 **c)** 2.52 **d)** 3.8 **e)** 1.42 **f)** 3.98 **g)** 0.34 **h)** 0.8
111	1	**a)** 0.500 × 6 = 3.00 km R = 3.00 km **b)** 1 1/2 × 2 = 6/2 = 3.00 km R= Ambos caminan la misma distancia **c)** 1 − 3/4 = 1/4 y 175 × 1/4 = 175/4 = 43.75. R = 43.75 km **d)** 250/5 × 2 = 500/5 = 100. R = $100 **e)** 3/15 × 1 500 = 4 500/15 = 300. R = 300 playeras
112	2	**a)** 3/4 × 184 = 552/4 = 138. R = $138.00 **b)** 0.250 × 95 = 23.75. R = $23.75 **c)** 1 1/2 × 98 = 3/2 × 98 = 147. R = $147.00 **d)** 1/10 × 175 = 175/10 = 17.50. R = $17.50 **e)** 3/4 × 50 = 150/4 = 37.5. R = 37.5 minutos
113	1	**a)** 640 **b)** 3874 **c)** 1 394 **d)** 10080 **e)** 7 875 **f)** 774.35 **g)** 6860 **h)** 3 041.75 **i)** 11 200 **j)** 3 230 **k)** 7 150 **l)** 1 800 **m)** 51 **n)** 500 **o)** 500 **p)** 6 000
114	2	**a)** 63% **b)** 50% **c)** 70% **d)** 20% **e)** 36% **f)** 25.5% **g)** 25% **h)** 35% **i)** 44% **j)** 30% **k)** 72% **l)** 55% **m)** 13% **n)** 90%
115	3	**a)** $22 200 × 0.3 = 6 660.00; (1/5) × 3800 = 760.00 **b)** $3 800 − 760 = 3 040.00, 90,180, 105, 75. **c)** $390.00
116	3	**d)** $580 − 58 = 522.00, $10 612.00 **e)** $22 200 − $10 612 − $10 448 = 1 140.00, 5.13%
116	4	**a)** 2 314 ÷ 2 = 1 157 **b)** 2 314 + 1 157 = 3 471 **c)** 2 314 × 5 = 11 570 **d)** 23 140 **e)** 23 140 × 2 = 46 280

Pág.	Ejer.	Respuestas
117	1	**a)** HL y Misuki **b)** ASR **c)** HL **d)** HL, Microbyt y Minibitz **e)** Microbyt y Minibitz **f)** Misuki, Microbyt y Minibitz **g)** Misuki
118	2	**a)** 170 **b)** 69 **c)** 54/170 **d)** Platicar **e)** son más – 17
119	1	**a)** IX **b)** CCC **c)** XLV **d)** LXXI **e)** CCXIII **f)** M **g)** DCCCXXIV **h)** CCCXXX **i)** LXXV **j)** XXXII **k)** XCIX **l)** CDIX **m)** CXL **n)** I **o)** DCCCVI **p)** D **q)** CCXLIII **r)** DCCL **s)** CCCXLVII **t)** LXXXVII
120	1	**a)** Setenta y cinco **b)** Mil **c)** Noventa y ocho **d)** Doscientos treinta y seis **e)** Cuatrocientos noventa y cinco **f)** Trescientos cuarenta y uno **g)** Once **h)** Ochocientos cuarenta **i)** Quinientos noventa **j)** Noventa y tres

Pág. 126, Ejer. 1:
a) 305 924 526 893
b) 496 820 580 912
c) 112 416 258 541
d) 442 531 203 274
e) 175 228 056 844
f) 121 216 751 301
g) 40 221 685 368
h) 318 530 684 890
i) 914 182 599 724
j) 142 725 612 553
k) 257 411 329 157
l) 213 999 905 330

Pág. 121, Ejer. 1:

0	⬭	1	·	2	··	3	···	4	····
5	—	6	·/—	7	··/—	8	···/—	9	····/—
10	═	11	·/═	12	··/═	13	···/═	14	····/═
15	≡	16	·/≡	17	··/≡	18	···/≡	19	····/≡

Pág. 122, Ejer. 2:
b) 500 **c)** 6 301 **d)** 20 000
e) 29 **f)** 9 310 **g)** 54 **h)** 401
i) 4 050 **j)** 9 510 **k)** 1 200 **l)** 58

Pág. 123, Ejer. 1:
a) ✗ **b)** ✔ **c)** ✗ **d)** ✗
e) ✔ **f)** ✗ **g)** ✗ **h)** ✗ **i)** ✗

Pág. 123, Ejer. 2:
b) 514 843 123 182
c) 514 **8**43 123 182
d) 514 843 123 1**8**2
e) 514 843 123 182
f) 514 843 123 182
g) 514 843 1**23** 182
h) **5**14 843 123 182

Pág. 124, Ejer. 3:
B) d, **C)** a, **D)** a, **E)** b,
F) b, **G)** d, **H)** d, **I)** c, **J)** d,
K) d, **L)** a, **M)** a

Pág. 125, Ejer. 1:
a) 477 972 449 915
b) 792 750 304 466
c) 1 707 944 182 233
d) 969 510 054 505
e) 904 972 747 649
f) 998 304 412 130
g) 1 058 082 675 179
h) 585 855 259 797
i) 1 100 082 860 178
j) 1 103 064 668 595
k) 1 092 118 057 915
l) 598 227 711 251

Pág. 127, Ejer. 1: (crucigrama)
```
              [1]
        [2]   [1]
        [3]   [2]
  [3]   [6]   [5]        [4]
  [1][2][2][8][7][3][7]
        [1]            [6]
                  [5][4][6][9][9]
                     [6]
                     [6]
```

Pág. 128, Ejer. 1: (crucigrama)
```
  [1]        [2]
  [5][5][1][4]
           [0]
           [5]
           [0]
           [9]        [3]
           [0]   [4]  [8]
           [6]  [3]   [2]
        [5] [1]  [6]
  [8][8][4][9][6][8][5][4]
           [9]      [1]
           [4]
```

Pág. 129, Ejer. 1:
a) 80 **b)** 5 **c)** 400 **d)** 15
e) 10.5 **f)** 100 **g)** 45
h) 30 **i)** 110 **j)** 100.95

Pág. 129, Ejer. 2: Respuestas libres

Pág. 130, Ejer. 3:
1950 = Adolfo Ruiz Cortines
       y Adolfo López Mateos
1960 = Gustavo Díaz Ordaz
1970 = Luis Echeverría
       y José López Portillo
1980 = Miguel de la Madrid
       y Carlos Salinas de Gortari
1990 = Ernesto Zedillo Ponce de León
2000 = Vicente Fox y Felipe Calderón

Pág. 130, Ejer. 4: Respuesta libre

Pág.	Ejer.	Respuestas
131	5 a 9	Respuestas libres
132	1	a) Seis mil quinientos ochenta y tres millones doscientos veintiocho mil setecientos once b) Cinco mil ochocientos veinte millones seiscientos setenta y un mil cuatrocientos treinta y cuatro c) Nueve mil doscientos treinta y seis millones ciento diecisiete mil cuatrocientos ochenta y ocho d) Diez mil quinientos noventa y dos millones setecientos setenta y nueve mil cuatrocientos veinticuatro e) Dos mil doscientos treinta y cuatro millones cuatrocientos noventa y ocho mil trescientos noventa y cuatro
	2	a) 55.016 b) 140.64 c) 4 020.6 d) 10.20
	3	a) 120 b) 35 c) 10/120
133	4	a) Quinientos once b) Setenta y seis c) Treinta y cinco
	5	mayas, tiempo, sistema vigesimal, veinte, tres
134	1	a) 208 000 b) 225 342 c) 239 904 d) 96 555 e) 69 930 f) 167 214 g) 310 898 h) 227 535 i) 303 744 j) 67 818 k) 168 822 l) 422 136
135	2	a) 91 200 b) 618 246 c) 107 206 d) 412 776 e) 24 717 f) 132 495 g) 326 648 h) 305 707 i) 41 586 j) 175 770 k) 160 650 l) 161 865 m) 356 310 n) 20 094 o) 175 077
136	1	10 – rojo, 1 000 – amarillo, 100 – azul
	2	365 + 365 + 365 + 365 + 365 + 365 + 365 + 365 + 365 + 365 = 3650
	3	365 decenas, 3 650
	4	a) 780 b) $78 000
	5	Respuestas libres

Pág.	Ejer.	Respuestas
137	1	Semejanzas: pirámide – Todas sus caras laterales son iguales. Prisma - Todas sus caras laterales son iguales. Diferencias: pirámide – Tiene sólo una cara basal o base. Pirámide – Tiene dos caras basales o base.
	2	a) dos – cuatro b) dos – tres c) cuatro – iguales d) seis – cuadradas
138	1	a) 3, b) 5, c) 1, d) 6, e) 2, f) 4
	2	a) Prisma cuadrangular b) Prisma pentagonal c) Pirámide triangular d) Prisma triangular e) Pirámide cuadrangular f) Prisma hexagonal
139	3	a) R = El prisma es un poliedro formado por varios polígonos llamados caras, las cuales se dividen en dos polígonos iguales que son paralelos y se llaman bases, y los paralelogramos que son caras laterales. La pirámide es un poliedro que tiene una base y caras laterales triangulares que tienen un vértice en común. b) R = No, debido a que los cuerpos son distintos y contienen un volumen diferente, siendo de mayor capacidad el de los prismas.
140	4	a) Prisma triangular b) Pirámide cuadrangular c) Pirámide cuadrangular d) Cilindro e) Pirámide triangular f) Prisma pentagonal g) Prisma cuadrangular h) Cono i) Prisma hexagonal
141	1	a) 16 b) 49 c) 9 d) 81 e) 36 f) 4 g) 144 h) 100 i) 64 j) 121 k) 25 l) 8 m) 125 n) 512 o) 64 p) 343 q) 27 r) 1 s) 216 t) 1 000 u) 729
142	1	a) 40 343.6790 b) 22 752.3762 c) 457 639.2422 d) 96 927.6034 e) 33 164.804 f) 589 236.3228 g) 188 088.0946 h) 386 566.206 i) 213 305.044
143	2	a) 400 190.331 b) 230 558.2332 c) 199 013.0362 d) 236 533.968 e) 151 594.4619 f) 98 400.7376 g) 142 554.5775 h) 201 179.8944 i) 141 335.541

Pág.	Ejer.	Respuestas
144	3	a) 1 512 525 b) 36 748 032 c) 3 432 585 d) 10 519.11 e) 418 965 f) 1 881 075 g) 235 657.1331 h) 268 119.558 i) 220 479.9948
145	1	a) 55.65 b) 136.48 c) 49.20 d) 224.22 e) 397.72 f) 215.18 g) 160.69 h) 157.85 i) 69.46
146	2	a) 74.25 b) 87.01 c) 36.45 d) 61.08 e) 221.11 f) 150.41 g) 70.3 h) 201.73 i) 140.96
147	3	a) 76.24 b) 151.42 c) 2.57 d) 277.94 e) 112.93 f) 175.97 g) 53.24 h) 67.48 i) 105.25
148	1	a) 9.61 b) 224.44 c) 5.73 d) 8.03 e) 89.92 f) 8.68 g) 36.43 h) 40.30 i) 34.05
149	2	a) 14.28 b) 11.41 c) 21.07 d) 17.66 e) 5.08 f) 7.25 g) 2.03 h) 21.15 i) 14.06
150	3	a) 73.57 b) 112.94 c) 50.41 d) 118.14 e) 29.25 f) 34.34 g) 83.87 h) 112 i) 29.37
151	1	a) 8 b) 5 c) 12 d) 4 e) 6 f) 10 g) 3 h) 2 i) 9 j) 15 k) 7 l) 11 m) 14 n) 20 o) 13
152	1	a) 85 b) 3 c) 59 d) 4 e) 144 f) 125 g) 10 h) 4 i) 99 j) 33 k) 49 l) 22
153	1	a) 0.66 b) 0.75 c) 0.66 d) 0.2857 e) 0.9 f) 0.4 g) 0.625 h) 0.25 i) 0.8 j) 0.875
153	2	a) 3/10 b) 9/20 c) 3/5 d) 17/20 e) 9/25 f) 1/8 g) 3/4 h) 1/2 i) 21/50 j) 1/2
154	1	a) 20/30 b) 8/32 c) 18/54 d) 5/6 e) 6/4 f) 4/5 g) 3/5 h) 18/21 i) 5/1 j) 60/180
155	2	a) 2 b) 1 c) 3 d) 3 e) 1 f) 2 g) 1
156	1	a) 1 11/40 b) 1 1/80 c) 1 5/14 d) 1 1/2 e) 3/8 f) 1 1/12 g) 7/10 h) 11/12 i) 1 8/21 j) 11/15
157	2	a) 4 b) 2 2/3 c) 2 4/15 d) 1 1/2 e) 8 1/12 f) 7 2/3 g) 2 1/3 h) 2 1/2 i) 5 j) 1 5/8
158	3	a) 1 39/40 b) 1 5/24 c) 1 15/56 d) 25/28 e) 2 1/10 f) 6 1/2 g) 11, h) 2 3/4, i) 2 2/21, j) 10 2/3
159	1	a) 27/40 b) 3/8 c) 2/21 d) 13/60 e) 9/40 f) 14/15 g) 1 11/12 h) 4/15 i) 1 5/6 j) 11/12

Pág.	Ejer.	Respuestas
160	2	a) 13/15 b) 59/24 c) 30/7 d) 11/6 e) 7/24 f) 53/45 g) 1/18 h) 21/40 i) 33/35 j) 7/5
161	1	a) 24 456 882 b) 35 234 464 c) 27 668 061 d) 8 231 136 e) 29 758 727 f) 26 660 726
161	2	a) Prisma triangular b) Prisma cuadrangular c) Prisma hexagonal
162	3	a) 19.18 b) 2.89 c) 21.49 d) 2.47 e) 9.55 f) 3.91
162	4	
163	1	a) 1 2/3 b) 1 1/27 c) 1/6 d) 5/9 e) 3/20 f) 1 5/16 g) 2/5 h) 4 1/3 i) 7 1/5 j) 4 1/8
164	2	a) 6 1/8 b) 12 c) 1 1/4 d) 3/10 e) 2 f) 5 5/6 g) 2 h) 6 2/5 i) 1/3 j) 2 1/6
165	1	a) 12 b) 1 1/5 c) 21 1/3 d) 5 5/9 e) 4 9/10 f) 7/10 g) 56/65 h) 1 19/36 i) 1 7/8 j) 1/3
166	2	a) 6 6/7 b) 7/8 c) 2 2/15 d) 14/27 e) 1 1/15 f) 1 2/3 g) 1 1/3 h) 20/21 i) 8/45 j) 2 10/21
167	1	a) 11, 14, 17, 20, 23, 26, 29, 32, 35, 38. **3** b) 11, 13, 15, 17, 19, 21, 23, 25, 27, 29. **2** c) 48, 57, 66, 75, 84, 93, 102, 111, 120, 129. **9** d) 85, 102, 119, 136, 153, 170, 187, 204, 221, 238. **17** e) 19, 24, 29, 34, 39, 44, 49, 54, 59, 64. **5**
167	2	a) 324, 972, 2 916, 8 748, 26 244, 78 732. **3** b) 2 500, 12 500, 62 500, 312 500, 1 562 500, 7 812 500. **5** c) 80, 160, 320, 640, 1 280, 2 560, 5 120, 10 240. **2** d) 128, 512, 2 048, 8 192, 32 768, 131 072. **4**

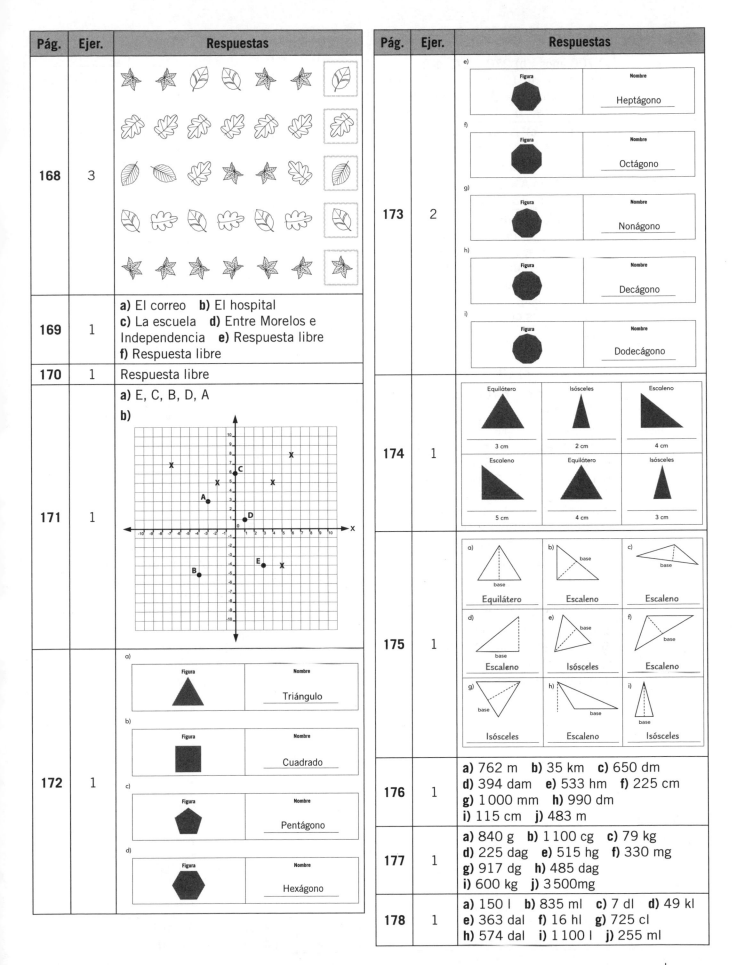

Pág.	Ejer.	Respuestas
168	3	
169	1	**a)** El correo **b)** El hospital **c)** La escuela **d)** Entre Morelos e Independencia **e)** Respuesta libre **f)** Respuesta libre
170	1	Respuesta libre
171	1	**a)** E, C, B, D, A **b)**
172	1	a) Figura / Nombre: Triángulo b) Figura / Nombre: Cuadrado c) Figura / Nombre: Pentágono d) Figura / Nombre: Hexágono

Pág.	Ejer.	Respuestas
173	2	e) Figura / Nombre: Heptágono f) Figura / Nombre: Octágono g) Figura / Nombre: Nonágono h) Figura / Nombre: Decágono i) Figura / Nombre: Dodecágono
174	1	Equilátero 3 cm — Isósceles 2 cm — Escaleno 4 cm — Escaleno 5 cm — Equilátero 4 cm — Isósceles 3 cm
175	1	a) Equilátero b) Escaleno c) Escaleno d) Escaleno e) Isósceles f) Escaleno g) Isósceles h) Escaleno i) Isósceles
176	1	**a)** 762 m **b)** 35 km **c)** 650 dm **d)** 394 dam **e)** 533 hm **f)** 225 cm **g)** 1000 mm **h)** 990 dm **i)** 115 cm **j)** 483 m
177	1	**a)** 840 g **b)** 1 100 cg **c)** 79 kg **d)** 225 dag **e)** 515 hg **f)** 330 mg **g)** 917 dg **h)** 485 dag **i)** 600 kg **j)** 3 500 mg
178	1	**a)** 150 l **b)** 835 ml **c)** 7 dl **d)** 49 kl **e)** 363 dal **f)** 16 hl **g)** 725 cl **h)** 574 dal **i)** 1 100 l **j)** 255 ml

Pág.	Ejer.	Respuestas
179	1	**a)** 700 años **b)** 270 – 279 días **c)** 40 años **d)** 192 horas **e)** 25 años **f)** 720 segundos **g)** 1 200 minutos **h)** 60 lustros **i)** 24 meses **j)** 266 días
	2	**a)** 6 **b)** 4 **c)** 1 **d)** 7 **e)** 3 **f)** 10 **g)** 2 **h)** 9 **i)** 8 **j)** 5
180	1	**a)** P = 12 cm A = 9 cm² **b)** P = 20 cm A = 25 cm² **c)** P = 35 cm A = 70 cm²
181	1	**a)** 12 unidades cúbicas **b)** 12 unidades cúbicas **c)** 24 unidades cúbicas **d)** 16 unidades cúbicas **e)** 8 unidades cúbicas **f)** 16 unidades cúbicas **g)** 48 unidades cúbicas **h)** 120 unidades cúbicas **i)** 45 unidades cúbicas
182	1	**a)** ancho, largo y profundidad **b)** 27 bloques
	2	**a)** 15 **b)** 3 **c)** 18 **d)** 45
	3	V = 64m³ / dm = 64 000 dm³ / 64 000 litros
183	4	Fórmula: B × h × H Operaciones: A 11 × 12 × 25 = 3 300 B 12 × 30 × 10 = 3 600 C 3 300 + 3 600 = 6 900 Resultado: Hotel A = 3 300 m³ Centro comercial B = 3 600m³ Total de construcción = 6 900 m³
	5	Fórmula: V = b × h × H Operaciones: 15 × 8 × 3 = 360 × 1 000 = Resultado: 360 000 litros
184	1	**a)** Agudo **b)** Recto **c)** Obtuso **d)** Agudo **e)** Agudo **f)** Obtuso **g)** Llano **h)** Obtuso **i)** Agudo **j)** Obtuso
185	2	a) Traza un ángulo de 25°. e) Traza un ángulo de 10°. b) Traza un ángulo de 100°. f) Traza un ángulo de 175°. c) Traza un ángulo de 95°. g) Traza un ángulo de 155°. d) Traza un ángulo de 89°. h) Traza un ángulo de 64°.

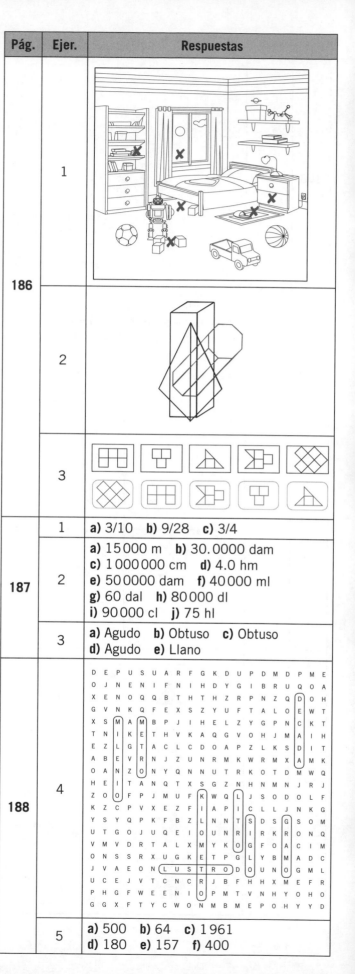

Pág.	Ejer.	Respuestas
186	1	
	2	
	3	
187	1	**a)** 3/10 **b)** 9/28 **c)** 3/4
	2	**a)** 15 000 m **b)** 30. 0000 dam **c)** 1 000 000 cm **d)** 4.0 hm **e)** 50 000 dam **f)** 40 000 ml **g)** 60 dal **h)** 80 000 dl **i)** 90 000 cl **j)** 75 hl
	3	**a)** Agudo **b)** Obtuso **c)** Obtuso **d)** Agudo **e)** Llano
188	4	
	5	**a)** 500 **b)** 64 **c)** 1 961 **d)** 180 **e)** 157 **f)** 400

Pág.	Ejer.	Respuestas
189	1	**a)** Es el que controlas de manera consciente. **b)** Es el que haces de manera inconsciente.
	2	Acciones voluntarias: **a) c) d)** Acciones involuntarias: **b) e) f)**
	3	Respuesta libre
	4	Coordinar todos los órganos del cuerpo / sistema nervioso central / sistema nervioso periférico / cl encéfalo y la médula espinal / los nervios
190	5	**a)** 3 **b)** 5 **c)** 1 **d)** 4 **e)** 2
	6	a) cerebro d) bulbo raquídeo b) tálamo e) cerebro c) hipotálamo f) médula espinal
191	1	**a)** Detectar y combatir microorganismos que producen enfermedades. **b)** Una red de células, tejidos y órganos que trabajan en conjunto para proteger al cuerpo. **c)** Son estructuras formadas por proteínas que se encargan de contrarrestar microorganismos y virus que pueden dañar al organismo.
	2	**a) c) d) e) g) i)**
192	3	**a)** 3 **b)** 1 **c)** 4 **d)** 2
	4	**a)** bacterias **b)** la viruela **c)** lavarnos las manos antes de comer y después de ir al baño, vacunarnos **d)** epidemias
	5	**a) b) e) g)**
193	1 a 5	Respuestas libres
194	1	Dibujos libres
	2	**a)** adolescencia **b)** infancia **c)** adultez **d)** vejez **e)** vejez **f)** infancia **g)** adolescencia

Pág.	Ejer.	Respuestas
195	1	**a)** Como método anticonceptivo y para prevenir enfermedades de transmisión sexual. **b)** Sida, papiloma humano, sífilis, gonorrea o herpes genital. **c)** Absteniéndose de tener relaciones sexuales, y si se tienen que sea con protección. **d)** Síndrome de inmunodeficiencia adquirida, y se produce por el virus de inmunodeficiencia humana. **e)** Respuesta libre.
196	1	**a)** 3 **b)** 1 **c)** 6 **d)** 2 **f)** 7 **g)** 5
	2	**a)** 3 **b)** 1 **c)** 2
197	1	**a)** humano **b)** natural **c)** humano **d)** natural **e)** natural **f)** humano
	2	**a)** Algunas actividades humanas como caza desmedida, tala inmoderada, uso excesivo de combustibles fósiles para generar energía. **b)** Porque cada especie cumple una función dentro de su ecosistema; cuando una desaparece, el ecosistema se modifica y se altera la vida de otras especies incluido el humano.
198	1	**a)** atmósfera, industria, automóviles, hogares, plantas, oxígeno, fotosíntesis **b)** fósiles, petróleo, gas, procesarse, asimilando, acumula **c)** CO_2, calor, Tierra, invernadero, climático, convertir, oxígeno
199	2 a 5	Respuestas libres
	6	Acciones individuales: **a) b) d) f)** Acciones que realiza el gobierno o las instituciones: **c) e)**
200	1	**a)** tenacidad **b)** flexibilidad **c)** elasticidad **d)** permeabilidad **e)** maleabilidad
	2	**a)** Para golpear objetos fuertes a los que se requiere aplicar cierta fuerza para romperlos. **b)** Para hacer cortes a los cables que conducen electricidad, el plástico aísla la energía.

Pág.	Ejer.	Respuestas
201	3	a) Residuos orgánicos: son de origen animal o vegetal, por ejemplo, cáscaras de frutas y verduras, restos de comida, hojas y flores. Residuos inorgánicos: objetos hechos de materiales como plástico, cartón, vidrio, metal y materiales de origen sintético. b) Consiste en volver a usar un recurso determinado, por ejemplo, utilizar una hoja de papel que se utilizó para escribir, se puede emplear para hacer una figura. c) Proceso industrial en el cual se usa un material para elaborar productos nuevos, por ejemplo, usar el vidrio de una botella para elaborar otro producto. d) Se refiere a utilizar la cantidad mínima indispensable de un producto, por ejemplo, aprovechar toda la hoja para escribir en vez de emplear varias, y así se reduce el uso del papel.
202	1	a) permanente b) temporal c) permanente d) temporal e) permanente
202	2	a) 3 b) 5 c) 1 d) 4 e) 2
203	1	Ame⟨condensación⟩rom⟨escurrimiento⟩mñopprepo⟨precipitación⟩kloponsevala⟨infiltración⟩yuplomeviómhg⟨evaporación⟩mkñdfrp
203	2	a) escurrimiento b) condensación c) infiltración d) evaporación e) precipitación
203	3	a) La recarga de los mantos acuíferos, autodepuración de ríos y arroyos, riego de campos agrícolas.
204	1	a) 3 b) 4 c) 2 d) 6 e) 1 f) 5
204	2	a) palanca b) tornillo c) cuña d) plano inclinado e) torno f) rueda
205	1	a) invertida b) planos, cóncavos y convexos c) plano d) cóncavo e) microscopio f) cámara fotográfica g) lupa
206	1	a) Instrumento con forma de tubo, juego de espejos y lentes que aumentan la imagen de los objetos en el universo. b) Lente ocular, lente objetivo convergente, lente condensadora, fuente de luz. c) Es un instrumento que ha permitido conocer microorganismos. d) Galileo reinventó el telescopio al utilizarlo para observar el cielo en 1610.
207	1	a) sol b) gas c) calor d) alimentos e) eléctrica f) automóvil g) plantas

Sopa de letras (207):

Q	C	R	E	L	E	C	T	R	I	C	A
A	S	B	A	C	A	T	M	V	L	I	C
Z	O	Y	L	I	I	E	N	T	S	C	L
W	L	H	I	P	L	A	N	T	A	S	R
S	F	N	M	K	S	G	O	C	U	A	P
X	V	U	E	L	E	A	L	O	T	R	A
E	T	J	N	O	C	S	A	T	O	M	T
D	G	M	T	P	S	I	E	V	M	I	S
C	A	L	O	R	U	T	D	C	O	L	G
R	C	L	S	Ñ	M	S	O	A	V	D	A
A	M	Q	S	Z	N	O	U	O	I	I	N
T	O	L	A	X	I	Z	A	G	L	D	T

Pág.	Ejer.	Respuestas
208	1	Respuestas libres, ejemplo: a) Poner la lavadora con la carga al máximo de su capacidad. / Utilizar lavadoras ahorradoras de energía. b) No dejar la plancha conectada cuando no se utilice. / Usar el nivel bajo de calor. / Aprovechar cuando esté encendida para planchar la mayor cantidad de ropa posible. c) Cerrar bien las puertas. / Abrir las puertas lo menos posible. Dejar que se enfríen los alimentos antes de meterlos. d) Mantener cerrados los pilotos. / Utilizar olla de presión.
208	2	Respuesta libre
209	1	Consumidor de energía: plantas, foco / Energía que utiliza: eólica / La obtiene de: los alimentos, el Sol / La usa en: la fotosíntesis, iluminación
209	2	épocas, humanidad, generalizarse, viento, antiguos, Turquía, Europa, vapor, energía motriz

Pág.	Ejer.	Respuestas
210	1	**a)** Planeta **b)** Galaxia **c)** Cometa **d)** Universo **e)** Satélite **f)** Estrella
	2	cúmulo, galaxia, estrella, planeta, satélite natural, cometa
	3	cosmos, espacio
211	1	sistema planetario, Vía Láctea, estrella, Sol, planetas, Venus, Tierra, Saturno, Neptuno, Plutón, enano
	2	**a)** Tierra **b)** Venus y Marte **c)** Luna **d)** 24 horas **e)** 365 días
212	1	**b)** **c)** **f)** **g)**
	2	Respuesta libre, ejemplo: Para recibir señales de televisión. / Comunicarnos a través del teléfono. / Para guiar la navegación marítima, terrestre y área.
213	1	**a)** Transbordador espacial **b)** Explorador espacial **c)** Telescopio **d)** Satélites de observación **e)** Satélites de comunicación
214	1	**a)** V **b)** F **c)** F **d)** V **e)** V **f)** V **g)** F **h)** V
	2	Respuestas libres, ejemplos: **a)** sida, sífilis **b)** abstinencia, usar condón
	3	**a)** estratificación **b)** *El origen de las especies* **c)** erupción de un volcán **d)** se altera el ecosistema
215	4	**a)** Dureza, Frasco **b)** Hule, Ligas **c)** Madera, Tenacidad **d)** Permeabilidad, Trapo para limpiar
	5	**a)** 3 microscopio **b)** 4 telescopio **c)** 1 anteojos **d)** 2 espejo
	6	**a)** el conjunto de todo lo que existe **b)** Sol, planetas **c)** constelaciones **d)** Vía Láctea **e)** traslación **f)** Luna **g)** galaxias **h)** estrellas

Pág.	Ejer.	Respuestas
216	1	millones
	2	
	3	Recolección de frutas, caza y pesca. Al final de período se comenzó a domesticar animales y a sembrar hortalizas.
217	1	a) En cuevas. / A recolectar, cazar y pescar. / Semillas, frutos, el producto de la cacería y pesca. b) En chozas. / Se establecieron en un solo lugar, cultivaban plantas y domesticaron animales. / El producto de la agricultura y carne de los animales domesticados.
	2	Con la práctica de la agricultura se comenzaron a construir casas cercanas para poder cuidar los cultivos. También empezaron a cuidar entre todos a los animales. Esto permitió que surgieran nuevas actividades derivadas, además de que comenzaron a utilizarse metales. Al principio fueron aldeas y luego se convirtieron en ciudades donde ya intercambiaban los productos que cosechaba cada aldea.

Pág.	Ejer.	Respuestas
218	1	a) Ríos que la favorecieron: Tigris y Éufrates Siglo aproximado en que surgió: 4000 a. C. b) Ríos que la favorecieron: Nilo Siglo aproximado en que surgió: 3000 a. C. c) Ríos que la favorecieron: Amarillo o Hoang–He, y Azul o Yangtsé Siglo aproximado en que surgió: 2200 a. C. d) Ríos que la favorecieron: Indo Siglo aproximado en que surgió: 3000 a. C.
	2	
219	3	a) La división social más común fue: gobernantes, sacerdotes, jefes militares, soldados, artesanos, agricultores y esclavos. b) Teocrático; se le atribuía al gobernante el poder de un don divino, o bien se gobernaba con preceptos religiosos. c) Creían en la existencia de más de un dios. d) Crearon y utilizaron la escritura, desarrollaron la arquitectura, y crearon sistemas hidráulicos y de transporte.
	4	El mar Mediterráneo permitía la navegación y con ello el comercio, el traslado de personas y el transporte de materiales para construcción.
220	1	a) V b) V c) V d) F e) V f) V g) F h) F
	2	Dibujo libre
221	1	c) f) Monarquía a) d) República e) b) Imperio
	2	a) Jesús b) cristianos c) Constantino d) Edicto de Milán e) religión

Pág.	Ejer.	Respuestas
222	1	China: **c)**, **j)** Hindú: **f)** Griega: **a)**, **k)** Romana: **d)**, **i)** Mesopotámica: **b)**, **g)** Egipcia: **e)**, **h)**
222	2	**a)** Partenón de Atenas **b)** Coliseo romano **c)** Pirámides de Giza **d)** Muralla china
223	1	**a)** Contaban el tiempo con un calendario y consolidaron un sistema de escritura. Construyeron obras de riego que favorecieron la producción agrícola y el incremento del comercio. Desarrollaron un arte caracterizado por enormes esculturas de cabezas. **b)** Las civilizaciones alcanzaron su más alto desarrollo cultural. Se llevaron a cabo grandes construcciones como Teotihuacán, Monte Albán y Tikal. Teotihuacán se convirtió en la principal ciudad de Mesoamérica. Utilizaban obsidiana para fabricar armas, herramientas y utensilios. Sus ritos estaban dirigidos a los dioses de la lluvia y la fertilidad (Tláloc y Quetzalcóatl). **c)** Crearon un calendario exacto y grandes construcciones ceremoniales. Eran politeístas. Contaban con un sistema numérico y de escritura. Eran astrónomos eficientes. **d)** Eran guerreros y elaboraron los atlantes. **e)** Eran politeístas su dios principal fue Quetzalcóatl. Tenían un sistema educativo bien diseñado. Debido a su desarrollo militar dominaron varios pueblos.
224	1	**a)** Se organizaba en grupos jerárquicos… **b)** Elaboraron geoglifos… **c)** Se ubicó en lo que actualmente es Ecuador… **d)** Ocupó lo que actualmente es el sur de Perú… **e)** Se estableció en la zona central donde actualmente es Perú…

Pág.	Ejer.	Respuestas
225	1	**a)** ambos: Agricultura. **b)** ambos: Trueque. **c)** ambos: Teocrático. **d)** Mexica: Estratificada: Tlatoani (emperador), sacerdotes, guerreros y el pueblo (agricultores, artesanos y comerciantes). / Inca: estratificada: Sapa inca (emperador), cuatro capas (jefe de cada región), guerreros y el pueblo (agricultores, artesanos y comerciantes). **e)** ambos: Politeísta, culto a los muertos, creencia de la vida después de la muerte. **f)** Mexica: Clasista, de dos tipos: una destinada a la formación de los sacerdotes y gobernantes y otra para los guerreros. / Inca: Clasista, privilegiaba a los hijos del inca y de la nobleza. **g)** ambos: Observación del Sol, la Luna y Venus.
226	1	**a)** Monarca o rey: era la máxima autoridad y propietario de tierras. Obtenía dinero de sus feudos. **b)** Señores feudales: eran dueños de grandes extensiones de tierra. Tenían muchos privilegios como estar exentos del pago de ciertos tributos. **c)** Clérigos: formaban parte de la Iglesia. **d)** Caballeros: eran los guerreros que peleaban a caballo y heredaban esta distinción. **e)** Campesinos y siervos: se ocupaban de las labores del campo, sus viviendas eran humildes y algunos tenían que servir al señor feudal de por vida.
226	2	La religión católica fue adoptada en casi toda Europa occidental e influyó en los ámbitos económico, social, político y cultural. Los obispos eran consejeros del rey. Algunos reyes eran coronados por el papa.

Pág.	Ejer.	Respuestas
227	1	Estar cerca del mar Mediterráneo le permitió desarrollar el comercio, así obtuvo riquezas y mantuvo su poder.
	2	Fue la ciudad más grande y poblada de Europa durante la Edad Media. Se concentraban mercancías que llegaban de Oriente y que eran muy apreciadas en Europa.
	3	Surgió una derivación del cristianismo que se llamaba católica–ortodoxa y se arraigó de tal manera que aún subsiste en varios países europeos.
	4	Fueron guerras que emprendieron reyes cristianos de Europa para recuperar Jerusalén, la cual había sido conquistada por los musulmanes. Al principio de las guerras, los cristianos derrotaron a los musulmanes y fundaron el reino de Jerusalén, pero a finales del siglo XII los musulmanes derrotaron y expulsaron a los europeos.
228	1	**a)** Mahoma **b)** islam **c)** El Corán **d)** Alá **e)** califas **f)** 1492
	2	**a) c) e) f) g)**
229	1	**a)** Pakistán, castas, budismo, numeración digital **b)** poblada, economía, emperador, pólvora, Muralla **c)** islas, feudalismo, samuráis, acero
230	1	El arribo de barcos que traían ratas con pulgas. Había poca higiene y hacinamiento en las ciudades.
	2	Escasearon los alimentos, empezó la hambruna y se redujo el comercio.
	3	Tifus y disentería.
231	1	En Italia y España sobre todo porque en esta última los musulmanes se asentaron desde el año 711 hasta 1492.
	2	Eran lugares donde se traducían manuscritos que los musulmanes habían recolectado. Fue importante porque se difundieron conocimientos de ciencia, medicina, filosofía, astronomía, entre otros.
	3	El papel, la brújula y la pólvora.

Pág.	Ejer.	Respuestas
232	1	**a)** Venecia y Génova. / Comercio con India, China, Filipinas y Persia. **b)** Florencia y Milán. / Actividad bancaria. **c)** Roma. / Sede de la religión católica e importancia política.
	2	Por unificación de territorios bajo el poder de un rey.
	3	España, Portugal, Inglaterra y Francia.
	4	Por las constantes guerras internas.
	5	**a)** Portugal **b)** Inglaterra **c)** España **d)** Francia
233	1	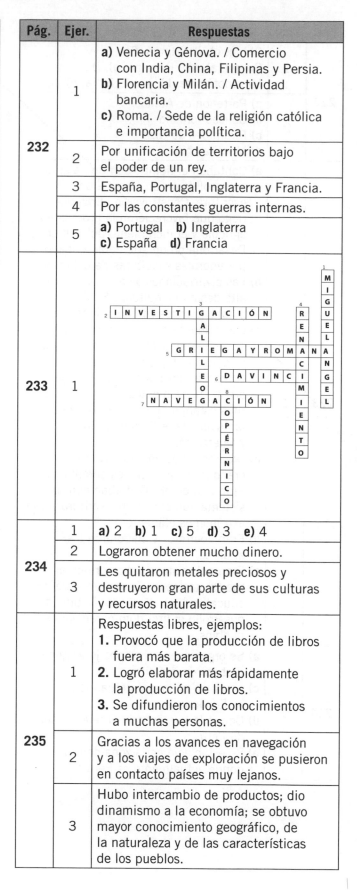
234	1	**a)** 2 **b)** 1 **c)** 5 **d)** 3 **e)** 4
	2	Lograron obtener mucho dinero.
	3	Les quitaron metales preciosos y destruyeron gran parte de sus culturas y recursos naturales.
235	1	Respuestas libres, ejemplos: 1. Provocó que la producción de libros fuera más barata. 2. Logró elaborar más rápidamente la producción de libros. 3. Se difundieron los conocimientos a muchas personas.
	2	Gracias a los avances en navegación y a los viajes de exploración se pusieron en contacto países muy lejanos.
	3	Hubo intercambio de productos; dio dinamismo a la economía; se obtuvo mayor conocimiento geográfico, de la naturaleza y de las características de los pueblos.

Pág.	Ejer.	Respuestas
236	1	
237	2	 **a)** Olmecas, ejemplo: Construyeron obras de riego que favorecieron la producción agrícola. **b)** Teotihuacanos, ejemplo: hicieron grandes construcciones como Teotihuacán. **c)** Mayas, ejemplo: Crearon un calendario exacto. **d)** Toltecas, ejemplo: Elaboraron los atlantes. **e)** Mexicas, ejemplo: Su dios principal era Quetzalcóatl. **f)** Huari, ejemplo: Sus ciudades estaban amuralladas **g)** Incas, ejemplo: Se establecieron en Perú.
	3	**a)** V **b)** V **c)** F **d)** F **e)** V
238	4	**a)** Leonardo da Vinci **b)** Miguel Ángel Buonarroti **c)** Galileo Galilei **d)** Nicolás Copérnico **e)** Johannes Gutenberg

Pág.	Ejer.	Respuestas
239	2	
	3	Respuestas libres similar a lo siguiente: Semejanzas: representan la distribución de continentes y océanos con su división política, paralelos y meridianos que permiten ubicarlos. Diferencias: en los planos de proyección cilíndrica y cónica, los meridianos y paralelos muestran cierta curvatura mientras que en los de proyección plana son rectos.
240	1	**a)** Se ven todos los continentes. **b)** República Mexicana o nombre de cada entidad. **c)** Continente americano o nombre de cada país. **d)** Municipios en que se subdivide el estado de Colima.
	3	En el mapa b
	4	**a)** América **b)** México **c)** y **d)** Respuestas libres
241	2	Respuestas libres
	3	**a)** Hidalgo, Veracruz, Tamaulipas y San Luis Potosí **b)** Catemaco en Veracruz, Prismas Basálticos en Hidalgo, Laguna del Carpintero en Tamaulipas
242	1 y 2	Respuestas libres
	3	**a)** Mapa: Respuesta libre, ejemplo: Se reconocen las principales carreteras para llegar a la ciudad de Pachuca. **b)** Plano: Respuesta libre, ejemplo: Se puede saber cuáles son las calles cercanas al estadio y el sentido de circulación de las calles y avenidas.
243	1	Respuesta libre
	2	Respuesta libre, ejemplo: Un huracán se aproxima a la costa de un continente que probablemente esté habitado.
	3	Respuesta libre, ejemplo: Se podría alertar a la población con oportunidad para evitar que sean víctimas de un desastre.

Pág.	Ejer.	Respuestas
244	1	**a)** Clima templado **b)** Clima polar de alta montaña **c)** Clima tropical **d)** Clima desértico
	2	Respuestas libres, similares a lo siguiente: **a)** Tropical: predomina en la zona delimitada por los trópicos de Cáncer y de Capricornio, lluvias intensas, fauna y vegetación abundante y diversa. **b)** Templado: se localiza en la zona delimitada por los trópicos y los círculos polares, lluvias regulares, vegetación de hojas caducas, se aprecian los cambios de estación.
245	3	**a)** tropical **b)** polar **c)** tropical **d)** templada
	4	Arriba a la derecha **a)** Clima de alta montaña o clima polar de alta montaña. **b)** Sí, porque su cuerpo está protegido con una capa de pelaje denso que lo aísla del frío.
246	1	**a)** materias primas **b)** regar cultivos **c)** Amazonas **d)** suelo **e)** gas y petróleo
	2	petróleo **3)** árbol **2)** algodón **1)**
247	1	**a) b) c) f)**
	2	Dibujo libre
248	1	China, India, Estados Unidos, Indonesia, Brasil, Pakistán, Nigeria, Bangladesh, Rusia, Japón
	2	Respuesta libre, ejemplo: Beijing (Pekín), Los Ángeles o Tokio
	3	Menor densidad: Canadá Mayor densidad: Bangladesh
	4	Bangladesh
	5	Respuesta libre, ejemplo: Porque son zonas urbanas donde hay servicios y fuentes de empleo.

Pág.	Ejer.	Respuestas
249	1	**a)** Respuesta libre, ejemplo: Hay mucha población y esto ocasiona transportes insuficientes; contaminación atmosférica y por ruido; inseguridad; enfermedades respiratorias, cardiacas y emocionales. **b)** Respuesta libre, ejemplo: Pocos servicios médicos; falta de escuelas de educación media y superior; carencia de agua potable entubada; falta de medios de comunicación y enfermedades por desnutrición.
249	2	**a)** Respuesta libre, ejemplo: Cuenta con servicios como escuelas, transportes, agua potable y recreación. **b)** Respuesta libre, ejemplo: Hay tranquilidad, menor contaminación y mayor seguridad.
250	1	**a)** V **b)** F **c)** V **d)** F **e)** V
250	2	**a)** 2 **b)** 1 **c)** 2 **d)** 1 **e)** 3 **f)** 2
251	1	**a)** 3 **b)** 1 **c)** 5 **d)** 2 **e)** 4 **f)** 6
251	2	Respuesta libre
252	1	Respuesta libre, ejemplo: En los países de muy alto desarrollo hay mayor esperanza de vida; en los países de bajo desarrollo como Etiopía hay muy bajo nivel de alfabetización.
252	2	Azul: **b)** **c)** Amarillo: **a)** **d)**
253	1	Respuestas libres
253	2	**a)** 3 **b)** 5 **c)** 1 **d)** 4 **e)** 2

Pág.	Ejer.	Respuestas
254	1	Respuestas libres, ejemplos: **a)** Indispensable porque la necesitamos para vivir. **b)** Necesario porque ayuda a trasladarte más rápido y cómodo. **c)** Superflua porque la puedes sustituir por agua natural y es más sano. **d)** Indispensable porque si no, te puedes lastimar los pies. **e)** Superfluo porque es mejor comer botana sana como jícamas. **f)** Indispensable porque necesitamos comer fruta para crecer sanos. **g)** Indispensable porque los necesitamos para crecer sanos. **h)** Indispensable porque ayudan a que haya limpieza y evitar enfermedades. **i)** Indispensables porque nos ayudan a curarnos cuando estamos enfermos. **j)** Superfluo porque podemos comer un alimento dulce más saludable como una fruta. **k)** Necesario porque te sirve para comunicarte con los demás y entretenerte. **l)** Indispensable porque ayuda a trasladar a muchas personas al mismo tiempo a un costo accesible y esto permite que puedan llevar a cabo sus actividades.
254	2	Respuestas libres, ejemplos: **a)** Cocina, recámara y baño; agua potable y luz. **b)** Comedor y sala. **c)** Sala para ver televisión; jardín.
255	1	**a)** Bicicleta / Bebida energizante **b)** A toda la familia / A jóvenes **c)** ¡Superbicis! ¡Ven por la tuya antes de que se acaben! / ¡Si alerta quieres estar, enersoda tendrás que tomar! Imagen de un estudiante resolviendo bien un examen. **d)** Sí, porque no dice nada absurdo. / No, porque ninguna bebida te permite aprender más.
255	2	Respuestas libres, ejemplos: Bicicleta: Comparar precios con otras tiendas. Bebida: Leer etiqueta

Pág.	Ejer.	Respuestas
256	1	**a) c) d) f) h)**
	2	Respuesta libre, ejemplo: Puedo ir a la escuela. / Vivo en una casa. / Puedo ir al parque a jugar. / En mi casa hay luz.
	3	Respuestas libres, ejemplos: Rojo: Kenia, Zambia, Congo Verde: Estados Unidos, Noruega, Australia
257	1 y 2	Respuestas libres
	3	Respuesta libre, ejemplo: Desconectar los aparatos cuando no se utilicen; apagar las luces cuando no se utilicen; lavar el auto con una cubeta de agua y no con manguera.
258	1	Respuestas libres
	2	Respuestas libres, ejemplo: Terremoto: puede provocar caída de casas, edificios, construcciones y ocasionar la muerte de personas. Contaminación: puede ocasionar enfermedades.
259	1	Respuestas libres, ejemplos: Terremoto: hacer simulacros. Huracán: reforzar ventanas y comprar víveres, estar alerta a los avisos de las autoridades y evacuar el lugar sí así lo indican.
	2	Respuestas libres
260	1	Permiten representar e identificar la ubicación de un territorio.
	2	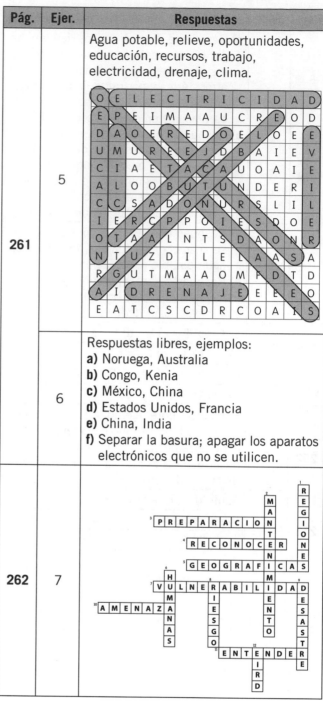
	3	Respuesta libre, ejemplo: Los satélites artificiales nos pueden avisar cuando se aproxima un huracán.
	4	Clima: polar. Animales: yak, pingüino, focas, osos polares, ballenas. Se localiza en: el círculo polar.

Pág.	Ejer.	Respuestas
261	5	Agua potable, relieve, oportunidades, educación, recursos, trabajo, electricidad, drenaje, clima.
	6	Respuestas libres, ejemplos: **a)** Noruega, Australia **b)** Congo, Kenia **c)** México, China **d)** Estados Unidos, Francia **e)** China, India **f)** Separar la basura; apagar los aparatos electrónicos que no se utilicen.
262	7	

Pág.	Ejer.	Respuestas
263	1 y 2	Respuestas libres
264	1	Respuestas libres, ejemplos: Caminar todos los días por lo menos media hora. Practicar algún deporte. Dormir ocho horas al día y asistir al médico una vez al año para revisión general. Comer frutas y verduras todos los días. Llevar una dieta balanceada.
264	2	Respuestas libres, ejemplos: **a)** No consumir drogas ni alcohol. **b)** No fumar. **c)** No desvelarse. **d)** Evitar tomar refrescos y no faltarle el respeto a su cuerpo o al de los demás.
265	3	
265	4	**a)** sexualidad **b)** respeto **c)** identidad **d)** prevención **e)** adolescencia
266	1	Respuesta libre
266	2	El grupo de cuarto año se organizó en equipos y eligieron cuatro de las propuestas para realizarlas y mejorar, al principio fue difícil porque todos querían hablar al mismo tiempo y discutían que la suya era la mejor. Lograron ponerse de acuerdo ya que se escucharon y vieron qué era lo mejor para todo el grupo, incluso para la escuela.
267	1	Respuestas libres
267	2	Respuestas libres
267	3	Respuesta libre
267	4	Respuesta libre, ejemplo: Integrar a personas de otro sexo en los juegos.

Pág.	Ejer.	Respuestas
268	1	Respuestas libres, ejemplos: **a)** Orgulloso porque me esforcé mucho. **b)** Enojado porque no me gusta que me ignore. **c)** Triste porque tenía muchas ganas de ir. **d)** Contento porque tengo muchas ganas de conocer el mar.
269	2	**a)** 2 **b)** 1 **c)** 4 **d)** 3
269	3	**a)** encerrarme en mi cuarto, tratar de hablar con ellos **b)** aislarme, buscar a mis amigos **c)** comerme las uñas, respirar profundo para relajarme.
270	1 y 2	Respuestas libres
271	3	Respuestas libres, ejemplos: Todos mantendremos la casa limpia. / Los integrantes de la familia viviremos en un lugar limpio y acogedor.
271	4 a 6	Respuestas libres
272	1	**a) – i)** justo **b) – h)** justo **c) – g)** justo **d) – l)** injusto **e) – k)** justo **f) – j)** injusto
273	2	Respuesta libre, ejemplo: Sólo los niños pueden jugar futbol en el recreo, y las niñas no.
273	3	Respuesta libre, ejemplo: Sólo las mujeres lavan los platos en mi casa, los hombres no.
273	4	Respuesta libre, ejemplo: Que me castiguen sin escuchar mi versión de lo ocurrido.
273	5	Respuesta libre, ejemplo: Que no me dejen ir con mis amigos si cumplí con mis deberes en casa.
273	6	Respuesta libre, ejemplo: Niños y niñas jugamos juntos en el recreo. Ayudo a mi compañero si no puede hacer algo y yo sí.

Pág.	Ejer.	Respuestas
274	7	Crucigrama: LEGALIDAD, EQUIDAD, JUSTICIA, LÍMITES, CONSTITUCIÓN, DERECHO, DERECHOSHUMANOS, RETRIBUTIVA, RESPONSABLES, DISTRIBUTIVA
275	1 y 2	Respuestas libres
	3	Respuesta libre, ejemplo: El niño con aparato auditivo porque no oye bien y le puede costar trabajo integrarse a una actividad. / El niño con ropa sucia porque tal vez huela mal. / La niña en silla de ruedas porque no puede jugar en el patio como los demás.
	4	Respuesta libre
276	2	Respuestas libres
277	3	Respuesta libres, ejemplos: **a)** No, porque mintieron. **b)** No ayudó con las labores que le tocaban hacer en su casa. **c)** Posiblemente no las hubieran dejado ir a tomar un café. **d)** Mal, porque no estudiaron. **e)** No, porque no siempre nos dejan hacer lo que queremos. **f)** Cumplir con sus responsabilidades y pedir permiso para ir a tomar un café el fin de semana.
278	1	(figuras)
	2	Respuestas libres
	3	**a)** Inconstancia **b)** Perseverancia **c)** Inconstancia **d)** Perseverancia **e)** Inconstancia
279	4 y 5	Respuestas libres
	6	Respuestas libres, ejemplos: **a)** El que sigue intentando logra lo que busca. **b)** La satisfacción de haberte esforzado es mayor que la decepción por no haberlo logrado. **c)** Nunca hay que dejar de intentar algo que para ti es importante. **d)** Si eres perseverante puedes lograr algo que parecía imposible.
280	1	**a)** M **b)** R **c)** R **d)** R **e)** M
	2	**a)** V **b)** F **c)** V **d)** F **e)** V **f)** V